ENTSCHEIDENDE KINDERJAHRE

Ein Handbuch
zur Erziehung von 0 bis 7

Christiane Kutik

ENTSCHEIDENDE KINDERJAHRE

Ein Handbuch
zur Erziehung von 0 bis 7

Verlag Freies Geistesleben

Alle Rechte, insbesondere das Recht der Vervielfältigung sowie der Übersetzung, sind vorbehalten. Kein Teil des Werkes darf in irgendeiner Form (durch Fotokopie, Mikroverfilmung oder ein anderes Verfahren) ohne schriftliche Genehmigung des Verlages reproduziert oder unter Verwendung elektronischer Systeme verarbeitet, vervielfältigt oder verbreitet werden. Auch das Recht der Vertonung der Texte bleibt vorbehalten.

ISBN 3-7725-1898-2
2. Auflage 2003
Verlag Freies Geistesleben
Landhausstraße 82, 70190 Stuttgart
Internet: www.geistesleben.com

© 2000 Verlag Freies Geistesleben & Urachhaus GmbH, Stuttgart
Layout und Einband: Christiane Kutik / Thomas Neuerer
Umschlagfoto: Ursula Markus
Druck: Uhl, Radolfzell

Inhalt

Vorwort	9

Entwicklungsschritte 11

Frühe Kindheit 12
- Emotionale Intelligenz hat ihre
  Wurzeln in der Kinderstube 16
- Mit dem Säugling sprechen –
  aber versteht er denn überhaupt? 18
- Hegen und pflegen – jedoch nicht
  auf Kosten der Eigenaktivität 21
- Geschafft!
  Auf eigenen Füßen ins Leben 22
- Spielen und erforschen
  in geborgener Nähe 24
- Die eigene Unabhängigkeit
  wird entdeckt 26
- Spiele für die Kleinsten 27
- Einfache Geschichten 28

Kleinkindzeit
und Kindergartenalter 29
- Warum? 30
- Das Spielalter beginnt 30
- Erwachsene erzählen 32

Die beiden Jahre vor
der Schulreife 35
- Kleine Handwerkstätigkeiten 36
- Spiele planen
  und fantasievoll gestalten 37
- Das kann ich schon allein! 38

Sinne 41

Sinneserziehung 41

Sinne und Gleichgewicht 44
- Spielend ins Gleichgewicht kommen 46
- Fröhliche Gleichgewichtsspiele
  für Eltern und Kinder 47

Sprechen und Sprachkultur 51
- Von der Vernunftsprache
  zur Herzenssprache 53
- Fröhliche Mimiksprache 54
- Kinder mit geschickten Fingern
  können besser sprechen 56
- Fingerspiele,
  die allen Freude machen 57

Hören 59
- Ein feines Gehör ausbilden 60
- Den Hörsinn anregen 61
- Jedes Kind ist musikalisch 63
- Miteinander singen 64

Sehen und wahrnehmen 66
- Den Sehsinn anregen 67
- Spiele zum Hingucken 68
- Sehen und fühlen 69
- Kinder brauchen
  Geborgenheit im Raum 69

Tasten –
greifen – Grenzen erleben 71
- Kinder brauchen
  spürbare Zuwendung 71

– Wahrnehmen mit Händen und Füßen	73

Riechen und schmecken 75
– Duft und Geschmack beleben die Sinne 76
– In Haus und Küche 77

Vorbild 81

Erwachsene sind Vorbilder 82
– Vorbilder hinterlassen bleibende Eindrücke 84
– Kindern ihre Kindheit gönnen 86
– Kinder wollen nachahmen 88

Gute Gewohnheiten 91
– Sinnvolles kann zur guten Gewohnheit werden 92
– Grüßen – bitten – danken 93
– Essen und Lebenskultur 96

Soziales Lernen 98
– Drei goldene Regeln – und Kinder verstehen, was gemeint ist 99
– Grenzen – damit das Kind weiß, woran es ist 101
– Grenzen mit liebevoller Konsequenz 102
– Auch Kinder haben ihre Launen 104

Moral und Werte 106
– Moralisches im Alltag 106
– Kinder brauchen Inhalte 107
– Werte über uns 108
– Werte unter uns 109
– Werte um uns 111

Spielen 115

Spielen und selbst experimentieren 116
– Spielen heute 116

Spielen ermöglichen 118

Fantasievoll spielen 121
– Fantasie macht unabhängig 122
– Spielideen wecken und unterstützen 122
– Bilder zum Nachspielen 124
– Kleine Geselligkeitsspiele 126

Spielzeugauswahl ist Sache der Erwachsenen 127
– Kreativität entsteht durch Mangel 128
– Spielen und aufräumen 130

Spielen im Freien 131
– Kinder brauchen Elementares 132
– Gehspiele für unterwegs 134

Allerlei Spielfiguren 136
– Fratzen, Tiermenschen und andere Gestalten 137

Die Puppe, das Bild für den Menschen 139
– Eine allererste Puppe 140
– Die Puppe als Begleiterin der inneren Entwicklung 143

Meine liebe Kinderwelt 149

Was Kinder so alles wahrnehmen 150
– Zwerge und andere Gefährten 150

Himmel und Erde	153
– Warum ist der Mond heute so groß?	154
– Mit Kindern staunen	155
– Meine Freunde, die Tiere	160
– Den Blick für das Schöne wecken	161

Märchen	162
– Erzählen und vorlesen	164
– Was tun, damit die Kinder auch zuhören?	164

Künstlerisches Schaffen	166
– Zeichnen	166
– Kinder brauchen keine Zeichenvorgaben	167
– Malen mit Wasserfarben	170
– Formen und kneten	172
– Mit Wachs kneten	174

Rhythmus und Rituale   177

Rhythmus im Alltag mit Kindern	178
– Rhythmus und Regelmäßigkeit als Erziehungshilfe	178

Vertraute Abläufe im Alltag	180
– Morgens	180
– Pausen machen und Atem holen	181
– Abends	183
– Kinder brauchen ein schönes Abendritual	184
– Durch die Woche	186
– Durch das Jahr	187

Miterzieher   191

Die wirkliche und die künstliche Welt	192
– Fernsehen, damit die Eltern entlastet sind?	192
– Werbebotschaften – speziell für Kinder	193
– Die Werteordnung der Medien	195

Computer für die Kleinsten?	196
– Am Bildschirm kreativ sein, spielen und lernen?	197

Die neuen Technologien fordern ihren Preis	200
– Körperliche Beeinträchtigungen	201
– Geistige Entwicklungs- möglichkeiten	202
– Emotionale Entwicklung	204

Kinder und Erzieher in der modernen Welt	206
– Was das Vorbild entscheidet, ist maßgeblich	206
– Gegengewichte im Medienzeitalter	209

Schluss   211

Ein Kind auf dem Weg ins Leben	212
– Kinder brauchen Herzlichkeit und Liebe	212
– Jeder Tag hat seinen Lichtblick	215

Literatur	217
Nachweis der Fotos	219
Nachweis der Lieder	219
Alphabetisches Inhaltsverzeichnis	220

Vorwort

Dieses Buch will ein Begleiter durch die entscheidenden ersten sieben Lebensjahre sein. Mütter, Väter, Erzieher, Berufstätige und Alleinerziehende, die wenig Zeit haben, finden hier vielfältige praktische Anregungen für den Alltag.

Es wird gezeigt, dass Erziehung nicht nur Mühsal und Plage ist, sondern eine der vielfältigsten und anregendsten Aufgaben, die ein Mensch überhaupt haben kann. Sie ermöglicht das, wonach viele oft ein Leben lang suchen: die Gewissheit, wirklich gebraucht zu werden. Es geht nicht darum, perfekt zu sein. Der Weg ist das Ziel. Wir Erwachsenen können den Erziehungsalltag mit den Kindern so gestalten, dass wir uns nicht nur erschöpft und ausgelaugt fühlen, sondern dass das Zusammensein mit den Kindern auch zu einer Bereicherung der eigenen Lebenskräfte wird. – Eine wichtige Rolle spielt dabei die eigene Fantasie. Das Buch will zeigen, dass die Fähigkeit, fantasievoll zu handeln, nicht nur einigen Menschen gegeben ist, sondern dass jeder, der es will, Zugang dazu finden kann.

Die ersten sieben Lebensjahre sind für die Entwicklung eines Menschen entscheidend, denn in dieser Zeit sind vor allem im Bereich der Sinnesausbildung wesentliche Entwicklungsschritte möglich, die später kaum noch nachzuholen sind. Selbst tätig sein dürfen – das ist die beste Grundlage, um die Sinnesentwicklung zu fördern. Wichtig ist daher, die Eigenaktivität der Kinder zu unterstützen, wo es nur geht, damit sie ihre Anlagen und Fähigkeiten erproben können.

Kinder brauchen Geborgenheit und liebevolle Zwiesprache und natürlich darf der Frohsinn nicht zu kurz kommen. Die Kinder lieben es, mit uns zu lachen und sich zu freuen. Mit Reimen, Singsang und Wohlklang, kleinen Spielen oder kurzen Geschichten lassen sich zwischendurch, ohne großen Aufwand, immer wieder Augenblicke der Freude schaffen. Natürlich hat kaum ein Erwachsener Zeit, den ganzen Tag Spiele zu spielen. Es ist auch gar nicht notwendig, denn die Kinder drängt es danach, ihren Tatendrang auszuleben und eigene Erfahrungen zu machen. Das tun sie am liebsten in der Nähe des Erwachsenen. Dort, wo er seine alltäglichen Arbeiten verrichtet, möchten sie auch sein. Da wollen sie nachmachen, was sie sehen, oder eigene Spiele aufbauen und mitteilen, was ihnen gerade wichtig ist. Sie helfen auch gerne mit, wenn wir sie nur lassen.

Heute, da die Bildschirmmedien allgegenwärtig und dominant sind, ist es Aufgabe von Eltern und Erziehern, die Bildung der Kinder nicht diesen Geräten zu überlassen. Wo Kinder in den ersten Lebensjahren ihre eigene Fantasie erproben dürfen, wo sie Werte, soziales Lernen und Zutrauen in die eigenen Fähigkeiten erfahren können, haben sie ein Rüstzeug für ihr Leben, auf das sie immer wieder zurückgreifen können.

Entwicklungsschritte

Frühe Kindheit

Mit der Geburt verliert jeder Mensch seine natürliche Grenze, die ihm seine Entwicklung ermöglichte und die ihm monatelang Schutz und Geborgenheit gewährte. Nun, wenn das Kind auf der Welt ist, ist es innerlich noch stark verbunden mit der Mutter und es braucht die Nähe zu ihr und zum Vater oder, wo dies nicht möglich ist, zu einer Bezugsperson, die zuverlässig immer da ist, die ihm Liebe und Zuwendung entgegenbringt. Es ist lebensnotwendig für jeden Säugling, am eigenen Leib zu spüren, wer es ist, der ihm in der großen fremden Welt Halt geben kann. Hebammen und Kinderschwestern berichten, dass sie Mütter und Väter oft erst dazu ermutigen müssen, ihre Kinder so in den Arm zu nehmen, dass sie auch wirklich guten Halt haben. Ein Kind, das sicher gehalten, gewiegt und auch gestreichelt wird, spürt: Da ist jemand, auf den ich mich unbedingt verlassen kann.

Gebärden der Zuwendung

Ein Säugling ist nicht immer nur pflegeleicht und ausgeglichen. Er weint oder er quengelt, wenn ihn etwas beunruhigt, und manchmal hat er dabei einige Ausdauer. Oft zeigt ein Baby seine Unzufriedenheit auch noch dann, wenn es gerade frisch gepflegt und genährt wurde. Wie lässt es sich beruhigen? Ein Fläschchen mit Tee vielleicht? Ein Schnuller? Noch mal stillen? Eine Mutter hatte gerade alles versucht, doch ohne Erfolg. «Warum schreist du denn so?», ruft sie schließlich leicht genervt. Natürlich weiß sie, dass das Kind ihr nicht antworten kann. Aber was mit ihm los ist, das möchte sie schon gerne wissen.

Einige kleine Beobachtungen könnten ihr helfen, das zu sehen. Ihr Baby weint nicht nur. Seine ganze Körperhaltung zeigt, dass es außer sich ist. Es hat die Hände geöffnet. Seine Finger sind gespreizt. In diesem Zustand ist es keinem Kind möglich, den Mund zu schließen und zu saugen. Jetzt braucht es erst einmal Zuwendung, damit es wieder zu sich zu kommen kann.

Halten und wiegen

Helfen können wir dem Säugling, der außer sich ist, am zuverlässigsten dann, wenn wir ihn gerade so in den Arm nehmen, dass er mit seinem Körper guten Halt spürt. Eine Wohltat, wenn wir ihn nun wiegen, leise mit ihm sprechen und ihn umhertragen. Sobald sich der Erwachsene und das Kind im gleichen Rhythmus bewegen, lässt die nach außen gerichtete Aktivität des Kindes nach. Das Wiegen, so sagt A. Jean Ayres, ist ein Symbol für den Frieden und die Geborgenheit unserer Kindheit.[1]

Hält und wiegt der Erwachsene den Säugling mit etwas Ausdauer, so vermittelt er ihm damit die lebenswichtige Botschaft: «Hier bist du sicher.» Bald werden sich auch die aufgeregt nach außen gespreiz-

Frühe Kindheit

ten Finger wieder entspannen und «rund» werden. Der Erwachsene kann das auf ganz einfache Weise unterstützen: In den ersten Lebensmonaten, solange der unwillkürliche Greifreflex des Kindes noch wirksam ist, braucht er nur mit seinen großen Fingern die Innenflächen der kleinen Hände zu berühren. Der Säugling schließt sie dann augenblicklich. Und er lässt sie geschlossen, solange er diese Finger spürt. Sofort lässt das Außer-sich-Sein nach. Mit geschlossenen Händen schreit es sich einfach nicht so gut.

Geborgenheit spüren und genießen

Es ist ein ganz elementares Bedürfnis der Kinder, Zuwendung auch über die Haut zu erleben. Bei flüchtigen Begegnungen kann sich kein Gefühl von Geborgenheit einstellen. Es genügt also nicht, ein Baby ab und zu nur kurz hochzuheben. Wirklich gut aufgehoben fühlt es sich erst, wenn es zwischendurch auch für längere Zeit gehalten wird. Es kann es dann richtig genießen, auf den großen vertrauten Armen zu sein und gewiegt zu werden.

Wo Kinder immer wieder auch körperliche Geborgenheit spüren, können sie emotional richtig satt werden. Das hat, wie die Entwicklungspsychologin A. Jean Ayres sagt, einen beruhigenden Einfluss auf die gesamte nervliche Organisation des kleinen Kindes und es wirkt bis hinein in die Formen, die sich im kindlichen Gehirn ausplastizieren.[2] Wo Kinder diese Art der Geborgenheit nicht ausreichend erfahren, erleben wir sie als ungehalten, als leicht

erregbar und unsicher. Erzieher und Lehrer sagen dann später: «Das Kind hat zu wenig Hülle.»

Hülle und Grenze

Hülle und Grenze erleben die Kleinsten vor allem auch durch die Kleidung, die ihren Körper umgibt. Früher wurde der Kopf eines Säuglings ganz selbstverständlich mit einer Mütze umhüllt. In einigen Gegenden gab es den sinnvollen Brauch, dem Baby einen Strampelsack anzuziehen. Dieser hatte an den Schultern verstellbare Bänder. Sie konnten so eingestellt werden, dass das Kind beim Strampeln immer mit den Füßen an das Sackende stieß. Es hatte da erste kleine Grenzerlebnisse, die ihm die Erfahrung vermittelten: bis hier und nicht weiter.

Hülle braucht vor allem auch der empfindliche Kopf des Säuglings, denn dieser hat – im Verhältnis zum Körper – die größte Hautfläche. Er muss besonders in den ersten Lebenswochen gut geschützt werden, damit das Kind nicht so viel von seiner Eigenwärme verliert. In vielen Entbindungsstationen wird daher den Kindern gleich nach der Geburt eine kleine Mütze aufgesetzt und es wird den Eltern empfohlen, durch die ganze erste Säuglingszeit dafür zu sorgen, dass der Kopf möglichst nicht bloßliegt.

Ein gut geschützter Kopf ist vor allem auch dann notwendig, wenn der Säugling hinaus ins Freie gebracht wird. Für viele Menschen ist das eine Selbstverständlich-

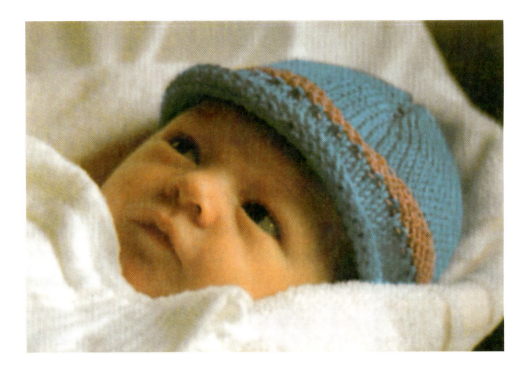

keit. Sogar Kinder können da ein ganz natürliches Empfinden haben: «Das Baby hat ja gar keine Mütze!», wundert sich die dreizehnjährige Anja, als eine Freundin der Familie mit ihrem erst vier Wochen alten Sohn zu Besuch kommt. Die Mutter: «Das hasst er! Er kann keine Mütze vertragen!» Etwas später fügt sie hinzu: «Ich kann es ja auch nicht leiden, wenn ich etwas auf dem Kopf habe.»

Wenn die Kinder etwas nicht mögen?

Natürlich können wir Erwachsene in die Kinder hineininterpretieren, was sie mögen und was nicht. Da lässt sich dann vieles vermuten. Eine andere Mutter kam mit ihrem wenige Wochen alten Säugling in eine Babygruppe und klagte: «Mein Kind kann es nicht leiden, wenn ich es festhalte.» Um ihre Aussage zu bekräftigen, hob sie das Kind nun hoch. Wie erwartet, begann es, sich so heftig zu bewegen, bis es sich aus den Armen herausgewunden hatte.

Was es auch sein mag, die Mütze, das In-den-Arm-Nehmen und anderes mehr – bei allen Handreichungen können wir ängstlich beobachten, wie das Kind wohl reagieren wird. Wenn wir jedes etwas heftigere Strampeln oder jeden Unmut eines Säuglings gleich dahingehend auslegen, dass dieser etwas Sinnvolles oder Notwendiges nicht mag, kommen wir ihm in Wirklichkeit gar nicht entgegen, sondern wir schaden ihm. Kinder spüren die Ängstlichkeit der

Mutter, des Vaters sehr genau und sie verhalten sich dann auch entsprechend. In der großen neuen Welt, in der sich die Kinder erst nach und nach zurechtfinden müssen, ist es für sie lebensnotwendig, Erwachsene zu erleben, die ihnen Orientierung und Sicherheit geben können.

Der anfängliche Lebensraum

Eine Hülle braucht das Kind auch in seiner ersten Schlafstatt. Es sieht also nicht nur niedlich aus, wenn das Kopfende der Wiege oder des Stubenwagens mit einem Stoffvorhang, einem so genannten «Himmel», versehen ist. Das Baby kann sich geborgener fühlen, wenn es unter einem Wiegenhimmel liegt, der aus zartem Stoff in einem freundlichen, warmen Farbton gefertigt ist.

Wird der Säugling nach draußen mitgenommen, so ist eine Hülle über seinem Kopf besonders wichtig. In einem Kinderwagen mit Verdeck hat er sie. Wird er jedoch in einer modischen Trageliege befördert, so fehlt sie ihm. Ungeschützt ist er so einer Flut von Sinneseindrücken ausgesetzt, die er noch überhaupt nicht verarbeiten kann. Und da er, wie in einem Einkaufskorb, neben dem Erwachsenen getragen wird, hat er nicht einmal die Möglichkeit, das vertraute Gesicht der Mutter, des Vaters wahrzunehmen.

Dieses Gegenüber ist jedoch notwendig, um eine gute Bindung zwischen Mutter, Vater oder Bezugsperson und Kind aufzubauen.

Emotionale Intelligenz hat ihre Wurzeln in der Kinderstube

Auch wenn das Neugeborene anfangs noch nicht so weit sehen kann, so ermöglicht allein schon das Einander-gegenüber-Sein eine innigere Art der Zuwendung, als wenn es nebenher getragen wird. Heute, da in unseren Lebensverhältnissen die Tendenz zum Nebeneinander immer stärker wird, ist es wichtig, von Anfang an auch auf die Sprache der Gebärden zu achten, mit denen wir unserem Kind begegnen.

Nach einigen Wochen ist es dann so weit: Das erste Lächeln! Wunderbar für das Kind, wenn sich die Erwachsenen so richtig von Herzen darüber freuen. Es lächelt nun ganz oft und manchmal jauchzt es. Es geht ihm gut! Und auch den Eltern geht es gut, wenn sie solche kleinen Freuden mit dem Säugling genießen können. Diese Augenblicke liebevoller Begegnung sind die Grundlage für das, was heute, im modernen Sprachgebrauch, emotionale Intelligenz genannt wird. Hier in der Kinderstube hat sie ihre Wurzeln.

Der erste Blickkontakt

Mit dem ersten Lächeln wird die Begegnung zur Mutter, zum Vater, zur Bezugsperson immer mehr zum Zwiegespräch. Der Babyforscher Daniel Stern hat beobachtet, dass Säuglinge nach acht bis zwölf Wochen bereits in der Lage sind, ein Lächeln zu erwidern und soziale Kontakte von selbst

Frühe Kindheit

anzuknüpfen. Sie tun das von sich aus, indem sie Blickkontakt zu den Menschen in der Umgebung aufnehmen. Sie schauen, solange es ihnen behagt, und wenn es ihnen zu viel, zu laut oder zu anstrengend wird, wenden sie sich einfach ab.[3]

Augenkontakt aufzunehmen ist eine der bemerkenswertesten menschlichen Gebärden, denn jede verbindliche Beziehung von Mensch zu Mensch ist erst dadurch möglich. Ein Kind hat in den ersten Lebenswochen eine natürliche Begabung, dies zu tun. Doch es kann die Fähigkeit, Blickkontakt zu halten, vor allem dann dauerhaft heranbilden, wenn Erwachsene den Blick des Kindes auch immer wieder zurückspiegeln – nicht nur in den ersten Lebenswochen, sondern durch die ganze Erziehungszeit hindurch (s. auch Seite 99).

Die Bezugsperson

In den ersten zwei bis drei Lebensjahren braucht ein Kind den vertrauten Erwachsenen in erreichbarer Nähe. Es braucht ihn, auch wenn es allmählich immer geschickter in seinen Bewegungen wird und schon selbst die verschiedenen interessanten Ziele in der Umgebung ansteuern kann. Mutig bewegt es sich voran – doch ganz geheuer ist ihm die Sache nicht: Immer wieder hält es kurz inne und blickt zum Erwachsenen: Schaut er? Was meint er? Ist alles in Ordnung? – Also gut, dann weiter auf Entdeckungsreise. Wo der vertraute, sichere Hafen in erreichbarer Nähe ist, fühlt sich das Kind auch sicher. Das

gibt ihm einen soliden Grundstock, um ein eigenes Selbstwertgefühl zu entwickeln.

Oft ist es jedoch für Mutter und Vater notwendig zu überlegen: Wie ist denn das, wenn wir nicht bei dem Kind sein können? Schadet es ihm wirklich so sehr, wenn es zwischendurch von anderen Menschen betreut wird? – Vielfache Studien belegen, dass die Kleinsten es nicht so ohne weiteres wegstecken, wenn der Erwachsene, der ihm am meisten vertraut ist, zeitweise völlig von der Bildfläche verschwindet. Es weiß ja nicht, ob oder wann er wiederkommt.

So hat u. a. der Babyforscher Daniel Stern an einjährigen Kindern beobachtet, dass jede noch so kurze Trennung von der vorrangigen Bezugsperson zu den «furchterregendsten aller Erfahrungen» gehört. Um den Erwachsenen ein Bild dafür zu geben, wie sich eine solche Trennungsangst anfühlt, schreibt er: «Praktisch jeder würde mit Panik auf die Feststellung reagieren, dass er allein im Ozean schwimmt und dass sein Boot dabei ist abzutreiben.»[4]

Mit dem Säugling sprechen – aber versteht er denn überhaupt?

Kinder wollen von klein auf zu ihrer vertrauten Bezugsperson Kontakt aufnehmen und sich mit ihr unterhalten. Doch manchmal gelingt das gar nicht so ohne weiteres. Zwei Beispiele von vielen: Eine

Frühe Kindheit

Mutter sitzt mit ihrem wenige Wochen alten Baby in einem Wartezimmer. Sie hat das Kind neben sich in einem Tragekorb, an dessen Henkel allerlei Glöckchen befestigt sind. Das Kind ist wach. Es schaut die Mutter an und gibt verschiedene Laute von sich. Ganz offensichtlich will es mit ihr ins Gespräch kommen. Die Mutter blättert in einer Illustrierten und schweigt. Nur ab und zu setzt sie mit einer Hand die verschiedenen Glöckchen in Bewegung. Fast die ganze Stunde lang, die sie mit ihrem Kind warten muss, richtet sie an dieses kein einziges Wort und sie blickt es kaum an.

Eine andere Mutter spricht kaum mit ihrem Kind. Auch wenn sie es wickelt, schweigt sie. Als einmal eine Freundin zu Besuch ist und das mitbekommt, ist sie sehr erschrocken darüber. Sie überlegt, ob sie da etwas sagen darf. Sie wagt es: «Entschuldige, aber sprichst du denn nie mit deinem Kind?» – «Aber nein, wieso denn? Es ist ja viel zu klein. Es versteht doch noch gar nichts», erwidert die Mutter.

Wortbedeutungen versteht ein Säugling selbstverständlich nicht. Aber er versteht das, was die Sprache trägt: die Stimme und die Stimmung der Mutter. Sie ist ihm schon aus der Zeit vor der Geburt vertraut. Nun, in der großen und unbekannten Welt, ist es wichtig, dass er sie so oft wie möglich wieder hört. Der Prozess der Sprachbildung setzt ja schon ein, lange bevor das Kind selbst sprechen kann. Spricht jemand zu ihm, so vollzieht es dessen Worte innerlich unbewusst nach. Dabei kommt der Kehlkopf – eines der wichtigsten Sprachorgane – in Aktion und schwingt im Sprachrhythmus des Sprechenden mit. Persönliche Zwiesprache ist notwendig, damit das Kind in der empfindlichen ersten Lebenszeit seinen Sprachsinn entwickeln kann. Es dauert zwei Jahre, dann ist er im Wesentlichen angelegt.[5]

Kosespiele

Im Allgemeinen hat jeder Erwachsene ein Naturtalent, mit seinem Kind zu kosen und zu spielen. Und es ist wichtig, dass er diesem Talent auch vertraut. Für die Kleinen ist es beglückend, wenn wir liebevolle Kosespiele mit ihnen spielen.

Eine Mutter im Kaufhaus: Sie hat ihr etwa drei Monate altes Baby aus dem Kinderwagen herausgenommen. Nun hält sie es dicht an sich geschmiegt auf einem Arm und «plaudert» mit ihm. Die Mutter: «Be – be.» Das Baby – nach einer kleinen Pause: «Be – be.» Die beiden blicken einander kurz in die Augen und lächeln sich an. Dann das Gleiche noch einmal und noch einmal. Wie ein kleines Frage- und Antwortspiel: «Be – be» – «be – be.» Während sich die Mutter mit ihrem Kind unterhält, schiebt sie mit ihrem freien Arm die Bügel auf dem Kleiderständer weiter. Zwischendurch sucht sie immer wieder Blickkontakt zu ihrem Kind. Nach einer Weile stimmt sie einen anderen Doppellaut an: «Ma – ma.» Gleich ahmt das Kind nach: «Ma – ma.» Wieder folgt ein Wechselspiel der Laute. Das Baby klingt so zufrieden, dass die Kunden, die gerade in der Nähe sind, aufblicken und mit freudig glänzenden Augen herüberschauen. – Ja, mag sich der eine oder andere von ihnen denken, wenn eine Mutter so herzlich die Liebe zu ihrem Kind zeigen kann, dann ist es – zwischendurch – auch mal im Kaufhaus gut aufgehoben.

Es ist gut, wenn Mütter so viel Selbstbewusstsein haben und sich nicht scheuen, Kosespiele mit ihren Kleinen zu spielen. Mögen sich die Freunde, die noch keine Kinder haben, darüber amüsieren. Kein Grund, ihnen zuliebe auf das zu verzichten, was die Sprachfreude der Kinder fördert. Kosespiele sind für kleine Kinder ebenso notwendig wie Nahrung und Pflege. Man kann sie immer spielen, wenn das Baby wach ist. Sie sind nicht zu verwechseln mit einer Verkindlichung der Sprache, in die manche Erwachsenen später verfallen, wenn sie zum Beispiel einem Vierjährigen einen Hund zeigen wollen und sagen: «Schau mal, da ist ein Wau-wau.»

Sprechen zu allen Gelegenheiten

Singen und Kosen, aber auch das Miteinander-Sprechen ist wichtig. – «Gut und schön», sagte eine Mutter, «aber worüber soll ich denn mit dem Kind sprechen? Mir fällt da gar nicht so viel ein.» – Natürlich geht es nicht darum, großartige Gespräche zu führen. Es genügt, wenn wir einfach zu den ganz normalen Handreichungen ein bisschen plaudern. Warum sollte man die tägliche Körperpflege oder auch das Anziehen möglichst schnell hinter sich

bringen? Es ist viel anregender, wenn wir spielen und erzählen, was da gerade geschieht. Wie langweilig wäre es doch, den kleinen Fuß einfach so in das Hosenbein zu stecken. Aber wenn es heißt: «Wo ist denn der Fuß? Ja, wo ist denn der Fuß? – Oh! – Da ist der Fuß!», dann ist das nicht nur für das Kind, sondern auch für den Erwachsenen ein Spaß. – Ob nun die Füße oder die Arme bekleidet werden: Ein kleiner Reim, den man öfters wiederholt, kann das Anziehen zu einem Vergnügen machen:

Klingelingeling – Wer ist denn da?
Die Hand, die Hand, da ist sie ja,
Klingelingeling – hinein ins Haus,
Da! Da guckt sie aus dem Ärmel raus.
Ch.K.

Hegen und pflegen – jedoch nicht auf Kosten der Eigenaktivität

Von Anfang an ist er da, dieser Impuls zur Eigenaktivität. Er ist wie eine Leben spendende Kraft, denn ohne diese wäre das Kind überhaupt nicht in der Lage, sich nach und nach immer neue Fähigkeiten zu erwerben und bisher noch Unerreichtes zu erreichen. Je beweglicher die Kinder werden, umso mehr regt sich ihr Interesse für die Dinge in der Umgebung: Peter ist acht Monate alt. Er sitzt auf einer Decke auf dem Boden. Etwas entfernt von ihm liegt sein Beißring, den will er erreichen. Er begibt sich in Bauchlage. Nun reckt er sich und er streckt seinen Arm danach aus. Sein Vorhaben ist anstrengend, aber er will es schaffen. Jetzt, zum ersten Mal, kommt er darauf, den Fuß zu aktivieren, der seiner gestreckten Hand gegenüberliegt: Er stößt sich ab. Ja! Das war's. Jetzt hat er ihn erreicht, seinen Beißring. Er strahlt und guckt sogleich zur Mutter. Sie freut sich mit ihrem Sohn. – Wie gut, dass sie ihm diese kleine Anstrengung gegönnt hat und nicht gleich zu Hilfe geeilt ist. So hatte er Gelegenheit, sein Vorhaben selbst zu organisieren.

Alle Kinder wollen selber können!

Oft sind Kinder regelrecht ungehalten, wenn wir ihnen bei ihren Bewegungsversuchen helfen wollen. Wer sein Kind wirklich fördern will, der lässt ihm seinen Drang zur Eigenaktivität und versucht nicht, ihm alles und jedes zu erleichtern. Kinder brauchen Gelegenheit, eigene Fähigkeiten auszuprobieren. Selber tun und Anerkennung bekommen, das verschafft immer wieder kleine Glücksgefühle. So macht Lernen Freude! Wir erweisen den Kindern keinen guten Dienst, wenn wir ihnen unnötige Erleichterungen verschaffen. Dies gilt auch für die Aufnahme von Nahrung und Getränken. Auch hier ist es wichtig, die Kinder altersgemäß zu fordern. So ist es zum Beispiel sinnvoll, sie möglichst früh an ganz alltäglich geformtes Trink- und Essgeschirr zu gewöhnen. Kinder brauchen nicht jahrelang aus der Nuckelflasche oder aus einem speziellen Kinder-Schnabelbecher zu trinken, denn etwa ab dem Alter von acht Monaten sind sie in der Lage, mit beiden Händen eine Tasse gut festzuhalten und daraus zu trinken. Es ist wichtig, dass sie dies fortan auch immer tun dürfen.

Geschafft!
Auf eigenen Füßen ins Leben

Innerhalb des ersten Jahres ist das Kind unermüdlich und bei bester Laune auf Erkundungsreise. Es will sich freuen an allem, was es entdeckt und was es neu kann. Das Schönste ist, wenn die Mutter, der Vater sich so richtig mitfreuen. Das ermutigt, noch Weiteres zu erproben. Unermüdlich versucht das Kind, die eigene Schwerkraft zu überwinden. Dann kommt der große Tag: Es steht! Ganz von selbst! Das Kind ist völlig begeistert von seiner neuen Errungenschaft, dass es nun die Welt von weiter oben sehen kann. Bald darauf setzt es die ersten Schritte ins Leben. Etwa mit Beginn des zweiten Lebensjahres ist es so weit.

Schau nur, schau, der Peter.
Zum ersten Mal heut geht er.
Ganz von alleine
Setzt er die Beine.
Plumps – was ist das?
Hei, gleich noch einmal den Spaß.
Ch.K.

Sobald das Kind nun sicheren Schrittes vorankommt, ist es von sich aus sehr erfindungsreich in den verschiedensten Bewegungsformen. Es hat Vergnügen daran, seinen Körper in Leichtigkeit zu versetzen. Beim Springen, Hüpfen, Trippeln, Wippen ist es ganz in seinem Element. Alle diese Bewegungen, die ihm so viel Freude machen, sind auch notwendig, damit sich sein Knochengerüst gesund entwickeln kann.

Frühe Kindheit

Verstehen und sprechen in Wort und Bild

Nun, wenn die Arme und Hände frei sind zum Greifen und Spielen, kann sich das Sprachzentrum im Gehirn heranbilden. Das Kind lernt jetzt, Worte aus seinem eigenen Erlebnisbereich zu begreifen und nachzusprechen. «Wo ist der Ball?», fragt der Erwachsene. Und das Kind hebt den Ball auf und strahlt: «Da!» – «Gibst du dem Papa den Ball?» – Ja, das kann es jetzt schon. Und dieses einfache Spiel macht ihm sehr viel Vergnügen. Das Kind will das Gleiche noch einmal spielen. Ganz oft hintereinander.

Was für eine Freude, die Welt ringsum kennen zu lernen und die Dinge nach und nach auch selbst benennen zu können. Bald beginnt das Kind zu fragen: «Das?» – «Das da?» – Es macht ihm sichtlich Vergnügen, Gespräche anzuknüpfen. Es fragt nicht nur einmal, sondern viele Male hintereinander dasselbe. Das Wiederholen wird ihm nicht langweilig. Es freut sich am Hin und Her von Frage und Antwort. Und indem es so, ganz von selbst, nachspricht, was es hört, erwirbt es sich allmählich seinen Sprachschatz.

Das Kind in Ruhe experimentieren lassen

In den ersten Lebensjahren kann das Kind die Welt nur mit den Sinnen verstehen. Seine natürliche Neugier ist ihm der beste Lehrmeister. Was gibt es da alles zu erforschen, zu schmecken und zu bewegen!

Mütter und Väter sind manchmal nicht so erbaut, wenn sie sehen, was die lieben Kleinen mit ihren Händen anstellen können. «Musst du aber auch alles anfassen?», sagen sie oder: «Nimm die Finger da weg!» Dabei ist es gerade dieser Tatendrang, der wesentliche Sinneserfahrungen ermöglicht. Mischen wir uns also besser nur dann ein, wenn das Kind Schaden nehmen könnte. Macht es sich zum Beispiel daran, Blumenerde von der Bodenpflanze in den Mund zu stecken, dann ist es wohl angebracht, ihm dieses Geschmackserlebnis vorzuenthalten. Der Erwachsene kann vorausdenken und das, was wirklich gefährlich ist, beiseite stellen.

Spielen und erforschen in geborgener Nähe

Gelegentlich wünscht sich das Kind auch, dass wir mitspielen: Mit etwa zwölf Monaten kann es schon von sich aus den Impuls dazu geben, denn etwa in diesem Alter tritt der Sinn für das Ich und das Du auf. Das Kind merkt nun, dass die vertraute Bezugsperson tun kann, was es von ihr wünscht. Eine fantastische Entdeckung, und die will natürlich ausgekostet werden.

Ein beliebtes Spiel ist nun, einen Gegenstand aus dem Kinderwagen herauszuwerfen und gleich wieder nach ihm zu verlangen.

Mimi hat soeben ihre Rassel aus dem Wagen geworfen. Nun lehnt sie sich heraus

Frühe Kindheit

und macht allerlei Gebärden, damit die Mutter sie ihr zurückgibt. Kaum jedoch hat sie ihre Rassel wieder in der Hand, strahlt sie die Mutter an und – was tut sie? Sie wirft sie noch einmal fort. Wieder reckt und bewegt sie ihren Körper und ihre Arme der Mutter entgegen, in der festen Gewissheit: «Ich weiß ja, dass du mir die Rassel wieder geben kannst. So gib sie mir!»

Wiederholung ist alles beim Lernen. Das spüren auch die Kleinen. Und so haben sie bei derartigen Spielen eine erstaunliche Ausdauer. Erwachsenen kann da schon eher die Geduld abhanden kommen. Oft brechen sie solche Spiele abrupt ab, weil sie vermuten, das Kind wollte sie absichtlich ärgern. Doch davon kann in diesem zarten Alter keine Rede sein.

Alltägliches wird zum Spielzeug

Sobald sich ein Kind nun so viel Bewegungsfreiheit erworben hat, dass es allein überallhin gelangen kann, hat es von selbst den Drang, das zu erforschen, was in seiner Augenhöhe liegt. Alles Greifbare wird zum Spielzeug. Besonders beliebt sind die Dinge, die eine kleine Höhle haben, so zum Beispiel ein Papierkorb oder ein Rucksack. Welch ein Vergnügen, den Inhalt zu untersuchen! Auch mit Schachteln, Töpfen oder Plastikschüsseln lässt sich einiges anfangen. Man kann mit ihnen verschiedene Geräusche erzeugen, sie ineinander stellen oder gefahrlose Dinge, wie zum Beispiel Kastanien, einfüllen und wieder herausnehmen. Auch andere Gegenstände regen zum Experimentieren an:

Der vierzehn Monate alte Peter sitzt vor dem Küchenregal, in welchem Vorratsdosen in verschiedenen Größen aufbewahrt werden. Er nimmt eine nach der anderen heraus und stellt sie erst einmal auf den Boden. Dann beginnt er, die Dosen aufeinander zu türmen. Wenn eine herabfällt, hebt er sie wieder auf und setzt sie noch ein wenig vorsichtiger obenauf. Immer wieder ein Blick zur Mutter. Sie ist in sicherer Nähe mit einer Arbeit beschäftigt. «Ja, es ist gut. – Ich sehe sie und sie sieht mich», so mag sich der Bub denken, denn er bleibt völlig zufrieden bei seiner interessanten Arbeit.

Die eigene Unabhängigkeit wird entdeckt

Etwa um das zweite Lebensjahr herum macht das Kind eine faszinierende Entdeckung. Es bemerkt auf einmal, dass es sich selbst abgrenzen kann: «Nein!», sagt es, und damit beginnt die erste Trotzphase. Da bleibt Lena plötzlich mitten auf dem Gehweg stehen. «Komm!», sagt die Mutter, «wir müssen nach Hause.» – «Nein!» – Die Mutter: «Nun, komm schon!» – «Nein!», beharrt Lena. Die Mutter geht nun auf ihre Tochter zu, um sie zu holen, doch die läuft ein Stück weiter. Dann bleibt sie stehen und guckt überrascht, welche Kraft dieses eine Wörtchen «Nein» hat.

Was soll die Mutter denn jetzt tun? Hinter dem Kind herrennen und es einfangen? Schimpfen, bis es Angst kriegt und doch folgt? Ihm eine Strafe androhen oder einfach weitergehen und hoffen, dass es dann von selbst kommt? – Nichts davon. All das wären doch nur Machtkämpfe und natürlich würde die Mutter siegen. Sie ist ja größer, schneller und stärker.

Also, Macht kommt nicht in Frage. – Was aber dann? Lena steht immer noch da und ist neugierig, was die Mutter wohl tun wird. Sie tut tatsächlich etwas. Aber was ist es?

Interesse geht über Widerstand

Was macht sie denn da? Da ist irgendetwas in ihrer Hand. Lena ist nun neugierig. Sie kommt näher. «Auch schauen!», sagt sie. Ein Glitzersteinchen ist darin. Das gefällt Lena. Sie hebt ebenfalls eins auf und dann noch eins. Und nun gehen die beiden weiter, als wenn nichts gewesen wäre.

Und was war nun das Geheimnis? Warum braucht die Mutter sich gar nicht aufzuregen und Lena kommt ganz ohne Widerstand mit? – Ganz einfach: Die Mutter war nicht stur. Sie hat nicht auf ihrem Willen beharrt. Nein, sie war geistesgegenwärtig. Da, wo sie gerade stand, ist ihr etwas Interessantes eingefallen. Und welches Zweijährige könnte widerstehen, wenn das geliebte Vorbild sich begeistert einer Sache zuwendet? – Interesse und Aufmerksamkeit für etwas anderes – in dieser ersten Trotzphase ist das wie eine goldene Regel, durch die Erwachsene sich und dem Kind viele überflüssige Worte, Ärger und Streit ersparen können.

Spiele für die Kleinsten

Kinder brauchen immer wieder Spielphasen, in denen sie selbst experimentieren können, doch natürlich macht es ihnen auch Freude, wenn wir zwischendurch kleine vergnügliche Spiele mit ihnen spielen (s. auch S. 47). Etwa mit eineinhalb Jahren schaffen sie es schon, eine Sache wiederzufinden, die in ihrem Beisein zugedeckt wurde:

Wo ist der Ball?

Der Ball oder ein anderer Gegenstand liegt auf dem Boden. Nun legt der Erwachsene vor den Augen des Kindes ein Tuch darüber und fragt: «Wo ist der Ball?» Das Kind zieht voller Begeisterung das Tuch weg und ruft: «Da!»

Guck-Guck

Ein anderes beliebtes Spiel ist, wenn der Erwachsene sich vor den Augen des Kindes verbirgt. Die Mutter hält ihre beiden Handflächen vor das Gesicht und ruft: «Guckguck, wo ist die Mama?» – Gleich darauf bewegt sie ihre Hände ein wenig zur Seite: Ihr Gesicht taucht wieder auf: «Da!!!» – rufen sie nun beide. Welche Überraschung. Das Kind strahlt vor Vergnügen. – Und es freut sich, wenn nun das Gleiche noch einmal gespielt wird.

Bitte-Danke-Spiel

Ein- bis Zweijährige lieben Bitte-Danke-Spiele. Man kann sie überall spielen, zu Hause, auf dem Spielplatz oder unterwegs: Der Vater sitzt auf der Parkbank.

Jan, sein achtzehn Monate alter Sohn, hebt ein Steinchen auf und streckt es ihm freudig entgegen: «Da!» Und der Vater geht darauf ein: «Danke!», sagt er. Nun ist der Stein in der großen Faust verschwunden. Aber gleich ist er wieder da: «Bitte!», sagt der Vater. Jetzt greift Jan danach. Und schon legt er den Stein wieder zurück in die leere große Hand. «Danke!», sagt der Vater. Beide lachen. Und so geht das Spiel eine Weile hin und her. Ein vergnüglicher Austausch von Geben und Nehmen.

Fang mich

Vom Spazierweg klingt eine fröhliche Kinderstimme herüber. Lachen und Jauchzen in den höchsten Tönen: Eine Mutter ist mit ihrem etwa zweijährigen Kind unterwegs. Sie hat ihr Gesicht dem Kleinen zugewandt und läuft rückwärts und nur ein klein wenig vor ihm her. Das Kind versucht die Mutter zu erhaschen. Immer wenn es sie fast erreicht hat, trippelt die Mutter wieder ein kleines Stück nach hinten. – Was für ein Spaß!

Handspiele

Kleine Kinder lieben es auch, wenn die Erwachsenen ihnen mit den Händen etwas vorspielen. Dann stehen sie staunend dabei und rufen «Noch mal!», sobald das Spiel vorbei ist.

Wo ist das Zwerglein?

Der Erwachsene hat eine Hand zur Faust geschlossen, nur der Daumen guckt nach oben. Er ist das Zwerglein. Das bewegt sich eine Weile hin und her, dann schlüpft es in die Faust und bald darauf ist es wieder da.

Da ist das Zwerglein!
Es ist das Zwerglein Klitzeklein,
Das grüßt den lieben Gregor fein.
– Oh! Wo ist es jetzt?
Wo ist es denn nur?
Wo kann denn nur das Zwerglein sein?
Ja! – Da ist das Zwerglein. ... (wdh.)
Ch.K.

Häschen

Die große Hand kann auch ein «Häschen-kopf» sein. Mittelfinger und Zeigefinger sind die Ohren, die anderen Finger bilden den Kopf. Das Häschen hüpft nun eine Weile hin und her:

Häschen hupf,
Häschen hupf,
Zum Unterschlupf!

Bei «Unterschlupf» schlüpft das Häschen – vor den Augen des Kindes – hinter den Rücken oder unter den Pullover des Erwachsenen. Nun heißt es: «Wo ist das Häschen? Ja, wo ist denn das Häschen?» – Was für ein Vergnügen, wenn dieses nun gleich wieder hervorhüpft: «Da! Da ist das Häschen!»

Einfache Geschichten

Einfache Geschichten für die Kleinsten können auch mit den Fingern ins Bild gebracht werden: Der Erwachsene legt sich ein großes einfarbiges Tuch über den Schoß. Das ist die Bühne. Seine Finger sind die Figuren. Sie fangen an zu erzählen. Es ist nicht notwendig, irgendetwas auswendig zu können. Maximilians Lieblingsgeschichte ist ganz schlicht, aber er mag sie immer wieder hören:

Es war einmal ein kleines Männlein
(Der Daumen spaziert auf dem Tuch)
Und das spazierte den Weg entlang.
Die Sonne schien.
Da lachte das Männlein
Und es fing an zu singen.
Es war ein Lied, das es ganz besonders gerne hatte:

Summ, summ, summ,
Bienchen, summ herum!
Ei, wir tun dir nichts zuleide,
Flieg nur über Wald und Heide!
Summ, summ, summ,
Bienchen, summ herum!

«Ah», freute sich das Männlein, «wie ist es hier schön auf der Welt!» – Auf einmal wurde es müde und es musste ganz kräftig gähnen. Es rieb sich die Augen. Plötzlich bemerkte es ganz in der Nähe eine kleine Höhle (Die andere Hand).
Das Männlein war neugierig. Es konnte nicht anders, es musste da hineinschlüpfen. Hm, war das gemütlich da drinnen. Und so legte sich das Männlein nieder und es schlief gleich ein.

Am Schluss neigt die Mutter ihr Ohr zu ihren Händen herunter und blickt Maximilian an: «Hörst du?», fragt sie. «Ich glaube, das Männlein schnarcht ein bisschen.» – Maximilian liebt das. Er lauscht ebenfalls: «Ja», sagt er, «das schläft.»

Alltagserlebnisse als Erzählstoff

Gegen Ende des zweiten Lebensjahres fängt dann das Geschichtenerzählen an. Erst genügt es, kleine Begebenheiten zu erzählen, die das Kind aus seinem eigenen Erlebnisbereich nachvollziehen kann. Gut geeignet für die Kleinsten ist da eine selbst erfundene Geschichte. Und das Talent dazu, eine solche zu erzählen, hat jeder, wenn er einfach nur das wiedergibt, was er mit dem Kind beim Nachmittagsspaziergang erlebt hat:

Es war einmal ein kleiner Bub, der durfte mit seinem Vater einen Ausflug machen. Da freute er sich. Er lief vergnügt die Treppe herunter in den Garten. Das konnte er schon ganz allein! Unten wartete das große Fahrrad. Da hob der Vater seinen Sohn auf den Kindersitz und schon brausten die beiden los. Der Wind blies ihnen tüchtig ins Gesicht. Hei, war das ein Spaß!

Nach einer Weile kamen sie in den Park. Da gab es viele bunte Blätter. Der Vater hielt erst einmal an und bückte sich nach einem besonders schönen Blatt. «Schau mal», sagte er zu seinem Sohn, «da hast du eine Fahne.» Der hielt nun seine Fahne gut fest und weiter ging die Fahrt. Das war lustig, wie die Fahne jetzt im Wind wedelte. Nachher fuhren die beiden bis zum großen Kastanienbaum und da stiegen sie ab und sammelten Kastanien. Eine steckte sogar noch in ihrem grünen Stachelbett. Da stopften der Vater und der Sohn ganz viele Kastanien in ihre Hosentaschen. Und als keine mehr hineinpasste, fuhren sie vergnügt wieder nach Hause. Und der Bub hat jetzt die vielen schönen Kastanien in seinem Zimmer, und das gefällt ihm.

Kleinkindzeit und Kindergartenalter

Im Alter zwischen zwei und drei Jahren entdeckt das Kind das Wort «ich». Es sagt nicht mehr: «Peter will Brot!», sondern «Peter-Ich will Brot» oder gleich «Ich will.» Und darauf folgt natürlich auch: «Ich will nicht!» Jetzt heißt es nicht mehr nur «nein» wie in der ersten Trotzphase, sondern «Ich» ganz persönlich: «Ich will» – oder «Ich will nicht!» Die zweite Trotzphase beginnt und sie geht auch nicht so schnell vorüber. Auf einmal ist da ein energiegeladenes Wesen, das eigensinnig, ja manchmal sogar dickköpfig sein kann. Es ist eine außerordentlich wichtige Lebensphase, die das Kind da durchringt. In dieser Zeit durchlebt es die Auseinandersetzung mit dem eigenen Ich. Es braucht jetzt den Erwachsenen als verständnisvollen, aber auch konsequenten Begleiter, damit es lernen kann, dass es außer seinem eigenen Ich noch andere gibt (s. auch Seite 101 ff.).

Erinnerung, Gedächtnis

Mit der Fähigkeit, zu sich selbst «ich» zu sagen, beginnt das Erinnerungsvermögen. Das Kind kann sich nun zunehmend an Erlebnisse erinnern, die es schon wiederholt gemacht hat. Wenn es zum Beispiel hört: «Heute gibt es Nudeln.» – «Nach dem Mittagsschlaf gehen wir spazieren.» – «Der Papa kommt erst abends, wenn es schon dunkel ist», so kann es das nun einordnen. Jetzt beginnt auch die Zeit, in der ein Kind schon kleine Aufgaben übernehmen kann. Es hilft gerne mit, vor allem, wenn es heißt: «Du darfst» (s. Seite 89 f.).

Warum?

Eine wunderbare Möglichkeit, mit den Eltern ins Gespräch zu kommen, ist es zu fragen. Verstehen wird das Kind aber nur das, was es aus seinem bisherigen Erfahrungsbereich kennt. Müde sein und sich hinlegen zum Beispiel, das ist etwas, was das Kind begreift, weil es dies schon selbst erlebt hat. Als die Mutter die Wäsche zusammenlegt, sagt Anja: «Die ist müde, gell?» – «Ja, die Wäsche ist jetzt ganz müde!», bestätigt die Mutter. Sie taucht mit ein in diese Welt der Bilder und Gleichnisse, und das ist gut so. Bilder sind Nahrung für die kindliche Fantasie (s. auch Seite 155).

Sehr beliebt ist es nun bei den Kleinen, «warum?» zu fragen, denn daran kann sich ein fröhliches Wechselspiel von Worten anknüpfen. Kinder fragen nicht unbedingt, weil sie etwas genau erklärt haben wollen, sondern oft auch, weil für sie das Hin und Her der Worte eine vergnügliche Unterhaltung ist. Manchmal kann man den Eindruck haben, als fragten sie nur noch um des Fragens willen. Auch dem geduldigsten Erwachsenen kann da mal die Luft ausgehen:

«Was machst du da?», fragt Alexander seine Mutter. – «Ich gieße die Blumen!» – «Warum?» – «Weil sie durstig sind!» – «Warum sind sie durstig?» – «Weil ich sie schon lange nicht gegossen habe!» – «Warum hast du sie schon lange nicht gegossen?» – «Weil ich nicht daran gedacht habe!» – «Warum hast du nicht daran gedacht?» – «Weil ich es vergessen habe.» – «Warum hast du es vergessen?»
Schließlich beugt sich die Mutter herunter und sagt:

Weißt du was?
Ein altes Fass,
Sitzen drei Kätzchen drin,
Wissen nicht, was.

Jetzt müssen beide lachen und sie sind guter Stimmung. Wie anders wäre es gewesen, wenn die Mutter gesagt hätte: «Jetzt frag doch nicht immer so viel.»

Das Spielalter beginnt

Nun, nachdem das Kind «ich» zu sich sagen kann, ist auch im Spiel eine neue Entwicklungsstufe erreicht. Mutter, Vater oder Bezugsperson sind nach wie vor wichtig. Doch mit drei bis vier Jahren werden dann mehr und mehr auch gleichaltrige Spielkameraden interessant. Kinder nehmen von sich aus gerne Kontakt zu anderen auf.

Ein bedeutender Lebensschritt beginnt, denn jetzt ist ein Kind in der Lage, sich zeitweise aus der vertrauten Geborgenheit von Mutter, Vater oder Bezugsperson zu lösen. Und es schafft das auch recht gut, wenn wir es nur lassen. Wir haben kein Recht, ein Kind künstlich kleinzuhalten, nur weil uns sein Selbstständiger-Werden vielleicht nicht ganz geheuer ist. Wo Erwachsene eigene Befürchtungen in ein Kind hineindenken, wird dieses nur verunsichert. Es traut sich dann nicht, was es eigentlich schon könnte. Erzieherinnen in Spielgruppen und Kindergärten können ein Lied singen von überbesorgten Müttern, die möglichst noch den ganzen Vormittag in der Gruppe mit anwesend sein möchten, damit ihr Hansi nicht so leidet, wenn er für wenige Stunden von zu Hause fort ist.

Die Fantasie will alles verwandeln

Etwa ab zweieinhalb Jahren wollen die Kinder ihren Erfindungsgeist erproben. Das Spielalter beginnt. Wo sie nicht bereits durch Medienkonsum verbildet sind, entfaltet sich ihre Fantasie mit einer ungeheuren inneren Lebendigkeit. Es ist wahrhaft fantastisch, wie einfallsreich ein Kind jetzt sein kann. Die alltäglichsten Dinge werden im Spiel verwandelt. Sie sind im Moment das, was das Kind darin sieht.

> Hü, hott, du Besen fein,
> Hei, du bist mein Pferdchen klein.
> Schlupps, das Polster riesengroß,
> Es ist das Dach von meinem Schloss.
> Die Stühle stell ich hinterdrein:
> Sie sind mein Zug. Komm, steig mit ein!
> Ch.K.

Alles und jedes wird ins Bild gesetzt: Ein Stecken ist für uns Erwachsene eben einfach nur ein Stecken, nichts weiter. Doch welche Vielfalt sich in ihm verbergen kann, das fällt nur einem Kind ein. Er kann eine Bohrmaschine sein, ein Kochlöffel, ein Mixer, ein Schweißgerät, ein Stift, ein Pinsel und noch vieles mehr. Auch andere Dinge werden verwandelt. Dass man eine Decke zum Zudecken verwenden kann, das weiß doch jeder. Kinder haben da noch ganz andere Ideen: Im Nu kann sie ein Hausdach sein, ein Vorhang, ein Königsmantel oder etwas anderes. – Der vierjährige Peter und sein Zwillingsbruder Markus hatten eine Zeit lang Spaß daran, einander als «Bulade» einzurollen, seitdem es einmal zum Mittagessen Rindsroulade gegeben hatte.

Ideen wie eine Perlenschnur

Spielen ist in diesem Alter eine völlig intuitive Angelegenheit. Die Kinder spielen, was ihnen im Augenblick einfällt. Und wurde ein Holzklotz gerade als Bügeleisen verwendet, kann er im nächsten Augenblick schon ein Hammer sein, ein Auto, ein Stück Käse für den Kaufladen oder sonst etwas. Wo die Kinder nur wenige einfache Spieldinge haben (s. Seite 128 ff.), da sprudeln die Ideen nur so hervor. Sie reihen sich wie bunte Perlen aneinander. Gerade die einfachsten Dinge sind es, an denen der kindliche Einfallsreichtum am besten in Schwung kommt.

Erwachsene wissen oft nicht, welche besondere Qualität solches Spiel hat. Sie sagen dann: «Nun spiel doch auch mal etwas fertig!» Oder sie mahnen: «Kannst du denn nicht bei einer Sache bleiben?» – Nein, das kann ein Kind in diesem Lebensalter tatsächlich noch nicht. Es ist wie überwältigt von der Fülle an Ideen, die ihm einfallen. Es muss sie einfach alle ausprobieren. Später, etwa um das fünfte Lebensjahr, ist es dann schon in der Lage, mehr oder weniger ausdauernd bei einer Sache zu verweilen (s. Seite 35 ff.).

Alles wird belebt

Es sind nicht nur die Gebrauchsgegenstände, die das Kind innerlich belebt. Auch beim Essen will die Fantasie rege werden:

Andreas hat vor sich auf dem Teller einen wunderbaren Berg von Kartoffelbrei. Oben in einer Kuhle ist goldgelbe, flüssige Butter. «Schau, ein See!», ruft Andreas. «Nun iss ordentlich!», fordert der Vater. Andreas aber zieht mit der Gabel einen Graben und freut sich: «Hui, ein Bach!» Jetzt hilft er mit der Gabel noch ein wenig nach, bis die ganze Butter unten ist. «Du sollst nicht mit dem Essen spielen, das weißt du doch», mahnt nun auch die Mutter. Schade, dass die Eltern immer gleich so streng

sind. Natürlich isst Andreas. Er liebt Kartoffelbrei mit zerlassener Butter. Es ist eine von seinen Leibspeisen. Aber wenn einem da noch so Verschiedenes einfällt, ist das denn so schlimm? – Ganz im Gegenteil. Der Vater von Benjamin und Lena findet nichts dabei. Er schält gerade Orangen für den Nachtisch. Benjamin nimmt eine Schale: «Ein Schiff!», sagt er. Natürlich will Lena auch ein Schiff. Und schon halten die Schiffe Kurs auf Vaters Teller. Dort ist nämlich der Hafen und immer, wenn sie dort anlegen, werden sie mit Orangenschnitzen beladen. Das ist die Schiffsfracht, versteht sich.

Erwachsene erzählen

Für kleine Kinder ist es wichtig, dass ihr Alltag voller Erzählungen ist. Sie freuen sich über Fingerspiele oder Reime und auch über Geschichten mit Handgebärden:

> Eine kleine Dickmadam
> Fuhr mal mit der Eisenbahn.
> Eisenbahn, die krachte,
> Dickmadam, die lachte.

Eine Hand umschließt die andere. Von der inneren Hand reckt sich der Daumen nach oben. Er ist die kleine Dickmadam. Die fährt ein Stückchen zwischen Kind und Erwachsenem hin und her. Zum Schluss, wenn die Eisenbahn kracht, schlägt sich der Erwachsene mit den Händen auf seine Schenkel. Dann reckt er den Daumen nach oben und bewegt ihn fröhlich hin und her.

Wie das Fähnlein auf dem Turme
Sich kann drehn bei Wind und Sturme,
So soll sich mein Händchen drehn,
Welche Lust, das anzusehn.

Ein Arm wird mit dem Ellenbogen auf eine Handfläche gestellt. Die freie Hand ist das Fähnlein, das wackelt lustig hin und her. Solche Gebärdenspiele braucht man nicht unbedingt auswendig zu lernen. Das Wichtigste ist, sie einfach zu spielen. Und das geht wunderbar auch neben einem aufgeschlagenen Buch. Für die Kinder liegt der Genuss solcher Reimspiele vor allem im Wohlklang der Sprache. Sie haben es gerne, wenn fröhliche Verse, die sie schon kennen, möglichst oft wiederholt werden. Und das Bemerkenswerte ist: Kinder sind jedes Mal auf die gleiche Weise aufmerksam.

Was Kinder jetzt gerne hören

Kinder lieben es auch, wenn man ihnen etwas Eigenes erzählt. Und hat man sich erst einmal daran gewöhnt, Geschichten selbst zu erfinden, dann kann das auch für den Erwachsenen beglückend sein:

«Ich wusste gar nicht», sagte ein Vater, «dass ich das wirklich selbst kann, das Geschichtenerzählen, aber jetzt macht es mir richtig Spaß. Einmal am Abend, als ich die Kinder ins Bett brachte, fing ich einfach an, von einem Igel zu erzählen. Ich nannte ihn Igel Ignatz. Es waren ganz gewöhnliche Dinge, die dieser Igel erlebte, aber das war wahrscheinlich gerade das Richtige. Am nächsten Abend riefen die Kinder: ‹Erzählst du wieder vom Igel?›

So hat sich die Geschichte dann immer weitergesponnen. Manchmal haben auch die Kinder an ihrem Fortgang mitgewirkt. Einmal war ich unglaublich müde. Ich sagte: ‹Aber heute kann ich euch wirklich nichts weitererzählen, und der Igel ist auch so müde. Er kann sich gar nicht richtig bewegen und sprechen kann er auch nicht. Nur die Ohren sind noch ein ganz klein wenig offen.› – Matthias, mein Sohn, wollte sich damit nicht zufrieden geben: ‹Ich sing ihm was vor.› Er sang dann tatsächlich und die Schwester stimmte auch gleich mit ein.

Da wurde der Igel wieder munter und ich natürlich auch und so ging es doch noch ein Stückchen weiter mit der Geschichte.»

Rhythmische Geschichten

Gegen Ende des dritten Lebensjahres sind für die Kinder Geschichten, in denen ihre Aufmerksamkeit gefordert wird, genau das Richtige. Es sind kleine Erzählungen, bei denen eine Handlung unabdingbar mit der nächsten verbunden ist, bis ein kritischer Punkt erreicht wird. Danach spult sich die ganze Erzählung wieder zum Anfang hin und strebt der Lösung entgegen.

Kinder lieben solche rhythmischen Geschichten. Und wenn sie schon Dutzende Male dieselbe gehört haben, ist es ihnen eine Freude, wenn sie ein weiteres Mal erzählt wird. – Wie aufmerksam die Kinder da zuhören können! Sie haben das größte Vergnügen, den Erwachsenen zu verbessern, wenn er einmal durcheinander kommt:

Madamchen

Es war einmal ein Madamchen, das hatte ein Schweinchen. Eines Tages wollte Madamchen zur Hochzeit gehen, da sagte das Madamchen zum Schweinchen: «Du musst daheim bleiben, Madamchen will zur Hochzeit gehen.»

Das Schweinchen wurde böse und sagte: «Nein, nein, ich will auch mitgehen.»

Da ging Madamchen zum Hündchen und sagte: «Hündchen, du sollst das Schweinchen beißen, Schweinchen will nicht daheim bleiben, Madamchen will zur Hochzeit gehen.»

Da sagte das Hündchen: «Tut mir das Schweinchen nichts, tue ich ihm auch nichts.»

Da ging Madamchen zum Stock und sagte: «Stock, du sollst das Hündchen schlagen, Hündchen will nicht das Schweinchen beißen, Schweinchen will nicht daheim bleiben, Madamchen will zur Hochzeit gehen.»

Da sagte der Stock: «Tut mir das Hündchen nichts, tue ich ihm auch nichts.»

Da ging Madamchen zum Feuer und sagte: «Feuer, du sollst den Stock brennen, Stock will Hündchen nicht schlagen, Hündchen will nicht das Schweinchen beißen, Schweinchen will nicht daheim bleiben, Madamchen will zur Hochzeit gehen.»

Da sagte das Feuer: «Tut mir der Stock nichts, tue ich ihm auch nichts.»

Da ging Madamchen zum Wasser und sagte: «Wasser, du sollst das Feuer löschen, Feuer will nicht den Stock brennen, Stock will Hündchen nicht schlagen, Hündchen will nicht das Schweinchen beißen, Schweinchen will nicht daheim bleiben, Madamchen will zur Hochzeit gehen.»

Da sagte das Wasser: «Tut mir das Feuer nichts, tue ich ihm auch nichts!»

Da ging Madamchen zum Ochsen und sagte: «Ochse, du sollst das Wasser saufen, Wasser will nicht das Feuer löschen, Feuer will nicht den Stock brennen, Stock will Hündchen nicht schlagen, Hündchen will nicht das Schweinchen beißen, Schweinchen will nicht daheim bleiben, Madamchen will zur Hochzeit gehen.»

Da sagte der Ochse: «Tut mir das Wasser nichts, tue ich ihm auch nichts.»

Da ging Madamchen zum Metzger und sagte: «Metzger, du sollst den Ochsen schlachten, Ochse will nicht das Wasser saufen, Wasser will nicht das Feuer löschen, Feuer will nicht den Stock verbrennen, Stock will Hündchen nicht schlagen, Hündchen will nicht das Schweinchen beißen, Schweinchen will nicht daheim bleiben, Madamchen will zur Hochzeit gehen.»

Da sagte der Metzger: «Ja, ich will den Ochsen schlachten.» Er ging zum Ochsen.

Da sagte der Ochse: «Oh, oh, oh; eh ich soll geschlachtet werden, lieber will ich das Wasser saufen.»

Da sagte das Wasser: «He, he, he; eh ich soll gesoffen werden, lieber will ich das Feuer löschen.»

Da sagte das Feuer: «Hie, hie, hie; eh ich soll gelöscht werden, lieber will ich den Stock brennen.»

Da sagte der Stock: «Rau, rau, rau; eh ich soll gebrannt werden, lieber will ich das Hündchen schlagen.»

Da sagte das Hündchen: «Wau, wau, wau; eh ich soll geschlagen werden, lieber will ich das Schweinchen beißen.»

Da sagte das Schweinchen: «Au, au, au; eh ich soll gebissen werden, lieber will ich daheim bleiben.»

Und nun konnte Madamchen endlich zur Hochzeit gehen.

Weiteres über Geschichten und Märchen, die Kinder gerne hören, und auch darüber, wie man sie so erzählen kann, dass die Kinder auch Lust haben, aufmerksam zuzuhören, auf Seite 162 ff.

Die beiden Jahre vor der Schulreife

Etwa bis zum fünften Lebensjahr sind die Kinder noch begeistert dabei, immer neue Ideen aufzugreifen und wieder zu verwandeln. Doch dann beginnt die Zeit, in der die Einfälle nicht mehr so selbstverständlich hervorsprudeln. Alles wird mehr mit Abstand betrachtet. Nun ist es keine Seltenheit, wenn ein Kind sagt: «Was soll ich denn jetzt machen?»

Es ist nun eine Lebensphase erreicht, in der das Kind eine Idee auch mit einer Vorstellung verbinden möchte. Es will ein Ziel ansteuern, aber allein, ohne dass ihm ein Erwachsener das verordnet. Anregungen nach dem Motto «Du hast doch so schöne Bauklötze, bau halt irgendwas» oder «Du könntest ja mal wieder mit deinem Kaufladen spielen» nerven ein Kind eher, als dass sie ihm weiterhelfen. «Ach, immer soll ich spielen!», heißt es dann und nichts ist gewonnen.

Jetzt ist der Erwachsene auf eine neue Weise gefragt. Wenn das Kind nun eine Zeit lang Gelegenheit hat, Dinge zu tun, die seine Geschicklichkeit herausfordern und die ihm auch Freude machen, dann werden nach einer Weile auch beim Spielen die Ideen wieder fließen (s. Seite 122 ff.).

Kleine Handwerkstätigkeiten

In den beiden letzten Jahren vor der Schule können Kinder schon so vieles selbst schaffen, sobald sie sich durch das Vorbild motiviert fühlen. Sie können ganz begeistert sein, wenn sie nun etwas tun dürfen, was irgendwie kompliziert aussieht, das aber, wenn man es einmal angefangen hat, doch ganz einfach zu bewältigen ist:

Einfache Handarbeiten, wie zum Beispiel das Filzen oder auch kleine Näharbeiten, eignen sich dafür. Etwas zusammennähen, das mögen Buben und Mädchen in diesem Alter gleichermaßen gerne. Perfektion ist allerdings nicht gefragt, denn da würde den Kindern ganz schnell die Lust vergehen.

Auf das Tun kommt es an

Das Wichtigste ist das eigene Tun und nicht das schöne Ergebnis. Für einfache Kinder-Näharbeiten wählt man am besten einen Stoff, der sich leicht verarbeiten lässt. Gut geeignet ist zum Beispiel Bastelfilz. Er wird in vielen Farben angeboten und er kann an den Rändern nicht ausfransen. Er muss also nicht umsäumt werden.

Wenn wir den Kindern beim Zuschneiden helfen und ihnen auch sonst ein wenig zur Hand gehen, können sie einfache Dinge sticheln, wie zum Beispiel ein Nadelkissen, ein kleines Täschchen, eine ganz einfache Spielfigur oder ein neues Puppengewand.

Es gibt eine Fülle weiterer einfacher Handwerkstätigkeiten, die Kindern in diesem Alter Freude machen. Mit unserer Hilfe können sie Papier für ein kleines Bilderbuch zurechtschneiden, es zusammennähen und dann bemalen. Gerne bearbeiten sie verschiedenes Naturmaterial, das vom Spaziergang mitgebracht wurde (s. Seite 123). Beliebt sind auch gröbere Arbeiten wie Sägen, Raspeln und Hämmern. Wo immer es Gelegenheit gibt, sollte man den Kindern dies auch ermöglichen. Sie können dabei ihre Kräfte gezielt einsetzen und sich schon nach kurzer Zeit an den Ergebnissen ihrer Arbeit freuen. Auch hier ist der Prozess das Wesentliche, die Freude am Schaffen.

Angefangenes fertig stellen

Wichtig ist bei allem, was wir einem Kind zu tun geben, dass das Angefangene fertig gestellt wird, denn nur so lassen sich die kleinen Erfolgserlebnisse erfahren, auf die es ankommt. Es hebt das Selbstwertgefühl des Kindes, wenn es sagen kann: «Schau, das hab ich gemacht! – Ganz allein!» Es hat sich also gelohnt, an der Sache dranzubleiben, auch wenn es zwischendurch ein bisschen mühsam war. Gerade in unserer hektischen Zeit, in der oft allzu schnell nach dem Motto «zapp-und-weg» verfahren wird, brauchen Kinder immer wieder die Ermutigung, Begonnenes auch zu beenden. Natürlich ist es wichtig, dass die Erwachsenen ebenfalls Angefangenes zu Ende führen, wenn sie ihre Arbeiten in Haus und Küche erledigen.

Kleine Aufgaben des Alltags

Um das fünfte Lebensjahr herum ist ein Kind schon in der Lage, eine kleine Aufgabe von Anfang bis zum Schluss zu erfüllen. Es kann also das, was es angefangen hat, auch beenden. Kleine Pflichten, wie zum Beispiel Geschirr abtrocknen, die eigenen Schuhe putzen, lassen sich durchaus auch gut gelaunt und in bester Stimmung vollbringen (s. Seite 89 f.). Selbstverständlich darf das Lob nicht vergessen werden. Jede Leistung, auch wenn sie noch so klein ist, bedarf der Anerkennung. Ein Kind freut sich, wenn wir ihm nach dem Abtrocknen einfach nur sagen: «Danke, dass du mir geholfen hast!» Natürlich geht es nicht darum, Kinder als kleine Helfer auszunutzen, und so werden wir sie sinnvollerweise nicht den ganzen Tag mit Pflichten beschäftigen.

Spiele planen und fantasievoll gestalten

Zwischen dem fünften und siebenten Lebensjahr bekommen auch die Spiele eine ganz eigene Qualität. Nun will das Kind überlegen, was es spielen wird. Hier zeigt sich, dass Kinder, die häufig Märchen hören dürfen, mit ihrer Fantasie in ferne und wahrhaft fantastische Welten gelangen. Im Spiel kann ihnen die ganze Welt zu Füßen liegen:

«Ich bin der König», sagt Jakob zu seiner Spielgefährtin, «und du – du solltest das arme Mädchen sein. – Du wohnst hier. –

Das sollte das Waldhäuschen sein! – Halt, nicht da, da ist doch das Schloss. Ins Schloss darfst du erst später, wenn ich dich befreit habe.» Die Kinder erfinden, stimmen sich ab, bauen auf, ändern wieder. Sie sind mit Leib und Seele in Bewegung.

Erlebtes wird nachgespielt

Natürlich kann die Fantasie am besten da gedeihen, wo sie nicht schon vorher durch Überangebote an fremdbestimmten Bildern und Spielzeugen zugeschüttet wurde. Es ist leider eine Tatsache, dass Kinder, die häufig fernsehen, kaum Zugang zum Reich der Fantasie haben. Sie können nur noch nachspielen, was sie aufgenommen haben. Meistens sind es ja nicht die Tierfilme, die sie im Spiel nachvollziehen, sondern Szenen voller Gewalt und Brutalität. – Inzwischen haben auch verantwortliche Medienforscher die früher so weit verbreitete Ansicht widerlegt, Kinder müssten ihre Aggressionen ausleben und darum sei es notwendig, sie fernsehen zu lassen (s. auch S. 205). Es hat sich gezeigt, dass Kinder, die häufig vor dem Bildschirm sitzen, derartig besetzt sind von den Handlungen der Medienfiguren, dass ihre Spiele nur noch dazu dienen, das Erlebte freizusetzen. Barbara Bronnen beschreibt eine solche Szene:

«Der Spielplatz des kleinen Grangelo sah wie ein Truppenübungsplatz einer Armee aus: Maschinenpistolen, Gewehre, Helme, Schwerter, Hubschrauber, Panzer. Grangelo erprobte am willigen Rolando, ob seine Pistole noch ihre schreckliche Aufgabe zur

Zufriedenheit erfüllte. Rolando ging gehorsam in die Knie. Grangelo richtete mit kindlichem Vergnügen die Pistole auf seine Schläfe und schoss. Rolando sank mit staunendem Gesicht zu Boden, zuckte, zuckte noch ein letztes Mal und starb. – ‹Nonono!›, rief Grangelo, du hast noch länger Schmerzen!»[6]

Wenn Kinder das Vorschulalter erreicht haben, zeigen sich Erwachsene oft betroffen, wie unkindlich die Spiele ihrer Lieblinge sind. Sie verstehen nicht, dass die Kinder grausame Szenen spielen, dass sie herumzappeln und dass es ihnen kaum gelingt, bei einer Sache zu bleiben. So beginnen viele Mütter und Väter sich – mit Recht – Sorgen zu machen, wie das wohl weitergehen wird, wenn die Schulzeit beginnt. – Bei dieser Sorge muss es nicht bleiben. Es gibt ein zuverlässiges Mittel, um die Kinder aus der Welt der Zerrbilder zu befreien: Erwachsene müssen sich Zeit nehmen und gemeinsame Aktivitäten anbieten. Auch in dieser Lebensphase ist das noch nicht zu spät. Im Grunde wünschen sich die Kinder doch nichts anderes (Anregungen dazu s. Seite 121).

Das kann ich schon allein!

Wo Kinder von klein auf reichlich Gelegenheit hatten, selbst aktiv zu sein, zu spielen und sich zu bewegen, werden sie zunehmend selbstständiger und geschickter. Fünf- bis Sechsjährige können einige alltägliche Verrichtungen bereits gut

selbst erledigen. Sie schaffen es, sich allein ein Brot zu streichen, die Knöpfe an ihrer Jacke zuzuknöpfen, ihr Bett zu machen und noch vieles mehr. Am Ende der Vorschulzeit können sie ihre Wahrnehmungen und Bewegungen schon gut aufeinander abstimmen. Sie können mit den Schnürsenkeln ihrer Schuhe eine Schleife binden, Milch so in ein Glas gießen, dass nichts verschüttet wird, und einen Faden in eine Nadel fädeln. Sie schaffen es, mit Messer und Gabel zu essen und einen Löffel ebenso zu halten wie Erwachsene. Sie können das jetzt, wenn sie vorher genügend Gelegenheit hatten zu sehen, wie das die Erwachsenen machen.

Erwachsene brauchen sich nicht immer einzumischen

Selbst eigene Fähigkeiten erproben dürfen – das ist das Wichtigste. Das gilt ebenfalls für den Umgang mit anderen. So ist es zum Beispiel nicht immer notwendig, dass Erwachsene sich einmischen, wenn Kinder untereinander streiten: «Wenn ihr nicht da seid», sagte Johannes einmal zu seinen Eltern, «dann streiten wir eigentlich nie.»

Anlass einer Auseinandersetzung unter Kindern gibt es oftmals dann, wenn der eine etwas Bestimmtes hat und der andere möchte es genau jetzt in diesem Augenblick ebenfalls haben. Ist ein Erwachsener in der Nähe, fühlt er sich meistens aufgerufen, die Sache zu schlichten: «Streitet nicht!», sagt er dann, und weil das nichts hilft, versucht er nun, den Auslöser des Streites dingfest machen.

Die beiden Jahre vor der Schulreife

Wer war das?

«Wer hat angefangen?» Wenn Kinder so gefragt werden, bleibt ihnen gar nichts anderes übrig, als sich jeweils selbst ins beste Licht rücken: «Ich hab doch gar nichts gemacht.» – «Ich wollte ja nur ...» – «Du hast angefangen!» – «Nein, du ...» – Hin und her. Wie Untertanen sind sie nun genötigt, sich zu rechtfertigen.

Vielleicht hätten sie es auch geschafft, ihren Streit selbst zu lösen, ebenso wie Miriam und Jonas. Die beiden waren mit dem Vater auf dem Spielplatz. Miriam schaufelte gerade Sand in den neuen roten Eimer, aber genau in diesem Augenblick brauchte der Bruder den Eimer auch, weil er Wasser schöpfen wollte. Er versuchte also, ihn wegzunehmen, doch die Schwester hielt ihn fest und begann zu schreien. Jonas lief zum Vater und beschwerte sich. Der hörte sich alles an. Dann fragte er nur: «Könnt ihr das denn auch allein lösen?» – Jonas hielt kurz inne. Er überlegte. Dann lief er zu seiner Schwester und sagte gnädig: «Ich brauch den Eimer eh erst nachher. Ich muss noch Nudeln für meine Suppe holen.» – Jonas lief auf die Wiese, und als er da hockte und begann, schöne lange Grasbüschel auszureißen, war der Eimer auf einmal nicht mehr interessant. Miriam wollte nun auch auf die Wiese. Und da spielten die beiden vergnügt, als ob nichts gewesen wäre.

Sinne

Sinneserziehung

Lange Zeit galt das Funktionieren der Sinnesorgane als etwas völlig Selbstverständliches. Und so wurde dem Thema Sinneserziehung im Allgemeinen kaum Beachtung geschenkt. Man gab sich damit zufrieden, dass die Sinnesorgane von Geburt an in jedem Kind veranlagt sind.

In früheren Zeiten, als die Lebensverhältnisse noch weniger vom technischen Fortschritt geprägt waren als heute, genügte das. Kaum jemand redete über Sinnesstörungen. Kinder hatten in ihrem ganz normalen Alltag genügend Gelegenheit, sich zu bewegen und ihre Körpergeschicklichkeit zu erproben. Unterhaltung per Knopfdruck war noch unbekannt und so war klar, dass die Kinder sich ihre Spiele selbst organisieren und auch untereinander absprechen mussten. Ihre Sinne bekamen dabei genügend Anreize, um sich zu entwickeln.

Heute können sich Mütter, Väter und Erzieher nicht mehr darauf verlassen, dass Kinder ausreichende Sinnesanregungen einfach so mitbekommen. Die Wohn- und Lebensräume in unserer modernen Zivilisation sind eher zweckmäßig als kindgerecht gestaltet. Außerdem lädt vieles zur Bewegungsfaulheit ein. Kinder müssen sich kaum noch selbst auf den Weg machen, wenn sie etwas erleben wollen. Die technischen Unterhaltungsgeräte machen das möglich. Sie wirken wie unsichtbare Fesseln. Die Kinder sind ruhig gestellt. Sie machen keinen Lärm und keinen Schmutz und sie stellen keine Fragen.

Wenn die Sinne unterfordert sind

Was Erwachsenen vielleicht als angenehm erscheint, ist für Kinder verheerend, denn Passivität widerspricht ihrer Natur und ihren Entwicklungsbedürfnissen. Sie verhindert außerdem eine gesunde Ausbildung eigener Sinnesfähigkeiten.

In unserer Zeit gibt es immer mehr Kinder, die nicht zu Handlungs- und Bewegungsabläufen in der Lage sind, die sie, ihrem Alter nach, ganz selbstverständlich können müssten. Besonders deutlich wird das dann, wenn das Schulalter beginnt. Eine Schulärztin kam nach Untersuchungen an 3500 Kindern zu dem Schluss, dass jedes vierte Kind bei Schuleintritt «in seiner Entwicklung zurück und eigentlich nicht schulfähig ist».[7] Die Kinder zeigten Auffälligkeiten in Sprache, Wahrnehmungsfähigkeit, Bewegungskoordination und Verhalten, und dies, obwohl keine organischen Defekte vorlagen. Die Ursache dafür liegt vor allem an der unkindgemäßen Bequemlichkeit, in der viele Kinder heute heranwachsen.

Wo kleine Kinder nicht genügend Gelegenheit haben, zu sprechen, zu spielen und eigene Körpererfahrungen zu machen, sind die in ihnen veranlagten Sinnesfähigkeiten einfach unterfordert. Mit den Sinnen verhält es sich ebenso wie mit den Muskeln: Nur wenn sie rege benutzt werden, können sie sich funktionstüchtig heranbilden.

Sinneserziehung

Eigenaktivität bildet die Sinne

Unter den heutigen Lebensverhältnissen ist es mehr als jemals zuvor Aufgabe von Eltern und Erziehern, den Kindern so viel Gelegenheit wie möglich zu geben, selbst aktiv zu sein. Gerade auf die Lebensphase bis zum Beginn der Schulzeit kommt es an. Spielen und Bewegen während der ersten sieben oder acht Jahre ist die natürlichste und beste Voraussetzung dafür, dass sich die Sinne gesund entwickeln können. Wenn diese Entwicklung nicht den Weg nimmt, den die Natur vorgesehen hat, sagt A. Jean Ayres, kann man später die Arbeit der Natur nicht übernehmen und alles wieder in Ordnung bringen; doch mit therapeutischer Behandlung lässt sich noch einiges nachholen.[8]

Ihrer Natur nach sind kleine Kinder erfüllt von Bewegungslust und Tatendrang. Sie lieben es zu hüpfen und zu springen. Es macht ihnen Freude, alles anzufassen, zu riechen, zu sehen und zu schmecken. Sie sind bereit, aufmerksam zu lauschen, und sie wollen so viel wie möglich über alles sprechen. Es hat für kleine Kinder nur Nachteile, wenn sie in ihrer entscheidenden Entwicklungsphase durch die Bequemlichkeiten der Konsumgesellschaft vereinnahmt werden. Gönnen wir ihnen Freiräume, Kind zu sein, und lassen wir uns von ihrer Lebensfreude beflügeln:

Hoch am Himmel,
Auf der Erde,
Ringsherum ist Sonnenschein.
Springen, tanzen, singen, lachen,
Schön ist's, auf der Welt zu sein.

Ch.K.

Sinne und Gleichgewicht

Unter den verschiedenen Sinnen kommt dem Gleichgewichtssinn eine ganz besondere Bedeutung zu. Er steht durch eine Nervenverbindung über das Rückenmark mit allen Muskeln des Körpers in Verbindung. Nach A. Tomatis hat der Gleichgewichtssinn «jeden Muskel des Körpers unter seiner Kontrolle».[9] Viele weitere Sinnesfähigkeiten, wie Hören, Sehen und Wahrnehmen sowie auch das sprachliche Ausdrucksvermögen, hängen direkt von ihm ab. Die wesentliche Entwicklungszeit für den Gleichgewichtssinn sind die ersten sieben Lebensjahre.

Das Hören und der Gleichgewichtssinn

«Unser Körpergefühl», sagt der Klangforscher A. Tomatis, «hängt direkt mit dem Ohr zusammen.» Das liegt daran, dass sich das Hörorgan dicht neben dem Gleichgewichtsorgan befindet. Beide Organe liegen im Innenohr. Sie bilden hier eine Einheit, denn der Nerv des Gleichgewichtsorgans ist mit dem Nerv des Hörorgans vereint. Im Alltag können wir immer wieder selbst erfahren, in welch enger Beziehung Hören und Bewegen zueinander stehen: Sobald Melodien oder rhythmische Klänge ertönen, fahren sie uns in die Glieder und wir fangen unwillkürlich an, uns danach zu bewegen.

Alles, was den Gleichgewichtssinn herausfordert, stimuliert also auch den Hörsinn des Kindes. Darüber hinaus wird der Hörsinn natürlich auch durch Wohlklänge wie Reime, Lieder, Spiele, Geschichten angeregt (s. Seite 61 ff.).

Das Sehen und der Gleichgewichtssinn

Jeder Mensch muss erst lernen, mit beiden Augen zu sehen und das Gesehene als ein Bild zu verarbeiten – ein vielschichtiger Vorgang, der ebenfalls mit dem Gleichgewichtssinn in Verbindung steht.[10] Bei einem vier- bis fünfjährigen Kind, das reichlich Gelegenheit hat, Sehen und Bewegen zu koordinieren, sind die Augen bereits vollständig entwickelt.[11] Es kann mit beiden Augen einen Gegenstand fixieren. Die entscheidende Phase für die Ausbildung des Sehsinnes ist nach den ersten sieben Lebensjahren beendet. Neben allen Tätigkeiten, die den Gleichgewichtssinn anregen, kann die Ausbildung des Sehsinnes auf vielfältige Weise unterstützt werden (s. Seite 67 ff.).

Das Sprechen und der Gleichgewichtssinn

Die Sprachentwicklung steht in engem Zusammenhang mit der Bewegungsgeschicklichkeit. Im Säuglingsalter bringt das Kind noch den ganzen Körper in Aktion, wenn es mit uns kommunizieren will. Im Laufe der ersten Monate lernt es

Sinne und Gleichgewicht

dann, seine Bewegungen immer mehr zu steuern. Etwa nach einem Jahr, wenn sein Gleichgewichtssinn so weit herangebildet ist, dass es schon stehen und gehen kann, beginnt es damit, sein Sprachvermögen auszubilden. Es dauert etwa sieben Jahre, bis es lernt, seine Sprache gut zu beherrschen. Förderlich ist auch hier eine gute Ausbildung des Gleichgewichtssinns, der Handgeschicklichkeit sowie alles, was das Hören und Sprechen anregt (s. Seite 51 ff.).

Spielend ins Gleichgewicht kommen

Je standfester die Kinder werden, umso mehr haben sie von selbst Lust, ihren Gleichgewichtssinn zu stimulieren.

Beim Spaziergang ist nicht der kürzeste Weg der schönste, sondern der, welcher am meisten Bewegungsfreude verschafft. Es macht den Kindern einfach mehr Vergnügen, wenn sie nicht immer nur zielstrebig von A nach B gehen müssen. Sie wollen hüpfen, springen, klettern und balancieren. Sie haben Freude daran, kleine Strecken hin und her zu rennen oder einen Hügel hinauf- und wieder hinunterzulaufen. Warum geradeaus gehen, wenn man auch auf einer kleinen Mauer balancieren kann? Liebend gern werden allerlei Umwege in Kauf genommen, sobald eine Pfütze oder ein Laubhaufen Bewegungslust verheißt. – Dagegen gibt es für ein Kind, das im Freien unterwegs ist, also

dort, wo kein Verkehr ist und keine Gefahr droht, nichts Langweiligeres, als ständig lieb und brav an der Hand des Erwachsenen zu laufen.

Wo es nur geht, brauchen Kinder die Möglichkeit, ihre natürliche Bewegungsfreude zu erproben. So können sie sich, auf ganz selbstverständliche und spielerische Weise, einen gut ausgebildeten Gleichgewichtssinn erwerben. Sie lernen nach und nach, gezielte Bewegungsabläufe zu beherrschen. Das gibt ihnen Sicherheit auch im alltäglichen Umgang mit anderen. Man kann durchweg beobachten, dass Kinder, die genügend Gelegenheit haben, sich zu bewegen und ihre eigenen Ideen im Spiel umzusetzen, viel weniger zu Bewegungschaos oder Zappeligkeit neigen als Gleichaltrige, die häufig vor dem Bildschirm sitzen. Sie sind – sozusagen – pflegeleichter.

Erwachsene können die Bewegungslust der Kinder fördern

Kinder freuen sich an allem, was den Gleichgewichtssinn stimuliert. Sie haben schon von klein auf Freude daran, wenn wir uns gemeinsam mit ihnen rhythmisch bewegen. Schon als Säuglinge lieben sie es, gewiegt zu werden. Hin und her wiegen entspannt. Auf und ab und hin und her, das ist eine Freude für alle Kinder. Im Nu lässt sich bei den Jüngsten gute Laune herbeizaubern, wenn wir mit ihnen – einfach so – zwischendurch fröhliche Gleichgewichtsspiele spielen.

Sinne und Gleichgewicht

Fröhliche Gleichgewichtsspiele für Eltern und Kinder

Fußschaukel
Ein vergnügliches Spiel für Ein- bis Zweijährige. Das Kind wird an den Händen gehalten. Es darf sich auf den großen übergeschlagenen Fuß des Erwachsenen setzen und nun wird es sanft auf und ab gewippt.

Tanzspiel
Die Kleinsten haben auch viel Vergnügen, wenn wir mal zwischendurch ein Tänzchen mit ihnen drehen. Ein einfacher Reim kann den Takt dazu geben:

> Wie mein Martin tanzen kann,
> Martin, schaut ihn euch mal an,
> Martin hin, Martin her,
> Ringsherum, das ist nicht schwer.
>   Ch.K.

Müllerspiel
Bei diesem Spiel stellt sich das Kind auf die Mühle (die Füße des Erwachsenen) und reicht ihm die Hände. Der Erwachsene dreht sich um die eigene Achse. Bei «bumm, bumm, bumm» stampft er kräftig auf den Boden und bei «plumps» gehen beide in die Hocke oder lassen sich hinfallen.

> Mühle, Mühle, lauf, lauf, lauf.
> Der Müller, der steht drauf, drauf, drauf.
> Macht der Müller bumm, bumm, bumm,
> Fällt die ganze Mühle um.
>   Ch.K.

Karussell
Ein zwei- bis dreijähriges Kind reicht dem Erwachsenen die Hände, stellt sich auf dessen Füße und trippelt mit ihm erst langsam und dann immer schneller ringsum. Bei «festhalten» fasst dieser das Kind unter den Armen und dreht es ein paarmal im Kreis:

> Auf der grünen Wiese
> Steht ein Karussell.
> Dreht sich einmal langsam,
> Dreht sich einmal schnell.
> Und jetzt:
> Festhalten und hui durch die Luft.
>   Ch.K.

Schoßreiter
Immer wieder beliebt ist das Schoßreiter-Spiel. Das Kind sitzt auf dem Schoß des Erwachsenen. Es reicht ihm die Hände und los geht der fröhliche Ritt:

> Hoppe, hoppe Reiter,
> Wenn er fällt, dann schreit er,
> Fällt er in den Graben,
> Fressen ihn die Raben.
> Fällt er in den Sumpf,
> Dann macht der Reiter: Plumps.

> Tross, tross, trüll,
> Der Bauer hat ein Füll.
> Das Füllchen will nicht laufen,
> Der Bauer will's verkaufen.
> Da macht das Füllchen trab,
> Und wirft den Bauern ab.

Sinne

Huckepack

Wer so federleicht ist wie ein kleines Kind, der darf manchmal noch ganz hoch oben Huckepack auf den Schultern sitzen.

Hopp, hopp, hopp,
Pferdchen, lauf Galopp.
Über Stock und über Steine,
Aber brich dir nicht die Beine.
Hopp, hopp, hopp,
Pferdchen, lauf Galopp.

Ballspielen

Ballspielen ist leider etwas aus der Mode gekommen. Doch ist der Ball eines der wirklich wichtigen Spielzeuge, die jedes Kind braucht. Beim Ballspielen werden Bewegungskoordination und Wahrnehmung auf besondere Weise angeregt: Einen Ball kommen sehen, Gliedmaßen und Hände entsprechend führen, den entscheidenden Augenblick abschätzen, um ihn zu fangen, das ist eine der besten Sinnesschulungen. Schon die Kleinsten spielen gerne mit dem Ball. Ein- bis Zweijährige können natürlich noch nicht fangen, aber sie haben schon Freude daran, wenn wir uns auf dem Boden ihnen gegenübersetzen und einen Ball entgegenrollen. Sie werden dann von sich aus versuchen, ihn so gut wie möglich wieder zurückzurollen. Bei diesem spielerischen Hin und Her machen die Kinder – ganz nebenbei – auch eine wichtige soziale Erfahrung: Geben und Nehmen.

Mit zweieinhalb Jahren können Kinder schon einen großen Ball fangen: Sie umfangen ihn mit beiden Armen und drücken ihn gegen den Brustkorb. Ab dieser Zeit ist der Ball einer der wichtigsten Spielgegenstände beim Ausflug ins Freie. Jeder gefangene Ball zaubert ein glückliches Lächeln in das Gesicht der Kinder. Sie freuen sich an diesen kleinen, aber wesentlichen Erfolgserlebnissen und an der unbeschwerten gemeinsamen Aktivität. Es ist natürlich wichtig, dass der Abstand zwischen dem Werfenden und dem Fänger nicht zu groß ist und dass wir dem Kind gut zuspielen. Die nicht gefangenen Bälle mindern die Spielfreude nicht, solange die Erwachsenen sie nicht abschätzig kommentieren. Schön ist es auch für die Kleinen, die sich im Fangen üben wollen, wenn das Ballspiel von einem Lied begleitet wird:

Weise: Alois Künstler / Text: Heinz Ritter

Sinne

Verschiedene Schaukelspiele

Kinder haben viel Freude daran, ihren Körper in Leichtigkeit zu versetzen. Drinnen oder draußen – wo immer sie sich gerade aufhalten, haben sie den Drang, sich vom Boden abzuheben. Ganz von sich aus üben sie sich in den verschiedensten Bewegungsformen wie Balancieren, Trippeln, Hüpfen, Springen. Welch ein Vergnügen, Purzelbäume zu schlagen, auf Bäume und Klettergerüste zu klettern und zu wippen. Vorschulkinder lieben es, allerlei Kunststücke auszuprobieren: Was für ein Spaß, von einer Stange kopfüber herabzubaumeln oder sich auf einer Hängeschaukel ganz fest einzudrehen und dann schnell wieder herauswirbeln zu lassen oder zur Abwechslung auch mal bäuchlings oder stehend zu schaukeln.

Auf der Hängeschaukel

Auch für die Kleinsten ist das Hin- und Herschweben auf der Hängeschaukel ein herrliches Vergnügen. Sie schaffen es noch nicht, die Schaukel allein in Bewegung zu setzen. Wenn ein Erwachsener das tut, freuen sie sich. Dann jauchzen sie vor Freude und wollen immer wieder neu angeschaukelt werden. Besonders lustig ist es, wenn dazu ein Reim erklingt:

Wiege, wiege, hoch hinauf,
Hoch bis in den Himmel rauf,
Hei – juchhe – in die Höh,
In die Höh, in die Höh.

Ch.K.

Sprechen und Sprachkultur

Sprache ist der Grundträger jeder menschlichen Kultur. Sie verschafft uns die Verbindung zu anderen Menschen. Wir können uns austauschen, Gedanken bewegen und Gefühle ausdrücken. Sprache ermöglicht uns, so miteinander umzugehen, dass wir auch verstanden werden. – So ist es im Ideal. Jedes gesunde Kind kann es sich erwerben.

Heute zeigt sich jedoch zunehmend deutlicher, dass Kinder, die in unserer modernen Zivilisation heranwachsen, Sprache nicht so ohne weiteres lernen. Nach letzten Untersuchungen sind bereits ein Drittel aller Drei- bis Vierjährigen von Sprachentwicklungsstörungen betroffen.[12] Das bedeutet, dass diese Kinder nur eingeschränkt dazu in der Lage sind, sich sprachlich mitzuteilen oder Sprache zu verstehen.

Wer etwas zu sagen haben will, der muss auch sprechen können. Wem die Worte dazu fehlen, der kann nicht sagen, was er meint. Er ist auf andere Arten der Verständigung angewiesen, auf Körpersprache, auf Gesten und Mimik. Barry Sanders hat nach eingehenden Untersuchungen herausgefunden, dass Kinder bzw. auch Jugendliche, die nicht in der Lage sind, Sprache zu beherrschen, leichter geneigt sind, nach körperlichen Mitteln der Verständigung zu suchen. «Gewalt ist die Sprache der Analphabeten», so heißt der Untertitel des entsprechenden Buches.[13]

Wenn also Sprache nicht mehr beherrscht wird, verlieren wir Menschen einen wesentlichen Teil unserer Kultur.

Wie können Kinder sprachgewandt werden?

Heute liegt eine der dringlichsten Erziehungsaufgaben darin, die Kinder so ins Leben zu begleiten, dass sie sprachgewandt werden. Und es stellt sich die Frage, was denn getan werden kann, damit sie dies lernen. Auf die Schule können wir uns da nicht verlassen, denn die kritische Zeitspanne, um Sprache zu erwerben, liegt in den ersten sieben Lebensjahren. Sobald die Kinder darüber hinaus sind, können sie nicht mehr sprechen lernen. Das zeigte sich u.a. an den Wolfskindern von Midnapoore (s. auch Seite 82 f.) oder an dem «wilden Jungen» aus dem Aveyron.[14]

Vom Fernsehen sprechen lernen?

Natürlich wollen Eltern, dass ihre Kinder sprechen lernen, und viele meinen, das Fernsehen sei ein geeignetes Mittel dazu. Dies ist jedoch nicht der Fall. Barry Sanders berichtet von einer Begebenheit, die vor Jahren für Aufmerksamkeit gesorgt hat: Taubstumme Eltern lebten mit ihrem Sohn, der ganz normal hören konnte, in den USA auf dem Lande. Wegen seines schweren Asthmas musste der Bub die meiste Zeit im

Haus verbringen. «Kein Problem», dachten die Eltern, die sich untereinander mittels Taubstummensprache verständigten. Sie setzten das Kind so oft wie möglich vor den Fernseher und hofften, so werde es dann schon sprechen lernen. Als der Bub drei Jahre alt war, konnte er weder ein Wort in Lautsprache sprechen noch verstehen. Er beherrschte allerdings die Taubstummensprache und diese konnte er auch schon selbst anwenden. Die Sprachwissenschaftlerin Arlene Moskowetz, die sich eingehend mit diesem Fall beschäftigte, kam zu dem Schluss, dass ein Fernsehapparat als alleiniges Medium zum Erlernen von Sprache ungeeignet ist.[15]

Technisch übermittelte Sprache regt nicht zum Nachsprechen an

Das Wesentliche an der lebendigen Sprache ist der Wechsel von Hören – Innehalten – Sich-angesprochen-Fühlen und Selbst-Sprechen. Nur dort, wo diese vier Stufen möglich sind, kann der Mensch innerlich rege sein. Für ein Kind bedeutet das: Es kann Sprache hören, anwenden und lernen. Überlässt man es jedoch der Sprache, die vom Fernseher oder von anderen technischen Tonträgern erklingt, so mag das unterhaltsam sein, es fördert jedoch nicht die Fähigkeit zu sprechen, denn das Wichtigste fehlt: der Austausch von Mensch zu Mensch. Technisch übermittelte Sprache lässt den Kindern keine Möglichkeit, zu unterbrechen, nachzufragen und selbst zu sprechen. Die eigenen

Sprachwerkzeuge – Zunge, Gaumen, Kehlkopf und Mund – bleiben untätig. Um sprechen zu lernen, ist es jedoch unerlässlich, die eigene Sprachmuskulatur in Bewegung zu bringen. Und das ist nur möglich, wenn man selbst spricht.

Schritte der Sprachentwicklung

Inzwischen hat es sich ja weitgehend herumgesprochen, dass es kein Gen für Sprache gibt, denn «selbst der vehementeste Verfechter der Anlagetheorie ist nicht in der Lage, ein Gen oder eine Zelle für Sprache aufzuzeigen».[16] Die Fähigkeit zu sprechen muss sich jeder Mensch selbst erwerben. Die ersten sieben Jahre spielen hier eine ganz entscheidende Rolle.

Bei einem Zweijährigen ist der Sprachsinn bereits im Wesentlichen angelegt und das Denken ist integriert.[17] Nun entdecken die Kinder eine neue Möglichkeit, mit der Sprache umzugehen: Das Fragealter beginnt. Jetzt gilt es, ihnen Rede und Antwort zu stehen. Der Austausch mit anderen ist notwendig, damit sich die Kinder immer mehr in die Sprache einüben können. Ein normal entwickeltes vierjähriges Kind kann seine eigene Muttersprache in Grammatik und Lautbildung fehlerfrei benützen. Mit sechs Jahren ist es fähig, lange, komplizierte Sätze zu bilden. Der letzte Schliff erfolgt dann oft erst im siebenten Lebensjahr. So war es auch bei Maximilian.

Als Maximilian sechs Jahre alt war, hatte er schon einen recht umfangreichen Wortschatz, doch er konnte viele Worte noch immer nicht richtig aussprechen. Ein Jahr später schrieb die Mutter an ihre entfernt wohnende Freundin: «Im vergangenen Herbst sollten wir schon bei einer Logopädin vorbeischauen. Dann aber dachte ich mir: Maximilian hat für alles seinen Rhythmus. Ich lasse ihm Zeit. Außerdem hatte ich gelesen, dass alles, was den Kindern wohl in den Ohren klingt, ihre Sprachfreude weckt. Ich hatte bisher nur selten Kinderlieder gesungen, aber nun entdeckte ich selbst, welche Freude das macht. Und Maximilian war begeistert. Vor allem unser Faschingslied hatte es ihm angetan: ‹Rums dideldums, didel Dudelsack›. Er sang es fortwährend. Was haben mir doch die Ohren geklungen! Letzte Woche fällt mir auf, dass der Sprachfehler verschwunden ist. – Wie heißt es doch: Gut Ding will Weile haben.»

Sprechen und Sinnestätigkeiten fördern den Sprachsinn

Wichtig ist es, von Anfang an miteinander zu sprechen. Besonders aufmerksam sind die Kinder für alles, was wohlklingt und die Spielfreude anregt:

Es ist das Sprechen zu den verschiedensten Tätigkeiten, das Fragen und das Antworten. Es sind die Reime, die Hand- und Fingerspiele, die Mienenspiele und natürlich auch das Vorlesen und Erzählen. Aber auch die verschiedensten Aktivitäten regen den Sprachsinn an. Es gehören dazu alle Bewegungen, die den Gleichgewichtssinn stimulieren, sowie alle künstlerischen und handwerklichen Tätigkeiten wie fantasievolles Spielen, Basteln, Bauen, Backen, Malen, Zeichnen, Kneten.

Von der Vernunftsprache zur Herzenssprache

Mit der Sprache werden natürlich auch Stimmungen übertragen. Nicht immer sprechen wir mit den Kindern so, dass der Klang unserer Stimme ihre Aufmerksamkeit weckt. Wir können es selbst bemerken: Immer dann, wenn wir beim Sprechen elterliche Macht hervorkehren und beginnen, etwas zu befehlen wie: «Zieh deine Jacke an!» – «Komm endlich!» – «Hörst du denn nicht?», schalten die Kinder – sprichwörtlich – auf Durchzug. Die Stimmung in der Familie ist dann schnell im Keller. Keiner fühlt sich verstanden und keiner fühlt sich wohl. «Wie man in den Wald hineinruft», heißt es in einem Sprichwort, «so schallt es heraus.»

Auf eine kindgerechte Tonlage kann man sich einstimmen

Als Erwachsene können wir einiges an unnötigen Aufregungen vermeiden, wenn wir auf den Klang unserer Stimme achten und freundlicher «in den Wald» hineinrufen. Erinnern wir uns, dass wir eine angenehme und auch kindgerechte Tonlage immer dann haben, wenn es uns gut geht, also wenn wir uns selbst stimmig fühlen. Dann sind wir in unserer Mitte – oder, wie man auch sagen kann, in M-Stimmung. Manchmal, wenn uns etwas Besonderes gelungen ist, fangen wir unvermittelt an zu summen: «Hm hm hm hm hm.» Das gefällt den Kindern. Sie suchen dann gleich unsere Nähe und summen mit uns mit. – Wir können uns natürlich auch ganz bewusst auf die Klangwelt der Kinder einstimmen und mit ihnen – wenigstens zwischendurch – Spiele spielen, in denen der M-Laut häufig vorkommt. Sie haben große Freude, wenn wir diesen Ton mit allerlei lustigen Nasengebärden begleiten:

Die Hummel, die Hummel,
Die kommt mit Gebrummel:
Mmmmmmmh,
Mmmmmmmh
Und
Summ summ summ,
So summt die Biene rundherum.

Solche einfachsten Spiele können jedes Kind für Augenblicke vollkommen glücklich machen. Es will mehr von diesem Vergnügen: «Noch mal!», ruft es. Natürlich wiederholen wir es noch einige Male. Ebenso können wir das mit anderen Gute-Laune-Spielen tun:

Das Mi-ma-Mause-Mäuschen,
Das will ins Mi-ma-Mause-Häuschen.
Mmmh – wo ist es denn?
Mmmh – wo ist es denn?
Da ist das Mi-ma-Mause-Mäuschen!

Urworte

Stimmige Kindersprache, dazu gehört auch das Urwort, das in vielen Sprachkulturen zu finden ist: Mama. Es liegt darin viel mehr als die Bezeichnung für die Mutter. Hört man einmal hinein in das Wort Mama, dann lässt sich vielleicht ein wenig von der Qualität nacherleben, die da für ein Kind mitschwingt. Es mag moderner sein, wenn die Mutter zu dem Kind sagt: «Ja, ja, hier ist die Elke!» – «Die Elke bringt dich jetzt ins Bett», als wenn es heißt: «Da ist die Mama!» – «Die Mama bringt dich jetzt ins Bett.» Für Kinder, die eine Mama haben, ist es in den ersten Jahren, in der sie Sprache noch sehr innig über das Gefühl aufnehmen, auf jeden Fall ein Verlust, wenn die Bezeichnung Mama gar nicht auftaucht. Ma-ma, Pa-pa, diese Urlaute haben eine eingängige, rhythmische Melodie. Sobald die Kinder sprechen lernen, bemerken sie, dass sie damit auch ihre liebsten Menschen benennen können. Dagegen sind sie frühestens mit zwei bis drei Jahren, meistens aber erst sehr viel später in der Lage, Vornamen der Eltern richtig auszusprechen.

Fröhliche Mimiksprache

Oft ist gerade das, was Kindern Freude macht, besonders gut geeignet, ihre Sinnesfähigkeiten zu fördern. So ist zum Beispiel Mimiksprache von Angesicht zu Angesicht nicht nur ein beliebtes Alltagsvergnügen für alle Kinder. Sie ist – ganz nebenbei – auch ein Training der Sprachwerkzeuge. Kinder haben großes Vergnügen, wenn Erwachsene immer wieder mal zwischendurch mit ihnen Mienenspiele spielen. Sobald das Kind einige Monate alt ist und schon eine Weile Blickkontakt zu halten vermag, ist das schon ganz gut möglich:

Sprechen und Sprachkultur

Ein Vater hält Zwiesprache mit seinem Kind: Er bläst die Backen auf und lässt dann, ganz unvermittelt, die Luft wieder entweichen. Das Kind quietscht und gluckst vor Vergnügen. Eine kleine Pause, dann wiederholt der Vater sein Spiel. Und jedes Mal strahlt das Kind aufs Neue.

Mienenspiele

Durch die ganzen ersten Lebensjahre hindurch, bis in die Schulzeit hinein lieben die Kinder Mienenspiele. Sie haben viel Vergnügen, wenn ein Erwachsener es versteht, mit den Ohren zu wackeln oder seine Zunge zu einem Röllchen zu rollen. Was für ein Spaß, wenn er ihnen verschiedene Kunststücke zeigt, die sie nachmachen können.

Hoppelhase
Die Nase rümpfen und wie ein Häschen schnuppern.

Fischsprache
Die Backen zwischen die Zähne einziehen und mit den Lippen auf und zu schnappen.

Schnurrbart
Watte, ein Stück Wolle oder Grashalme fest zwischen Ober- und Unterlippe einklemmen.

Rrrrr-Laute
Beim Zähneputzen kräftig gurgeln, das macht Spaß und übt die Rachenlaute.

Luftkugel
Eine Backe dick aufblasen und die Luft mal in die eine und mal in die andere Backe schieben.

Pustespiele

Dazu gehören beliebte Kinderspiele, wie Seifenblasenspiele, Wattepusten oder lustig tönende Lautspiele, die entstehen, wenn Luft vorsichtig über die Öffnung einer Flasche geblasen wird oder wenn man eine Papiertüte aufbläst.

Kinder mit geschickten Fingern können besser sprechen

Die Hände dienen uns bei alltäglichen Verrichtungen: Sie können festhalten, tragen, drehen, greifen, wringen, wischen, klopfen, Knöpfe drücken und so weiter. Wie ständig bereite Werkzeuge folgen sie unseren Willensimpulsen. In Sekundenschnelle führen sie Bewegungen aus, die wir von ihnen erwarten. Wozu werden sie einmal fähig sein, die winzig kleinen Hände eines neuen Erdenbürgers, die sich anfangs reflexhaft zum Fäustchen schließen, kaum dass sie berührt werden?

Schon in den ersten Lebenswochen beginnt das Kind seine Hände in Bewegung zu setzen, irgendwann gelingt es ihm, sie beide zueinander zu bringen. Eines Tages können sie greifen und schließlich, sobald die Aufrechte errungen ist, sind die Hände frei. Damit setzt ein außerordentlich wichtiger Lebensabschnitt ein: Das Kind lernt sprechen und die Hände können jetzt ihre besondere Geschicklichkeit ausbilden, wenn sie tätig sein dürfen.

Mit den eigenen Händen etwas zu schaffen, das ist heute nicht mehr für alle Kinder selbstverständlich. Ein moderner Kinderalltag bietet allzu viel Fertiges. Oft haben die Kinderhände nicht mehr ausreichend Gelegenheit, die Vielfalt differenzierter Bewegungen zu erproben, zu welchen sie fähig wären. Viele Spielgeräte und Gegenstände, die heute für die Kleinsten angeboten werden, können durch das Drücken von Knöpfen in Bewegung gesetzt werden: Da reicht es meistens, nur jeweils einen Finger bzw. den Daumen zu aktivieren, um ferngesteuerte Spielzeuge, Musikgeräte, Gameboys oder Bildschirmspiele in Gang zu bringen. Es genügt eine so genannte Pfotenhand, wie sie auch viele Comicfiguren haben. Die vielfältigen Fähigkeiten, die eine lebendige Hand mit allen Fingern hat, werden hier grob unterfordert.

Bewegen – sprechen – denken

In den ersten Lebensjahren befinden sich die Kinderhände noch in der Ausbildung ihrer Bewegungsgeschicklichkeit, daher ist alles, was sie per Knopfdruck erledigen können, völlig ungeeignet. Jedes kleine Kind braucht reichlich Gelegenheit, seine Finger zu betätigen, denn die Sprachfähigkeit, die es sich erwerben kann, wird dadurch auf die beste Weise gefördert. Kant bezeichnete einmal die Hände als das «äußere Gehirn des Menschen». A. Jean Ayres bestätigt dies durch ihre Untersuchungen. Sie weist darauf hin, dass die Hirnrinde für das Fühlen und exakte Dirigieren zusammenhängender Hand- und Fingeraktionen und auch für die Sprache besonders wichtig ist.[18]

Die Ärztin Mariela Kolzowa kam nach eingehenden Untersuchungen zu dem Ergebnis, dass sich an der Geschicklichkeit der Finger der Stand der Sprachentwicklung ablesen lässt.[19] Die Ärztin hatte mehr als 500 Kinder im Alter von zehn bis fünfzehn Monaten in drei Gruppen beobachtet. Alle Kinder aus jener Gruppe, die jeden Tag zwanzig Minuten lang Geschicklichkeitsübungen mit den Fingern machten, konnten – im Vergleich zu ihren Altersgenossen in den anderen Gruppen – schneller und genauer Silben nachahmen.

Es sind eben gerade nicht die teuren Frühlese- und Lernprogramme, durch die wir die Sprach- und Denkfähigkeit unserer Kinder fördern können. In den ersten sieben Lebensjahren lernen sie am meisten dann, wenn sie selbst aktiv sein dürfen. Sprechen und Tätigsein ist das Beste, denn dabei haben sie auf natürliche Weise Gelegenheit, auch mit ihren Fingern in Aktion zu kommen. Reichlich Betätigungsmöglichkeiten gibt es für Kinderhände, wenn sie überall dort mitmachen dürfen, wo der Erwachsene auch zu tun hat. Tomi Ungerer sagt dazu: «Das beste und schönste Spielzeug ist und bleibt das selbst erfundene, selbst gemachte ... Das Kind, auch wenn es sich dabei verletzen sollte, kann lernen, seine Hände zu benutzen und mit seinen Fingern zu denken. Denn was ist ein Hirn ohne Hände? Das gilt für Jungen und Mädchen ... Handflink sein, das übt fürs Leben ... Unabhängig sein heißt zu wissen: Ich kann alles reparieren, sogar meine eigenen Möbel kann ich konzipieren. Und auch in Zeiten der Arbeitslosigkeit: Ich kann herstellen und verkaufen. Ich bin so frei. Ich kann alles meistern. Es ist ein Mittel gegen Unsicherheit, gegen Ohnmachtsgefühle.»[20]

Fingerspiele, die allen Freude machen

Auch Fingerspiele regen die Fingerbeweglichkeit an und stimulieren das Gehirn. Sie sind durch die ganze Kinderzeit hindurch beliebt. Man kann sie fast überall spielen: unterwegs, im Zug, im Bus, im Wartezimmer oder auch dann, wenn ein Kind mal nicht gut aufgelegt ist. Ein Fingerspiel hilft mehr als alle vernünftigen Worte, die Laune zu heben, auch wenn es schon hundertmal und mehr gespielt worden ist. Sobald ein Erwachsener zu spielen anfängt, sind die Kinder angeregt mitzumachen.

> Der ist ins Wasser gefallen,
> Der hat ihn rausgezogen,
> Der hat ihn ins Bettchen gelegt,
> Der hat ihn zugedeckt
> Und der kleine Wicki-Wacki-Wucki
> Hat ihn wieder aufgeweckt.

☆

> Daumen, bück dich,
> Zeiger, streck dich,
> Langer, reck dich,
> Goldener, lupf dich,
> Kleiner, duck dich.

Vom Daumen bis zum Zeigefinger wird nacheinander mit jedem Finger gewackelt.

Sinne

Spiele mit den Fingerspitzen

Jemandem, von dem man sagt, er habe Fingerspitzengefühl, bringt man Achtung entgegen. Als Fingerspitzengefühl bezeichnet man, im übertragenen Sinne, die Fähigkeit, sich einzufühlen in eine Situation, oder auch das Talent, eine heikle Aufgabe zu meistern. Von einem Menschen, der für besonders talentiert gehalten wird, sagt man: «Der hat es in den Fingerspitzen.» – Diese Redewendungen aus dem alltäglichen Sprachgebrauch spiegeln wider, dass Fingergeschicklichkeit in engem Zusammenhang mit den geistigen Fähigkeiten eines Menschen stehen.

Bewegliches Denken und bewegliche Finger gehören zusammen: Ein Fünfjähriger müsste – aufgrund seiner Entwicklungsstufe – so geschickte Finger haben, dass er mühelos seine Fingerspitzen zusammenführen könnte. Doch heute gelingt es nur noch wenigen Kindern dieser Altersstufe, die Finger isoliert zu bewegen. Selbst Sechs- und Siebenjährige schaffen es oft noch nicht, ihre Fingerspitzen gegeneinander zu tupfen. Wir werden sie auch nicht dazu anregen, wenn wir sagen: «Probier das doch mal!» Spielen wir lieber mit den Kindern Fingerspitzenspiele:

Bei dem folgenden Spiel werden die einzelnen Fingerspitzen berührt. Zuerst der Vater, das ist der Daumen, dann, vom Zeigefinger bis zum kleinen Finger, die Mutter und die Kinder. Zum Schluss bewegt sich die ganze Hand:

Das ist der Vater, lieb und gut,
Das ist die Mutter mit dem Federhut,
Das ist der Bruder, stark und groß,
Das ist die Schwester mit dem Püppchen auf dem Schoß,
Das ist das jüngste Kindelein,
Und das soll die ganze Familie sein.

Für ein anderes Spiel die Hände an den Fingerspitzen zusammenlegen und eine Brücke bilden, dann eine Hand aufstellen: Familie Bing, die andere Hand aufstellen: Familie Bang; beide Hände aufeinander zubewegen. Nun berühren sich die beiden Daumen und nacheinander die anderen gegenüberliegenden Finger. Und zum Schluss, wenn sich alle Fingerspitzen berühren, die Hände hin und her im Ringelreihen bewegen.

Da ist eine Brücke – groß und lang,
Auf einer Seite: Familie Bing,
Auf der anderen Seite: Familie Bang.
Die wollen über die Brücke gehn,
Doch in der Mitte bleiben sie stehn,
Und sie grüßen sich recht schön.
Zuerst die Väter:
Guten Tag, guten Tag.
Dann die Mütter:
Guten Tag, guten Tag.
Dann die Brüder:
Guten Tag, guten Tag.
Dann die beiden Schwesterlein:
Guten Tag, guten Tag.
Und zuletzt die Püppchen klein:
Guten Tag, guten Tag.
Sie wollen alle fröhlich sein
Und tanzen einen Ringelreihn.

Ch.K.

Hören

Eine Fülle von Geräuschkulissen umgibt uns im normalen Alltag. Überall tönt es auf die verschiedenste Weise: unterwegs, in Supermärkten und Kaufhäusern, in Wartezimmern und Gaststätten. Wie oft müssen wir uns mit Musik oder Texten berieseln lassen, ohne dies zu wollen? Schon kleine Kinder bleiben davon kaum verschont, denn den Eltern bleibt oft gar nichts anderes übrig, als sie überallhin mitzunehmen. Wo Kinder dann auch noch zu Hause von Unterhaltungsangeboten technischer Tonträger beschallt werden, ist die Reizüberflutung komplett.

Es zeigt sich, dass die Fähigkeit zu hören nicht gefördert wird, wenn zu viele Geräusche auf ein Kind einstürmen. Mütter, Väter und Erzieher klagen oft, dass ihre Worte überhaupt nicht mehr ankommen: «Nun hör doch mal zu, wenn ich etwas sage», fordern wir von unserem Kind, wenn wir uns schon mehrere Male hintereinander vergeblich bemüht haben, seine Aufmerksamkeit zu erreichen. Wir versuchen es noch einmal: «Verstehst du denn nicht?» – «Wie oft soll ich denn noch etwas sagen?» Es macht uns nervös, wenn wir merken, dass wir ein Kind mit Worten nicht erreichen, vor allem, wenn wir sicher sein können, dass es organisch völlig gesund ist. Wir sind ungehalten darüber. Immer das Gleiche: Erst jetzt, wenn wir richtig laut werden, wird das Kind aufmerksam. Es schaut auf, vielleicht tut es nun auch, was wir von ihm erwarten. Trotzdem empfinden wir es als unbefriedigend, wenn es allein auf Lautstärke reagiert. Es müsste doch auch anders gehen?

Hören und aufmerksam sein

Wir wissen es von uns selbst: Auf etwas hören, das bedarf der Lust, aufmerksam zu sein. Auch wir Erwachsene überhören gerne mal etwas, was uns nicht angenehm ist. Wir möchten nicht alles, was es zu hören gibt, in uns aufnehmen. Es ist eben nicht die Lautstärke, welche die innerliche Aufmerksamkeit weckt, sondern die Qualität der Laute. Kleine Kinder haben ein besonders empfindliches Hörvermögen. Sobald sie sich in ihrem Innersten angeregt fühlen, sind sie bereit, Gehörtes zu verinnerlichen.

Hören und Verinnerlichen

Schon an der Entwicklung des menschlichen Ohres in der vorgeburtlichen Zeit zeigt sich, dass Hören und Verinnerlichen auch ein körperlicher Prozess ist: Das Ohr entsteht beim Embryo zuerst an der Außenseite des Kopfes und zieht sich dann immer mehr nach innen hinein. Ist das Hörorgan dann fertig ausgebildet, liegt es tief im Inneren der Schädelhöhle.

Hier ist es gut geschützt in das Felsenbein, den härtesten Knochen des Menschen, eingefügt.

Bereits Neugeborene haben bestimmte Klänge verinnerlicht, wenn sie auf die Welt kommen: Sie erinnern sich an Töne, die sie schon aus der Zeit vor der Geburt kennen: Es sind dies vor allem der Herzschlag und die vertraute Stimme der Mutter, aber auch zarte Töne, wie zum Beispiel ein kleines Lied, eine einfache Melodie oder ein besonderer Klang. Wie berichtet wird,[21] binden sich Schwangere in manchen Gegenden Südamerikas eine besondere Silberkugel um den Bauch, die bei jeder Bewegung leise klingt. Hört nun ein Säugling diese, schon aus der Zeit vor der Geburt vertrauten Klänge, wird sein Hörorgan in besonderer Weise aktiv: Er lauscht, horcht und erkennt Wohlklingendes und Vertrautes. Das verinnerlicht er nun und augenblicklich beruhigt sich sein Körper.

Ein feines Gehör ausbilden

Hören, das Gehörte wahrnehmen und es verinnerlichen – das ist eine der wesentlichen menschlichen Fähigkeiten. Die Bereitschaft dazu ist von Geburt an vorhanden, sie muss jedoch gepflegt werden, damit sie sich weiterentwickeln kann. Das darf nicht dem Zufall überlassen bleiben. Gerade in unserer geräuschvollen Zeit müssen Eltern und Erzieher den Kindern die Bedingungen dafür schaffen, ein gutes Gehör auszubilden. Die ersten sieben Lebensjahre sind hier die entscheidende Entwicklungsphase. Was in dieser Zeit spielend und ohne großen Aufwand erworben werden kann, ist später, wenn überhaupt, nur noch mit Mühe nachzuholen.

Alfred A. Tomatis hat herausgefunden, dass Körperhaltung und Gehör sich unmittelbar aufeinander abstimmen: Befindet sich ein Kind in einer Situation, die ein aufmerksames Hören erfordert, so ist seine Gestalt von innen heraus angeregt, sich aufzurichten. Tomatis weist darauf hin, dass zum Beispiel alle Ermahnungen an die Kinder, gerade zu sitzen, zwecklos sind, «solange das Ohr nicht auf natürliche Weise für gute Haltung sorgt».[22]

Hören ist eine der wesentlichen menschlichen Fähigkeiten

Hören ist die Voraussetzung für den Spracherwerb. Ein Kind, das nicht gut hören kann, hat Mühe, richtig sprechen zu lernen. Wo Zweifel an der organischen Hörfähigkeit bestehen, muss selbstverständlich fachärztlicher Rat eingeholt werden, denn die Fähigkeit, wirklich gut zu hören, erschließt den Kindern wesentliche Lebensqualitäten:

○ Wer aufmerksam hören kann, ist sozusagen in seiner eigenen Mitte. Er ist in seinen Gedanken völlig anwesend. Er ist in der Lage, sich für eine Weile zu konzentrieren.
○ Wer fähig ist zuzuhören, kann Beziehungen zu anderen Menschen und zur Umgebung aufnehmen.

○ Aufmerksames Zuhören ist eine wesentliche Grundlage, um soziale Fähigkeiten zu erwerben: Das Eigene muss immer wieder zurückgestellt werden, wenn man wahrnehmen will, was andere mitzuteilen haben.
○ Wer zuhört, kann das Besondere wahrnehmen und sich daran freuen.

Den Hörsinn anregen

Da sich die Sinnesfähigkeiten des Menschen überlagern, wird der Hörsinn natürlich nicht nur isoliert angeregt, sondern immer im Zusammenhang mit anderen Sinnen. Eine wichtige Bedeutung hat hier vor allem auch der Gleichgewichtssinn, der sich dicht neben dem Hörorgan im Innenohr befindet. Das Kind braucht also auch reichlich Bewegung mit dem ganzen Körper, um über den Gleichgewichtssinn seinen Hörsinn zu stimulieren. Wichtig ist natürlich auch alles, was das Ohr zur Aufmerksamkeit anregt: Zwiegespräche, Fragen und Antworten, Vorlesen und Erzählen, harmonische Klänge, Kinderreime und Lieder, Singen und Musizieren. Doch auch Pausen sind notwendig, damit das Gehörte verarbeitet werden kann.

Reime, Singsang und Wohlklang

Für die gesunde Heranbildung des Hörsinns ist Qualität das Entscheidende. Weniges und Besonderes fordert die Aufmerksamkeit mehr heraus als eine Fülle von

Lauten. Das Besondere sind harmonische, von Menschen übermittelte Klänge.

Wohlklingende Sprache ist für Kinderohren immer ein Genuss. Wo gereimt und gesungen und dazu gespielt wird, sind Kinder gleich bei der Sache. Da ist einmal nie genug: «Noch!» – «Noch mal!», rufen sie. Wo immer Erwachsene sich darauf einlassen, zu reimen und zu singen, können sie entdecken, dass dies nicht nur für Kinder, sondern auch für sie selbst ein Vergnügen sein kann. Reime sind außerdem wie ein Geheimrezept, das den Familienalltag erleichtert. Sobald wir beginnen, bei den verschiedensten alltäglichen Arbeiten einen Singsang anzustimmen, ist es auf einmal überhaupt kein Problem mehr, die Kinder zu verschiedenen Tätigkeiten, wie zum Beispiel zum Aufräumen, zu ermuntern (s. auch Seite 91 ff. und Seite 130).

Hohe Töne machen aufmerksam

Wer singt oder reimt, stimmt – ohne großartig darüber nachzudenken – eine Tonlage an, die etwas höher liegt als die der normalen Alltagssprache. Beim Singen entfalten Erwachsene eine natürliche Begabung, die dem Hörvermögen der Kinder auf besondere Weise entgegenkommt, denn hohe Töne wecken die Aufmerksamkeit. Wie Alfred A. Tomatis feststellte, werden sie deswegen viel intensiver wahrgenommen, weil sich im Hörorgan des Innenohres im Bereich der Wahrnehmung hoher Frequenzen weit mehr Sinneszellen befinden als im Bereich der tiefen. Hohe

Töne, so sagt Tomatis, vermitteln dem Gehirn «eine wahre Aufladung». Dies hat nach seinen Erkenntnissen zur Folge, dass «Bewusstsein, Denkfähigkeit, Gedächtnis, Wille usw. – kurz: geistige Wachheit, aber auch Vitalität und Kreativität» angeregt werden.[23]

Reime gehen ins Ohr. Der Sprachklang und die Melodie der Worte machen den Kindern Vergnügen. Sie bekommen, ohne Aufforderung, Lust zum Nachsprechen. Dabei schauen sie aufmerksam auf den Erwachsenen und versuchen ganz von sich aus, die gehörten Worte nachzubilden. Wer also Kinder dazu anregen möchte, sprachgewandt zu werden, kann durch Wohlklang die Freude am Nachsprechen wecken.

Ich kann mir keine Reime merken

«Das ist ja alles ganz gut und schön», sagt nun der eine oder andere, «aber ich kann mir überhaupt keine Reime merken.» – Warum perfekt sein wollen, wenn es auch anders geht? Es ist ja gar nicht notwendig, gleich alles auswendig zu beherrschen. Das Allerwichtigste für die Kinder ist, dass wir überhaupt mit ihnen singen und reimen. Es genügt, einfach das Buch mit dem Text offen liegen zu lassen oder zum Beispiel an der Pinnwand in der Küche oder am Spiegel einen Zettel anzuheften, auf dem ein Vers steht. Den Kindern fehlt überhaupt nichts, wenn wir mitten beim Reimen oder Singen immer wieder kurz nachlesen, wie es weitergeht. Es würde ihnen allerdings sehr viel fehlen, wenn wir Reime und Lieder ganz weglassen.

Hören

Jedes Kind ist musikalisch

Mütter und Väter haben leider oft wenig Zutrauen in ihre eigene Musikalität. Und viele übertragen diese Einstellung gleich auf ihr Kind: «Mein Kind ist nicht musikalisch», befinden sie, «bei keinem Lied bringt es die Töne richtig heraus, es brummt immer so.» Ein vernichtendes Urteil – und noch dazu völlig unbegründet, denn jedes Kind ist musikalisch! Das zeigt sich schon gleich nach der Geburt. Hier können wir immer wieder erleben, dass Säuglinge vor allem auf Wohlklänge reagieren. Sie sind sofort aufmerksam, wenn die melodische Sprache des Erwachsenen erklingt. Sie freuen sich an den ersten kleinen Kosespielen, an einem zarten Glöckchen, einer sanft klingenden Kinderrassel oder an den hellen Kinderstimmen der Geschwister.

Instrumente, die zum Hinhören anregen

Das Hinhören, wie es schon die Säuglinge können, muss von klein auf gepflegt werden, damit sich der Hörsinn gut entwickeln kann. Wichtig ist es, die Kinder zum Lauschen und zum Horchen anzuregen. Wer horchen kann, ist innerlich neugierig. Er will ganz von sich aus lauschen und genau wahrnehmen. Zum Hinhören und Lauschen können wir die Kinder auch mit den Klängen eines Instrumentes anregen. Alles, was zart klingt, ist in den ersten sieben Lebensjahren das Richtige, denn kleine Kinder haben noch ein besonders feines Hörvermögen. Als Erwachsene müssen wir erst lernen, uns darauf einzustellen, denn üblicherweise sind wir eher kräftige Töne gewöhnt. So ist es nicht verwunderlich, dass ein junger Vater, als er bei der Nachbarsfamilie ein Saiteninstrument liegen sah

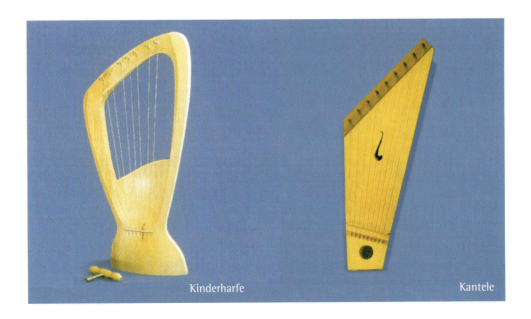

Kinderharfe Kantele

und dieses dort zum ersten Mal in die Hand nahm, die Finger so kräftig über die Saiten bewegte, als ob es eine Gitarre wäre. «Was ist denn das für ein Instrument?», wunderte er sich, «das klingt ja so leise.»

Es war eine Kinderharfe. Sie ist besonders auf das Hörvermögen kleiner Kinder abgestimmt.

Ebenso wie auch eine Kantele. Jeder kann sie spielen; auch wer vorher noch nie ein Instrument gespielt hat, schafft das mühelos, denn die Töne sind einander so zugeordnet, dass sie alle miteinander harmonisch klingen – unabhängig davon, in welcher Reihenfolge sie ertönen.

Kinder lauschen gerne

Kinder lieben es, wenn ein solches Saiteninstrument angestimmt wird. Die zarten Töne, die darauf erklingen, sind besonders zur Sinnespflege geeignet. Etwas Beruhigendes, Heilsames geht von ihnen aus. Es ist daher sinnvoll, sie immer da anzustimmen, wo Kinder Übergänge brauchen von ihrer umtriebigen Alltagswelt, zum Beispiel bevor ein Märchen erzählt wird oder am Abend vor dem Schlafengehen. Es ist immer wieder erstaunlich zu beobachten, wie aufmerksam und hingegeben die Kinder solchen zarten Klängen lauschen können. Nicht nur die Leisen und Braven, sondern gerade auch jene, die sonst eher umtriebig sind, können da wie verwandelt sein. Wo Kinder solche Klänge gewohnt sind, wollen sie diese auch nicht missen.

Engelsflügel

«Wir haben noch den Engelsflügel vergessen», ruft Jonathan und seine Schwester Luisa stimmt mit ein: «Ja, noch den Engelsflügel!» – «O ja, tatsächlich», sagt die Mutter. Und jetzt wird ein kleines, lieb gewordenes Gutenachtritual nachgeholt, das keinen Abend fehlen darf. Ganz zum Schluss, wenn die Kinder schon ins Bett gebracht sind und alles fertig erzählt, gesprochen und gesungen ist, nimmt die Mutter oder der Vater – je nachdem, wer die Abendzeremonie gestaltet – noch die Kinderharfe zur Hand und spielt eine kleine Weise. Und am Ende darf jedes Kind mit seinen Fingern über die Saiten streichen, behutsam, als ob ein Engelsflügel darüber gleiten würde. Jonathan und Luisa lieben das sehr. Ganz zart, ja fast ehrfürtig streichen sie über das Instrument. Und nun ist – ohne Aufwand oder irgendwelche Kunstgriffe – eine Stimmung im Raum, wie sie den Kindern kurz vor dem Einschlafen gut tut.

Miteinander singen

Natürlich ist auch das Singen ist eine sehr kindgemäße Möglichkeit, den Hörsinn anzuregen. Wo ein Erwachsener anfängt zu singen, sind Kinder sofort aufmerksam. Sie versuchen von sich aus, den Klang und die Worte nachzubilden.

Es ist wichtig, dass wir Erwachsene viel mit den Kindern singen, gerade auch dann, wenn wir glauben, es nicht richtig zu können. Kinder brauchen keine Perfektion, denn sie erleben beim Singen das Wesentliche: den aus der Alltagssprache herausgehobenen, melodischen Klang, die gereimten Worte, das liebevolle Bemühen. Wenn wir beginnen zu singen, hängen sie an unseren Lippen, sie spitzen die Ohren und versuchen das Gehörte nachzuahmen. Es macht ihnen Freude, ein Lied von Anfang bis zum Ende und dann noch einmal von vorne mitzusingen.

Miteinander singen, das bedeutet auch, den Kindern einen wichtigen Bereich der Kinderkultur zu erhalten. Sie brauchen richtige Kinderlieder mit einfachen rhythmischen Klängen, Reimen und Spielen.

Kinder brauchen Kinderlieder

Wo Kinder jedoch eher kommerziellen Melodien ausgesetzt sind, ahmen sie diese auch nach. Viele Kinder sind heute eher in der Lage, Werbejingles mitzusingen als traditionelle Kinderlieder wie zum Beispiel «Suse, liebe Suse ...». Fünfjährige können in der Regel zwischen zwanzig und dreißig Werbemelodien den entsprechenden Marken fehlerfrei zuordnen.[24]

Doch auch Vorschulkinder, die mit Kinderliedern nicht vertraut sind, können noch Zugang dazu gewinnen, wenn Erwachsene dies unterstützen. Mario ist ein Beispiel dafür. Er kam mit sechs Jahren in einen Kindergarten. Dort fiel er gleich auf: Er war unruhig, zappelte viel herum und stimmte bei den Kinderliedern nie mit ein. Das Einzige, was er sang, war

ein Schlager: «Marmor, Stein und Eisen bricht.» Wie ein aufgezogener Wecker spulte er immer wieder die gleichen Liedfetzen ab und fuchtelte dabei mit den Armen herum. Die Erzieherinnen gaben ihm eine liebevolle, aber klare Botschaft: «Im Kindergarten singen wir nur Kindergartenlieder.» Es dauerte eine Weile, bis Mario merkte, dass die Erzieherinnen auch das meinten, was sie sagten. Einige Zeit später rief der Bub bei seinem ersten morgendlichen Auftritt nicht mehr in den Gruppenraum: «Marmor, Stein ...» Auch seine Bewegungen wurden weniger fahrig. Nach einigen Wochen begann er, Kinderlieder mitzusingen. Er tat es von sich aus, ebenso wie all die anderen Kinder auch. Ohne Ermahnungen, mit Geduld, vor allem aber mit Konsequenz war es, zumindest während der Kindergartentage, gelungen, für Mario wieder ein Stück Kindheit hereinzuholen.

Kinder beim Singen nicht verbessern

Aufmerksam hören können bedeutet nicht, dass ein Kind die Töne, die es hört, in der gleichen Tonlage wiedergeben kann. Es muss erst lernen, das Wahrgenommene auf seine Stimme zu übertragen. Es kann manchmal bis zum Beginn des Schulalters dauern, bis es ihm gelingt, den richtigen Ton zu treffen und diesen nachzubilden.

Martin ist vier Jahre alt und er singt so gerne. Voller Inbrunst stimmt er mit ein, wenn die Mutter anfängt zu singen. Das gefällt ihm, man sieht es ihm an. Und die

Mutter verbessert ihn nicht. – So bleibt ihm die Freude am Singen.

Die Freude an der eigenen Aktivität ist für Kinder immer der beste Lehrmeister. Das, was sie gerne machen, wollen sie immer wieder tun. Durch das wiederholte Singen wird der Hörsinn trainiert und das Kind lernt von selbst, die Stimme auf das Gehörte abzustimmen.

Verbessern wir also unsere Kinder nicht. Sie brauchen keine klugen Erwachsenen, die ja schon gleich heraushören, wenn etwas nicht stimmt. Wo Kinder zurechtgewiesen werden, fühlen sie sich nur entmutigt. Es vergeht ihnen dann die Lust, spontan zu singen. Wo die Lust verloren geht, kann es später allenfalls erfahrenen Musikpädagogen gelingen, sie wieder zu beleben.

Sehen und wahrnehmen

Die Fähigkeit zu sehen muss der Mensch erst erwerben – ein aktiver Prozess, der gleich nach der Geburt beginnt. Ein Neugeborenes hat nur ein Hundertstel der Sehkraft eines Erwachsenen. Seine Augen gleichen zunächst einer Kamera mit einer festen Einstellung von etwa zwanzig Zentimetern.[25] Es kann Gegenstände, die unter oder über diesem Abstand von seinen Augen entfernt sind, nur verschwommen wahrnehmen. Mütter kommen dem Sehvermögen des Neugeborenen instinktiv entgegen: Sie halten ihren Säugling beim Stillen etwa in zwanzig Zentimeter Entfernung von ihrem Gesicht.

Da die Augen keine mechanischen Apparate sind, ist der Vergleich mit einer Kamera nur für die allererste Lebenszeit haltbar, denn beim Neugeborenen entwickeln die Augen – gleich von Anfang an – eine rege Eigentätigkeit. Sie lassen

das, was in ihr Blickfeld gerät, nicht einfach passiv in sich hereinströmen. Sobald sie etwas anschauen, kommen die Akkomodationsmuskeln, die rings um die Augenlinse verlaufen, in Aktion. Sie verändern – sozusagen automatisch – die Stärke der Augenlinse, um sie an die unterschiedlichen Entfernungen des Sehobjektes anzupassen.

Die Tätigkeit der Augenmuskeln bewirkt, dass sich die Sehfähigkeit zunehmend ausbilden kann: Bereits nach zwei bis drei Monaten ist das Kind in der Lage, die Bewegungen seiner Finger zu betrachten oder einer Person mit seinem Blick zu folgen. Am Ende des ersten Lebensjahres gelingt es ihm dann schon, Sehen und Bewegen aufeinander abzustimmen: Es kann Türme aus zwei Bauklötzen bauen. Die Koordination eigener Bewegungsabläufe bildet sich nun nach und nach immer differenzierter heraus. Nicht nur die Türme werden höher, das Kind wird mit seinen Händen, mit den Gliedmaßen und mit dem ganzen Körper zunehmend geschickter.

Mit sieben Jahren ist die kritische Phase des Sehenlernens beendet. «Sehleistungen, die sich bis dahin nicht entwickelt haben oder nicht entwickeln konnten, können später nicht mehr erworben werden. Was sich im Erwachsenenalter wahrnehmen lässt, hängt also ganz entscheidend von der Art frühkindlicher Erfahrung ab.»[26]

Den Sehsinn anregen

Das Sehen, dieser nach Dürer «alleredelste Sinn», kann sich nur dort heranbilden, wo echtes Leben ist. Für ein Kind bedeutet das, dass es in den ersten sieben Jahren reichlich Gelegenheit braucht, selbst aktiv zu sein und in Bewegung zu kommen, denn dadurch wird die Sehfähigkeit der Augen besonders herausgefordert. Da die Augenmuskeln dabei ständig beschäftigt sind, sich auf die unterschiedlichen Entfernungen einzustellen, kann es sich nach und nach ein sicheres räumliches Wahrnehmungsvermögen erwerben.

Beim Spielen und bei ganz normalen Tätigkeiten im Alltag ist der Sehsinn auf die natürlichste und beste Weise angeregt. Es ist wichtig, dass immer ein Erwachsener in der Nähe ist, dem das Kind zeigen kann, was es entdeckt hat, und mit dem es darüber sprechen kann.

Was Kinder schon sehen

Etwa mit eineinhalb Jahren ist ein Kind dann in der Lage, die Dinge, die ihm schon aus der dreidimensionalen Wirklichkeit vertraut sind, auf der Fläche wiederzuerkennen. Sieht es zum Beispiel im Bilderbuch etwas abgebildet, was es kennt, dann zeigt es darauf und versucht, das entsprechende Wort zu bilden. Dabei braucht es immer wieder Unterstützung. – «Ja», sagt der Erwachsene, «das ist eine Puppe» oder «ein Kochtopf, eine Ente, ein Baum.» Das Kind versucht dann nachzusprechen. Eineinhalbjährige stören sich noch nicht daran, die Bilder im Bilderbuch verkehrt herum anzuschauen. Bei Zweijährigen ist dann der Sehsinn schon so weit entwickelt, dass sie die Bilder von sich aus in die richtige Richtung drehen, wenn sie sie ansehen wollen.

Mit zweieinhalb Jahren kann ein Kind unterscheiden, dass es verschiedene Farbtöne gibt. Aber erst mit fünf Jahren ist es in der Lage, die Farbtöne rot, gelb, grün und blau genau zu benennen.

Für eine gesunde Ausbildung des Sehsinnes gibt es nichts Besseres für die Kinder, als aktiv zu sein und Wahrnehmen und Handeln zu verbinden. Dies ist bei allen Tätigkeiten möglich, bei denen die Augen einen wirklichen Gegenstand anschauen oder einer echten Bewegung folgen müssen. Die Ausbildung des Sehsinnes wird massiv beeinträchtigt, wenn Kinder schon in den ersten Lebensjahren vor dem Bildschirm sitzen (s. Seite 201 f.).

Spiele zum Hingucken

Viele vergnügliche Spiele können die Entwicklung des Sehsinns unterstützen. Es ist bemerkenswert, wie aufmerksam die Kinder hier den Bewegungen des Erwachsenen folgen: Schon die Kleinsten bewegen ihre Lippen und versuchen mitzusprechen, was sie hören.

Himmel-Sternlein-Spiel
Das Kind sitzt auf dem Schoß des Erwachsenen. Der hält es mit einer Hand, mit der anderen «malt» er über sein Gesicht:

Himmel,	Stirn
Sternlein,	Augen
Sonnenlicht:	Gesicht ringsum
Ei – so strahlt	Kind und Erwachsener
mein Angesicht.	«strahlen» sich an.

Ch.K.

Auf dem Berglein
Bei diesem Spiel trippeln Zeigefinger und Mittelfinger den ganzen Arm hinauf bis zur Schulter. Einmal als Schneider, dann als Feuerwehrmann, als Müller, als Bäcker etc. Die verschiedensten Handwerker können auf das Berglein spazieren. Sobald sie oben angekommen sind, wird mit beiden Händen ihr jeweiliges Handwerk ausgeführt:

> Wenn ich auf mein Berglein geh',
> Begegnet mir ein Schneider,
> Der näht, der näht,
> Der näht den ganzen Tag.

Wo bin ich?
Beide Hände wie ein spitzes Dach über dem Kopf zusammenlegen und den Kopf bedächtig hin und her bewegen. Dann mit der einen und nun mit der anderen Hand auf eine harte Unterlage klopfen. Zum Schluss verschwinden beide Hände:

> Ich sitze, ich sitze
> Mit spitzer Zipfelmütze
> Auf einem Stein im Gras
> Und denke dies und das.
>
> Ich klopfe, ich klopfe,
> Ich klopfe da und dort.
> Doch wenn du nach mir guckst,
> Bin ich fort.

Hedwig Diestel

Pit und Puck
Mit beiden Händen auf die Knie klopfen. Die Daumen sind Pit und Puck. Sie bewegen sich hin und her, dann aufeinander zu, trippeln hinter den Rücken. Bei «Rabum» kehren beide Hände auf die Knie zurück:

> Am Berge stehen, guck,
> Die beiden Zwerge Pit und Puck.
> Sie wispern mit den Stimmchen hell,
> Sie trippeln wie der Wind so schnell.
> Da tut's im Berge einen Ruck:
> Rabum – und weg sind Pit und Puck.

Hedwig Diestel

Diese und andere Reimspiele sind für Kinder im Nachahmungsalter durchweg auch Gute-Laune-Spiele: Sobald der Erwachsene einen Vers anstimmt, erhellen sich ihre Mienen, sie können nicht anders als hinschauen und nachmachen, was sie sehen.

Sehen und fühlen

Von dem Künstler Paul Klee ist der Ausspruch überliefert: «Ein Auge sieht, das andere fühlt!» Jeder kann es an sich selbst erleben, dass das Sehen eng mit dem Fühlen verbunden ist: Betreten wir ein Büro, eine Wohnung, ein Kinderzimmer, regt sich unser Gefühl. Augenblicklich wissen wir, ob wir uns hier wohlfühlen oder nicht. Es ist unter anderem das Licht, die Einrichtung, die Farbgebung, die unser Empfinden beeinflusst. Die Atmosphäre, die uns umfängt, kann unser geistiges und seelisches Wohlbefinden fördern oder auch stören. Natürlich empfinden dies auch die Kinder. Das, was sie in ihrem engsten Lebensumfeld erleben, wirkt tief nach innen. Es trägt mit dazu bei, welche Art von Ästhetik ihnen einmal wichtig sein wird.

Oft ist es eine bunte Welt, in der die Kinder heranwachsen. Die Hersteller von Kinderartikeln richten sich überwiegend nach dem Motto: Bunt ist gut – knallbunt ist noch besser. Das Kinderzimmer von Florian ist ein Beispiel dafür. Über dem Bodenbelag befindet sich an einer Stelle ein so genannter Spielteppich, auf dem verschiedenfarbige Fahrbahnen für Spielzeugautos aufgedruckt sind. An der Wand eine Tapete: himmelblauer Untergrund, darauf kleine hellbraune Teddybären mit roter Schnauze und gelbem Eimerchen. Hunderte solcher Bären nebeneinander, übereinander, ringsum an den Wänden. Vor dem Fenster hängt ein Vorhang. Dieser ist dottergelb mit aufgedruckten Comic-

figuren. Auch der Bettbezug ist gemustert mit verschiedenfarbigen Herzen und Würfeln und Punkten. – Und dann noch das viele bunte Spielzeug. Das Ganze wird von einer Deckenlampe erhellt. Erster Eindruck: «Wie ungemütlich! Das arme Kind!» Es wirkt kalt hier – nicht von der Raumtemperatur her, sondern vom Raumempfinden.

Viele Kinder wohnen ähnlich wie Florian. Die Eltern haben es höchstwahrscheinlich gut gemeint. Sie haben speziell für Kinder angebotene Produkte gekauft. Vielleicht hat man ihnen im Geschäft auch noch dazu geraten und gesagt, das sei «lustig.» Das, was Erwachsene als lustig bezeichnen, ist für Kinder keine Wohltat. Überladen bunte Kinderzimmer wirken aufdringlich und unruhig. Das viele Bunte, das oft die Gestaltung der Kinderzimmer prägt, weckt nicht den Sinn für Farbharmonie.

Kinder brauchen Geborgenheit im Raum

Für Kinder in den ersten Lebensjahren ist das Einfache das Beste. Ruhige, unaufdringliche Sinneseindrücke wirken bis in das innere Lebensgefühl hinein. Wer einem Kind etwas Gutes tun will, kann sich an das bewährte Sprichwort halten: Weniger ist mehr. Gerade heute, in unserer so hektischen und nach außen gerichteten Zeit, ist es gut, wenn wenigstens der erste Wohnbereich eine schöne und ausgleichende Atmosphäre ausstrahlt.

Wenige Mittel genügen, um ein Kinderzimmer in einen Ort der Geborgenheit zu verwandeln. Kleine Kinder nehmen mit den Sinnen wahr. Sie brauchen Zurückhaltung in der Farbgestaltung. Für Wände, Bodenbelag, Möbel und Vorhänge eignet sich eine helle Farbe. Eine seitlich angebrachte Lampe mit einer warm leuchtenden Glühbirne kann abends ein angenehmes Licht verbreiten. Weniges, schön zusammengestellt – auf dieser Grundlage können Kinder nach und nach ein sicheres ästhetisches Empfinden entwickeln.

Kinder haben einen Sinn für das Schöne – jedoch keinen sicheren Geschmack

Es hat für Kinder eine nachhaltige Bedeutung, Schönes auch in Kleinigkeiten zu erleben. Sie haben auch von sich aus einen Sinn für das Besondere. «Bist du schön!», sagen sie voller Bewunderung, wenn sich die Mutter besonders fein zurechtgemacht hat, weil sie zu einer Abendveranstaltung gehen möchte. Natürlich ist es das Wichtigste, dass eine Mutter herzlich und liebevoll ist, aber die Kinder mögen es auch, wenn sie schön aussieht und nicht immer nur irgendwie herumläuft, weil das so praktisch ist. Heute kommt man wieder darauf, dass das besondere Gewand, das man zu einem festlichen Ereignis anlegt, nicht einfach eine überkommene Gepflogenheit ist, sondern dass sich mit diesem auch eine innere Stimmung verbindet, die sich von der Gleichgültigkeit des Alltäglichen abhebt. Ebenso ist es mit dem Essen. Wo es an einem besonders schön gedeckten Tisch eingenommen wird (s. Seite 97), hat das, ohne dass jemand darüber ein Wort verlieren müsste, entsprechende Auswirkungen auf die Tischmanieren.

Ästhetisches Empfinden wecken

Es gibt im Alltag so vieles, was man schön machen kann. Dinge, die angenehm für das Auge sind, sind für die Heranbildung eines ästhetischen Empfindens unerlässlich. Erst später, im Laufe der Schulzeit, wenn das Urteilsvermögen erwacht, sind die Kinder selbst in der Lage, Entscheidungen darüber zu treffen, was ihnen gefällt und was nicht. In den ersten Lebensjahren haben sie diese Fähigkeit noch nicht. In dieser Zeit sind sie noch erfüllt von Sympathiekräften zu allem, was sie umgibt. Sie sind gewissermaßen begeisterungsfähig für alles, ob es nun kitschig, hässlich, geschmacklos oder wirklich schön ist.

Etwas Besonderes im Blickfeld

Kinder brauchen Schönes fürs Auge. Es ist wichtig, dass sie von klein auf Gelegenheit haben, immer wieder Schönes anzuschauen. Eine Möglichkeit, Schönes in den Kinderalltag zu bringen, ist, an einem besonderen Platz in der Wohnung oder im Kinderzimmer eine Jahreszeitenecke zu gestalten (Seite 188 f.).

Auch ein schönes Bild kann die inneren Kräfte des Kindes beleben. Gemeint ist hier nicht ein röhrender Hirsch im Wiesengrund, sondern ein Motiv, das der tiefen

Schnsucht cincs kleinen Kindes nach Geborgenheit nahe kommt – ein Bild, auf dem ein Kind in liebevoller Gebärde mit seiner Mutter dargestellt ist. Raffael hat viele solcher Bilder gemalt und eines davon hat gerade für die Kleinsten etwas Besonderes. Es ist die ‹Sixtinische Madonna›. Hier sind nicht nur die Mutter und das Kind abgebildet, sondern rings um sie herum eine Schar noch ungeborener Kinder, die auch demnächst auf die Welt wollen, und im Vordergrund, ganz selbstverständlich, zwei kleine Engel, die so aussehen, als ob sie sagen wollten: «Ja, so ist das!» Novalis nannte die ‹Sixtinische Madonna› «die Mutter der Dinge». Ma-donna – das Urmütterliche in Verbindung mit der göttlichen Welt, die hereinblickt in unsere irdische Welt. – Eine Ahnung von etwas Höherem klingt an.

Den Kindern eine Ahnung von etwas Höherem mitgeben? Viele Eltern wollen das, aber sie wissen oft nicht, wie. Kaum jemand möchte sein Kind missionieren – und das ist gut so. Eine Mutter berichtet: «Es liegt mir nicht, viele Worte darum zu machen. Aber bei der ‹Sixtinischen Madonna› ist eigentlich alles das gemalt, was ich meinem Kind nicht sagen kann. Auf mich wirkt dieses Bild ganz frei, überhaupt nicht konfessionell. Wir haben eine gute Kopie für unsere Kinder von einem Besuch in Dresden mitgebracht. Und schön eingerahmt. Das Bild hing schon eine ganze Weile im Kinderzimmer. Ich wusste lange Zeit nicht, ob es den Kindern gefällt oder ob sie es überhaupt wahrnehmen. Eines Tages, als ich ins Kinderzimmer ging, stand unser Alexander mit seiner kleinen Schwester davor und betrachtete es. Als er mich bemerkte, sagte er: ‹Schön, das Bild!›»

Tasten – greifen – Grenzen erleben

Berühren, das ist die erste soziale Erfahrung im Leben eines Kindes. Zuwendung geht im wahrsten Sinne unter die Haut, das größte Sinnesorgan des Menschen. Durch liebevolles Halten und Streicheln können Eltern ihrem Kind die wesentliche Botschaft vermitteln: Ich hab dich lieb und hier bei mir bist du sicher und gehalten. Diese angenehmen Empfindungsreize, die es dabei erlebt, werden von den Tastzellen der Haut an das Gehirn weitergeleitet. So wird mit dem körperlichen und seelischen Wohlbefinden auch die nervliche Organisation des Kindes in harmonische Bahnen gelenkt.

Kinder brauchen spürbare Zuwendung

Durch die ganzen ersten Lebensjahre hindurch wollen die Kinder spüren, wie sich unsere Liebe anfühlt. Nach einem Missgeschick, einem Kümmernis oder einfach nur so, zwischendurch – eine liebevolle

Umarmung hilft dem Kind, sein inneres Gleichgewicht wiederzufinden. Bei Kindern, die in ihren ersten Lebensjahren zu wenige angenehme Erfahrungen über ihren Tastsinn aufgenommen haben, können die Beziehungen zur Mutter oder zum Vater dauerhaft geschädigt werden.

Geborgenheit wird über den Tastsinn erlebt

Wird ein Kind kaum in die Arme genommen, geherzt und gestreichelt, können die Tastkörperchen seiner Haut nicht genug angenehme Reize an das Gehirn weiterleiten. Erfährt das Kind zu Beginn des Lebens zu wenige angenehme Berührungsreize, so tendiert sein Nervensystem – nach den Untersuchungen von A. Jean Ayres – dazu, aus dem «Gleichgewicht» zu kommen.[27] René Spitz hat in umfangreichen Untersuchungen herausgefunden, dass es bereits in der frühen Kindheit zu einem Zusammenbruch der Beziehung kommen kann, wenn der Tastsinn des Kindes nicht genügend angeregt wird.[28] Wer als Kind nicht umarmt wurde, der vergisst das ein Leben lang nicht. Überall kann man Menschen begegnen, die – im Rückblick auf ihre eigene Kinderzeit – feststellen: «Ja, meine Mutter war schon ein guter Mensch. Sie hat sich bemüht, alles richtig zu machen. Aber sie hat mich nie in den Arm genommen. Niemals!» – Natürlich darf kein Kind künstlich überreizt werden. Kleine Kinder sind keine Spielzeuge. Sie sind selbstverständlich auch kein Ersatz für eigene Liebesbedürfnisse!

Wahrnehmen mit Händen und Füßen

Die Tastkörperchen der Haut, das heißt die Nervenenden, die auf Berührung reagieren, sind nicht gleichmäßig über den Körper verteilt. Es gibt Zonen mit wenigen Tastzellen und andere, an denen sie gehäuft versammelt sind. Die meisten Tastkörperchen befinden sich an Händen und Füßen. Das spüren wir besonders an den Fußsohlen. Werden sie nur leicht gekitzelt, so müssen wir unwillkürlich lachen. Sobald die Füße stimuliert werden, sind wir völlig wach. Das bemerken wir zum Beispiel im Sommer, wenn wir barfuß laufen.

Die kleinsten Unebenheiten, auf die wir treten, versetzen unseren ganzen Körper in Aufmerksamkeit. Die Reize werden an das Gehirn weitergeleitet. Aus der Heilkunde ist bekannt, dass sowohl in den Handflächen als auch in den Fußsohlen der ganze menschliche Körper seine Abbilder hat. Für die gesunde Heranbildung des Tastsinnes ist es notwendig, den Kindern Tätigkeiten zu ermöglichen, bei denen die Hände und Füße in Aktion kommen. Auch verschiedene Spiele können den Tastsinn stimulieren.

Hand- und Schoßspiele

Ein etwa Zweijähriges sitzt auf dem Schoß eines Erwachsenen. Geborgen zwischen den großen Armen, die Beine seitlich, so kann es ihm am besten in die Augen schauen, wenn er ihm nun ein kleines Fingerspiel in die Hand streicht. Was kann es in diesem Augenblick Schöneres geben?

Die Hand des Kindes in die eigene legen und mit der anderen Hand über die Handfläche des Kindes streichen:

Mise – muse Kätzchen,
Sammetweiche Tätzchen,
Seidenweiches Fellchen,
Kritze – kratze – krällchen.

Das Kind lauscht dem seltsamen Klang nach, schaut zum Erwachsenen. Was der für lustige Sachen kennt! Da ist einmal nicht genug: «Noch mal!», wünscht es. Nun in die andere Hand. – Der erwartungsvolle Blick des Kindes sagt alles: «Schon wieder fertig?» – Also noch einmal. Nicht nur heute und morgen. Immer wieder. Einfach so. Und es macht mit Sicherheit jedes Mal das gleiche Vergnügen.

Sälzchen,
Schmälzchen,
Butterchen, Brötchen,
Kribbel – krabbel – krötchen.

Die Hand des Kindes halten, dass die Handfläche nach oben zeigt und bei jedem neuen Satz in die Hand des Kindes patschen:

Da hast 'n Taler.
Geh auf den Markt!
Kauf dir 'ne Kuh,
Kälbchen dazu,
Kälbchen hat ein Schwänzchen,
Macht: dideldideldänzchen.

Sinne

Bayerischer Klatscher

Ein Spiel, das man mit Kindern etwa ab fünf Jahren spielen kann. Erwachsener und Kind stehen einander gegenüber und klatschen mit den Händen:

Ich bin da – und	beide eigenen Hände zusammen
Du bist da – und	beide Handpaare aufeinander
Du und ich – und	beide Hände auf die Schenkel
Ich und du – und	beide Handpaare aufeinander
Heißa juchu!	beide eigenen Hände zusammen

Ch.K.

Fuß- und Zehenspiele

Bei kleinen Kindern können die Sinneszellen der Fußsohlen auf ganz natürliche Weise stimuliert werden. Kinderärzte raten immer wieder, die Kinder an warmen Sommertagen möglichst viel barfuß laufen zu lassen. Die Kleinsten mögen es, wenn auch wir Erwachsenen mal ohne Schuhe und Strümpfe laufen und unsere Zehen lustig hin und her bewegen. – Es macht ihnen Vergnügen, wenn wir beim Strümpfeanziehen oder auch zwischendurch ein kleines Fußspiel mit ihnen spielen:

Rösslein beschlagen

Der Erwachsene klopft im Takt auf die kleine Fußsohle – erst auf die eine, dann auf die andere – und zum Schluss, bei «aussi graben», krabbelt er mit den Fingern darüber.

Rösslein b'schlagen,
Rösslein b'schlagen,
Woll ma's Nagerl eini schlagen?
Ham ma's Nagerl eini gschlagen,
Tu ma's wieder aussi graben.

Mäuschen-Spiel

Bei dem folgenden Spiel kommen alle Zehen in Aktion: Mit dem großen Zeh, der dicken, großen Maus, wird zuerst gewackelt und dann kommen nacheinander alle anderen Zehen an die Reihe. Bei «dideli ...» wird die Fußsohle gekitzelt:

Wer piepst denn da in diesem Haus?
Eine dicke, große Maus.
Und wer piepst da neben ihr?
Eins, zwei, drei, vier
Liebe kleine Mäuselein.
Dideli dideli, dideli dei.
Ch.K.

Fußspiele für die Größeren

Ein schönes «Gute-Laune-Spiel» für morgens oder abends, das mindestens bis zum Schulalter Freude macht: Erwachsener und Kind sitzen einander gegenüber. Beide haben ihre Füße unter einem Tuch oder einer Decke verborgen. Der Erwachsene beginnt das Spiel. Er lässt zuerst einen Fuß zum Vorschein kommen: Er bewegt ihn durch das Zusammenkrallen und Entspannen seiner Zehen immer weiter nach vorne. Dann kommt der andere Fuß. Man braucht die Kinder gar nicht aufzufordern, bei diesem Spiel mitzumachen, sie tun es mit Sicherheit ganz von selbst.

Unter dieser schönen Decke,
Ei, da wohnt ja eine Schnecke.
Kommt heraus aus dem Versteck!
Und da schaut sie gleich ums Eck.
Oh, dass ich mich nicht erschrecke,
Da wohnt ja noch so eine Schnecke:
«Guten Morgen, liebe Schnecke,
Kommst du mit mir eine Strecke?»
Und so wandern nun die beiden.
Ja, sie mögen sich gut leiden.
Ch.K.

Riechen und schmecken

Der Geschmackssinn und der Geruchssinn gehören zusammen. Empfinden wir Wohlgeschmack, so ist der Geruchssinn daran weitaus mehr beteiligt als der Geschmackssinn selbst. Der Geruchssinn ist außerordentlich bildefähig. Ein Mensch mit einem geschulten Geruchssinn kann bis zu zehntausend verschiedene Gerüche wahrnehmen und namentlich benennen.[29] – Viele Menschen haben heute ein so eingeschränktes Wahrnehmungsvermögen, dass sie oft nur etwa zwanzig verschiedene Düfte zuverlässig bezeichnen können.

Duft und Geschmack beleben die Sinne

Wer einen differenziert ausgebildeten Geruchs- und Geschmackssinn hat, ist insgesamt aufmerksamer und wacher – nicht nur gegenüber dem Essen, sondern für das Leben überhaupt. Es ist daher wichtig, Kindern auch die Heranbildung dieser Sinnesfähigkeiten zu ermöglichen. Düfte sind augenblicklich Botschafter von Gefühlen und Stimmungen. Der Mensch kommt an einen Ort, den er noch nicht kennt. Da steigt ihm ein Duft in die Nase, der ihm von früher her vertraut ist. Sofort wird eine ganze Palette von Erinnerungen wach: «Genau wie bei mir zu Hause, als ich klein war!» – Unvergesslich der Duft, wenn die Großmutter am Sonntagmorgen backte, erinnert sich Gabriele von Arnim: «Ich lag im Bett und schnupperte, wenn der Duft kam. Der eilig die Treppe heraufsteigt, als Ahnung erst und dann in seiner ganzen Schwere, der durch Türspalten schleicht und im Zimmer steht; bescheiden zunächst sich nur in die Nase setzt und erst durch alle Poren in den Körper eindringt. Ein Duft, den man riecht und fühlt, ihn im Nacken spürt, als leisen Schauer.»[30]

Es macht den Kindern Freude, wenn es zu Hause – wenigstens ab und zu mal – ganz besonders gut duftet. «Hmmm, riecht das gut! Was gibt es denn heute? Warte – lass mich raten! Ah, so etwas Gutes! – Da läuft mir ja schon richtig das Wasser im Munde zusammen», rufen Peter und seine Mutter, als sie vom Spaziergang nach Hause kommen. Die beiden freuen sich auf das Essen, das der Vater gerade zubereitet. Ist das nun übertrieben? Wie hieß das doch früher: «Man lebt nicht, um zu essen, sondern man isst, um zu leben.»

Schmecken und Riechen muss man lernen

Bei einer solchen Einstellung haben sinnliche Genüsse allerdings wenig Gelegenheit, sich zu entfalten. Die Nase wird nicht durch Wohlgerüche angeregt. Der Gaumen schluckt, anstatt zu schmecken. Daran kann man sich gewöhnen – von klein auf – oder auch nicht? «Iss von diesem, das ist sooo gesund!» – «Nimm auch davon, damit du stark wirst.» Bei solchen Anpreisungen vergeht vielen Kindern dann wirklich der Appetit. Die Folge: Eltern sind untröstlich. «Mein Kind isst ja gar nichts!» – «Es muss doch irgendetwas zu sich nehmen.» – «Nichts schmeckt ihm!» Wie denn auch? Ob etwas schmeckt oder nicht, das ist nicht nur Geschmackssache. Je mehr der Geruchssinn sich angesprochen fühlt, umso besser können wir schmecken.

Erfahrungen zeigen, dass Kinder, die in ihrer entscheidenden ersten Lebenszeit nicht gelernt haben zu schmecken und zu riechen, die dankbarsten Kunden der Fast-Food-Konzerne werden können. Hier weiß man, wie einfache Ansprüche zu befriedigen sind. Es genügt, wenn alles irgendwie gleich schmeckt: süßlich, säuerlich und salzig. Einheitsgeschmack! Allerweltspeisen, wie fabrikgefertigte Pommes, Burger oder auch Spezialprodukte mit der Zusatz-Bezeichnung «Kinder». Kinderpizza, Kindernudeln, Kinderjogurt, Kinderschokolade heißen nicht deswegen so, weil sie den besonderen Ernährungsbedürfnissen der Kinder gerecht werden würden, sondern weil sie sich dann besser verkaufen lassen.

«Aber es ist doch so praktisch!», meint eine Mutter. «Sie sollten es mal sehen, wenn mein Heinrich vor einem Teller Gemüse sitzt. Da macht er ein Gesicht, als ob man ihn vergiften wollte. Wenn ich ihm dagegen seine Steinofenpizza auftaue, die er sich selbst im Supermarkt ausgesucht hat, ist er glücklich – oder, besser gesagt, zufrieden. Auf jeden Fall isst er fast alles auf, ohne ein Gesicht zu ziehen.»

Irgendetwas essen?

Eltern machen sich oft viele Gedanken, was sie unternehmen sollen, wenn ihr Kind etwas nicht essen will. «Irgendetwas muss es doch essen!», heißt es dann. – Essen «müssen»? Und noch dazu irgendetwas? Das klingt nicht gerade verlockend. Wo bleiben die angenehmen Sinneserfahrungen, die Freude am guten Duft, am Geschmack? Und «irgendetwas» essen, was bedeutet das in unserer Zeit, in welcher die Nahrungsmittelkonzerne immer mehr denaturierte, aromaverstärkte oder auch mit Zucker-Ersatzstoffen versehene Nahrungsmittel auf den Markt bringen?[31]

Nahrungsaufnahme heißt dann «essen und hopp»: geschmacklos, lieblos. Geschmacklos bzw. kulturlos ist auch die Art und Weise, wie gegessen wird. Nebenbei und mit den Fingern und oft nur im Stehen. Diese «moderne» Art der Nahrungsaufnahme ist ein Abschied von der Esskultur. Praktisch vielleicht zwischendurch für Berufstätige. Für kleine Kinder jedoch völlig ungeeignet.

In Haus und Küche

Es besteht kein Anlass, die Esskultur unserer modernen Zivilisation zu beklagen. Wenn wir Fast-Food-Produkte kaufen, tun wir es vollkommen freiwillig. Stellen wir fest, dass unsere Kinder «nur noch» solcherlei Kost «akzeptieren», so ist das nicht deren Fehler. Ursache dafür ist die mangelnde Heranbildung des Geschmackssinnes und des Geruchssinnes. In unserer Wohlstandsgesellschaft ist es notwendiger als jemals zuvor, dass Eltern und Erzieher wieder selbst die Freude daran gewinnen, mit ihren Kindern zu schmecken und zu riechen, damit sie nicht so ohne weiteres zu willigen Verbrauchern, zu Jasagern ohne eigenen Geschmack werden.

Gerade über den Geruchs- und Geschmackssinn können wir vielfältige und eindrucksvolle Erfahrungen gewinnen. Gönnen wir es den Kindern, daran teilzuhaben. Schon das Einkaufen kann die Sinne stimulieren. Gehen wir mit den Kindern – wenigstens von Zeit zu Zeit – dorthin, wo auch das Einkaufen der

Lebensmittel noch ein sinnliches Vergnügen ist. In den größeren Städten gibt es fast in jedem Stadtteil einen Bauernmarkt. Lassen wir die Kinder das Ausgesuchte auch anfassen und riechen. Die verschiedenen Apfelsorten: die mit der rauen Haut und die mit der glatten, die Gärtnergurke mit den erhabenen Stellen, den Lauch, die Frühlingszwiebeln, die bereitwillig von ihrem Eigenduft abgeben. Geben wir ihnen Gelegenheit, das Obst oder Gemüse zu waschen und zu schneiden.

Es macht den Kindern Freude, beim Zubereiten der Speisen mitzuhelfen. Es ist für sie ein Erlebnis, frischen Zitronensaft auszupressen. Wie gut jetzt die Hände riechen! Sogar die ganze Küche duftet nach Zitrone. Kinder rühren gerne schon mal selbst die Salatsoße an. Sie fühlen sich geachtet, wenn sie – fast ganz allein – den Obstsalat oder den Kräuterquark vorbereiten dürfen. Natürlich gehört dazu auch die ehrenvolle Aufgabe abzuschmecken. Da sind sie völlig wach und aufmerksam bei der Sache.

Abschmecken weckt die Sinne

Es erfordert nicht einmal besonderen Aufwand, sinnesreich abzuschmecken und zu kochen. Verheißungsvolle Düfte verbreiten sich, sobald in einer Pfanne mit reichlich Butter fein geschnittene Zwiebelringe schmurgeln. Der Geschmack vieler Speisen wird erst dann so richtig abgerundet, wenn wir, je nach Art der Speisen, Basilikum, Thymian, Schnittlauch, Dill oder andere Kräuter und Gewürze dazugeben. Für Kinder ist es spannend zu erleben, dass manche Zutaten erst noch bearbeitet werden müssen, damit sie ihren typischen Duft und Geschmack entfalten können: Echte Vanillestange wird ganz vorsichtig mit dem Messerrücken geklopft, damit der verlockende Duft frei werden kann, der den Pudding so unwiderstehlich macht. Muskatnuss duftet erst, wenn man sie auf der kleinen Küchenreibe reibt. Auch Nelken oder Zimtstangen riechen viel stärker, wenn sie mit dem Mörser zerstoßen werden. Kräutertee duftet schon, wenn die Dose geöffnet wird, und erst recht, sobald er frisch aufgebrüht ist. Bald schmecken die Kinder schon die Sorte heraus: Pfefferminz, Hagebutte oder etwas anderes?

Ich rieche was, was du nicht riechst

Ein Ausflug aus der Stadt ist geplant. Die Nachbarin mit ihren beiden Kindern will auch mitkommen: «Machen wir heute wieder Riechspaziergang?», fragt Manuel. «Vielleicht», meint die Mutter.» – «O ja, bitte, das war letztes Mal so schön!» – «Riechspaziergang? Was ist denn das?», erkundigt sich die Nachbarin. «Das ist ganz toll», ruft Manuel. Und er hüpft freudig mit beiden Füßen auf und ab. Johanna und Kathrin, seine beiden Spielfreundinnen, tun es ihm nach. Alle wollen nun Riechspaziergang machen. Also wird ein Korb mitgenommen, der mit einem Tuch abgedeckt ist, und es wird ausgemacht, dass dahinein nur Dinge gesammelt werden, die gut riechen. Jeder, der etwas findet, darf es hineintun.

Und was es alles beim Spaziergang zu riechen gibt: Pfefferminz, Kümmel, Gänseblümchen, Walderdbeeren, Himbeeren, frisch abgerupftes Gras, Tannenzapfen, Hölzer, Blätter, Baumrinde. An einem schönen Rastplatz geht es dann ans Erraten. – «Raten wir mit Augen zu oder mit ohne?», erkundigt sich Manuel. Und es wird vereinbart, dass heute alle die Augen offen lassen dürfen. – «Ja, stimmt eigentlich», meint Manuel ein bisschen altklug, «ihr kennt ja auch noch nicht so viel!»

Beim Ratespiel braucht man nun einen Spielleiter, der immer nur einen Gegenstand, der unter dem Tuch verborgen ist, herausnimmt und sagt: «Ich rieche was, was ihr nicht riecht, und das heißt ...?» Manuels Mutter hat den Korb vor sich. Sie hat einen kleinen Zweig in der Hand, der dicht mit grünen Blättchen besetzt ist. Heute, da alle noch mit offenen Augen raten dürfen, hält sie den Zweig so, dass jeder mal daran schnuppern kann. «Was ist das?» – «Kenn ich nicht», sagen die Mädchen. Manuel meint: «Das riecht eigentlich fast nach nichts.» – «So, nun wartet mal, ich werde ein bisschen zaubern», sagt Manuels Mutter und sie reibt die Blättchen nur ein wenig zwischen ihren Fingern hin und her. «Oh, jetzt riecht es ganz stark», finden alle. Aber was ist es? Es ist wilder Thymian.

Auch bei all den anderen Fundstücken, die sich in dem Korb befinden, ist es so, dass sie erst richtig stark duften, wenn man sie zwischen den Fingern verreibt. Beim nächsten Spaziergang, so wird ausgemacht, da wollen die Kinder «mit Augen zu» raten.

Vorbild

Erwachsene sind Vorbilder

Wer ein Kind durch die ersten sieben Lebensjahre begleitet, ist Vorbild, ganz unabhängig davon, ob er das will oder nicht. In dieser Zeit orientiert sich das Kind an allem, was Mütter, Väter und Erzieher vormachen. Das, was es sieht, will es ebenfalls tun. Besonders deutlich zeigt sich diese Orientierung am Vorbild zu Beginn des Lebens, wenn das Kind versucht, stehen und gehen zu lernen. Die Initiative, dies zu tun, liegt ganz allein bei ihm selbst. Es braucht keine Erklärungen dafür, wie es seine Bewegungen aufeinander abstimmen soll, um in die Aufrechte zu gelangen. Ähnlich ist es mit dem Erwerb der Sprache. Das Kind übt sich von selbst darin. Seit Urzeiten und in allen Kulturen der Welt ist es so, dass Kinder aus eigenem Antrieb menschliche Fähigkeiten erwerben. Wir sind daran gewöhnt, dass es sich so verhält, aber ist es wirklich so selbstverständlich? Warum konnten es dann nicht die Wolfskinder von Midnapoore,[32] die im 19. Jahrhundert in Indien gefunden wurden? Es waren doch auch Menschenkinder?

Das Menschsein lernt der Mensch am Menschen

«Das Menschsein», sagt Novalis, «lernt der Mensch am Menschen.» Am Schicksal dieser Kinder zeigte sich das besonders deutlich. Der Mensch braucht von klein auf das menschliche Vorbild: die aufrechte Gestalt, die Sprache und die Gebärden der Zuwendung. Nur wenn von Anfang an das Gegenüber eines Menschen da ist, kann das Licht auf dem Wege zum Menschsein erhellt werden. Nur so kann ein Kind den eigenen Leib in menschengemäßer Weise ergreifen. Es kann lernen, seine Bewegungen immer mehr seinem Willen unterzuordnen und auch die Sprache zu erwerben.

Als die Wolfskinder von Midnapoore gefunden wurden, war dies für sie nicht mehr möglich, denn sie waren schon sieben und neun Jahre alt, als man sie fand. Ein Missionar hatte diese Kinder entdeckt, als sie in einem Wald in Begleitung einer Wölfin unterwegs waren. Er ließ sie einfangen und in die Missionsstation bringen. Dort versuchte man, die beiden an menschliche Gepflogenheiten zu gewöhnen, wie zum Beispiel das Stehen und Gehen, das Beherrschen der eigenen Körperfunktionen, das Tragen von Kleidung oder das Schlafen in einem geschlossenen Raum.

Auch das Sprechen wollte man ihnen beibringen. All das geschah mit viel Geduld. Doch diese menschliche Zuwendung kam zu spät. Die Kinder hatten bereits eine Altersstufe erreicht, in der das Lernen nach dem Vorbild im Wesentlichen abgeschlossen ist. Es nützte ihnen nun nichts, dass alle anderen Menschen rings um sie herum gehen und sprechen konnten. Es regte sie nicht mehr an, es ihnen gleichzutun, denn das Nachahmungsalter war vorbei.

Die Wölfe, die sie aufgezogen hatten, waren ihre Vorbilder gewesen, und so hatten sie sich deren Gepflogenheiten angeeignet. Die Zivilisierungsversuche der Menschen verstörten die Kinder und sie gingen bald daran zu Grunde.

Die ersten sieben Lebensjahre im Zeichen des Vorbildes

Sich aufrichten, gehen, sprechen, denken und zu sich selbst «ich» sagen – diese Fähigkeiten können nur in einer bestimmten Epoche erworben werden. Es sind die ersten sieben Lebensjahre.

Was in dieser Zeit vorbildlich vorhanden ist, wird von den Kindern regelrecht einverleibt. Das geht bis hin zu typischen Bewegungen. Oft können wir beobachten, wie ein Kind bei bestimmten Gelegenheiten ebenso seinen Mund verzieht oder auf die gleiche Art und Weise über sein Gesicht streicht, wie es auch Mutter oder Vater tun.

Die Kinder begnügen sich jedoch nicht mit Äußerlichkeiten. Durch die ganzen ersten Jahre, also etwa bis zu dem Zeitpunkt, an dem die Milchzähne abgestoßen werden, wirkt das, was Mutter, Vater und Erzieher tun, vorbildlich – unabhängig davon, ob es nun besonders nachahmenswert ist oder nicht. Durch die Erwachsenen erfährt das Kind, wie man mit anderen Menschen umgeht. Es lernt Liebe, Achtung, Vertrauen und Aufrichtigkeit kennen – oder auch das Gegenteil davon. Und es nimmt wahr, wie man sich gegenüber Tieren, Pflanzen oder Gegenständen verhält.

Was Vorbilder alles können

Vorbilder können dem Kind Halt und Geborgenheit geben. Sie können wissen, was für die Kinder gut ist und was nicht. Sie können lieb haben, trösten und auch Mut machen. Manchmal kennen sie die besonderen Dinge, die Kinder so gerne haben: die kleinen Spiele, Lieder und Reime, die Geschichten und die Märchen. Sie wissen, wie man das macht, dass sich ein Sonntag oder ein Festtag ganz anders anfühlt als andere Tage – eben so, dass man es richtig spüren, riechen und schmecken kann.

Vorbilder können aber auch Grenzen setzen, damit das Kind sich orientieren kann. Von ihnen kann man lernen, dass man nicht alles haben kann, weil man ja nicht allein auf der Welt ist.

«Ich kann aber kein perfektes Vorbild sein.»

Niemand kann sich immer ideal verhalten. Auch als Mutter, Vater und Erzieher wird es uns nicht immer gelingen, von früh bis spät ein unfehlbares Vorbild zu sein. Jeder hat mal seinen schlechten Tag, seine Schwächen, seine Sorgen. Unvorhersehbare Belastungen können einen aus dem Gleichgewicht bringen. Es ist nur normal, wenn ein Erwachsener sagt: «Ich kann nicht so perfekt sein.» – «Ich bin allein erziehend!» – «Ich bin den ganzen Tag berufstätig.» – «Es lastet sowieso schon so viel auf mir, da kommt es eben einfach vor, dass ich manchmal ungeduldig oder ungerecht bin.» – «Ich kann nicht immer vorbildlich sein.»

Eine indische Weisheit kann uns hier ermutigen: «Wenn einer glaubt, etwas zu sein, hört er auf, etwas zu werden.» Auf dieser Grundlage kann man lebensecht bleiben. Man hat dann die Möglichkeit, sich auf den Weg zu begeben. So kommt man auch nicht in Versuchung, sich über andere zu erheben und zu sagen: «Na, bei uns wäre das aber nicht so!» Und wer kennt nicht die Erleichterung, die es einem verschaffen kann, wenn man sich mit anderen Müttern und Vätern über schwierige Situationen austauschen kann, die zu Hause vorgefallen sind: «Ja – das kenne ich! Genau wie bei uns!» Es ist richtig befreiend zu hören, dass auch in anderen Familien nicht immer alles nur glatt läuft.

Aber wie ist das, wenn man am Anfang nicht genug Vorbild war? «Früher, als mein Kind noch klein war», sagt eine Mutter, «da habe ich gar nicht so gewusst, wie wichtig das eigene Vorbild ist. Nun ist es schon fünf Jahre alt, jetzt ist es doch gar nicht daran gewöhnt, sich danach zu richten, was ich vormache. Vielleicht ist es nun schon zu spät, in dieser Weise zu erziehen?»

Vorbildliches wirkt immer

Es ist nie zu spät, Vorbildliches zu tun. Im Gegenteil. Viele unnötige Spannungen im Alltag lassen sich vermeiden, wenn wir zu Hause «gute Gewohnheiten» (s. Seite 91 ff.) vorleben. Gibt es zum Beispiel wieder einmal Ärger wegen der Tischmanieren des Kindes, so genügt es zu sagen: «Mach es doch einfach wie die Großen!» Viele Ermahnungen kann man sich dadurch

ersparen. Wer das einmal herausgefunden hat, der kann die Erfahrung machen, dass es für das ganze Familienklima entspannender ist, wenn wir versuchen, durch eigenes vorbildhaftes Handeln zu erziehen.

Vorbildliches, das hier im Folgenden dargestellt wird, will nur als Anregung verstanden werden. So wird unter anderem gezeigt, wie sich manchmal aus einer unangenehmen Erfahrung die Einsicht gewinnen lässt, eine Situation beim nächsten Mal so aufzugreifen, dass sich unnötige Aufregungen vermeiden lassen. Auf den Willen des Erwachsenen, ein Vorbild zu sein, kommt es an. Wichtig ist, dass die Mutter, der Vater dem Kind gegenüber eine verlässliche Grundstimmung haben, die von Liebe und Geborgenheit getragen ist. Da ist es dann leichter zu verkraften, wenn die Eltern mal nicht in so guter Verfassung sind. Wo Mütter, Väter und Erzieher ihre Rolle als Vorbild annehmen, haben die Kinder eine sichere Grundlage, die ihnen Schutz für das ganze Leben gibt.

Vorbilder hinterlassen bleibende Eindrücke

«Wenn ich an meine Kindheit denke», so schreibt Jacques Lusseyran in seinen Erinnerungen, «spüre ich noch heute das Gefühl der Wärme über mir, hinter mir, um mich. Dieses wunderbare Gefühl, noch nicht auf eigene Rechnung zu leben, sondern sich ganz, mit Leib und Seele, auf andere zu stützen, welche einem die Last abnehmen … Das ist es, was ich als das Glück meiner Kindheit bezeichne, diese magische Rüstung, die, ist sie einem erst einmal umgelegt, Schutz gewährt für das ganze Leben.»[33]

Das Vorbild der Eltern, das Jacques Lusseyran hier schildert, hat etwas Unaufdringliches. Es steht ganz im Gegensatz zu den quälenden Kindheitserlebnissen, die Franz Kafka vor allem mit seinem Vater durchmachen musste: «Ich kann nicht glauben», schreibt der Dichter, «dass ich besonders schwer lenkbar war, ich kann nicht glauben, dass ein freundliches Wort, ein stilles Bei-der-Hand-Nehmen, ein guter Blick mir nicht alles hätten abfordern können, was man wollte … Ich hätte ein wenig Aufmunterung, ein wenig Freundlichkeit, ein wenig Offenheit meines Wegs gebraucht, stattdessen verstelltest du mir ihn, in der guten Absicht freilich, dass ich einen anderen Weg gehen sollte.»[34] – Kafka berichtet, dass er noch nach Jahren unter der quälenden Vorstellung litt, dass er «ein solches Nichts» für seinen Vater war.

Vorbilder – das zeigen u. a. die Kindheitserfahrungen Franz Kafkas – haben auch Macht. Sie sind größer, älter, erfahrener. Doch dies gibt ihnen keinen Freibrief, sich über das Kind zu stellen und ihre Macht ihm gegenüber auszuspielen. Macht ist unerbittlich. Sie verlangt, dass einer Recht hat und die anderen sich fügen. Auf der Grundlage von Macht lässt sich ein harmonisches Zusammenleben von Erwachsenen und Kindern nicht verwirklichen. Oft haben Mütter und Väter in ihrer Kind-

heit selbst elterliche Macht erfahren müssen und es lebt in ihnen ganz vehement der Impuls: «So nicht! Mein Kind soll frei sein und selbst entscheiden, was es möchte.» Manche Erwachsene sagen dann: «Und eigentlich will ich sowieso viel lieber der Kumpel von meinem Kind sein.»

Lieber Kumpel statt Vorbild?

Doch wie geht es dem Kind dabei, wenn der Erwachsene sich mit ihm auf die gleiche Entwicklungsstufe stellen möchte? Bei näherem Hinsehen kann man erleben, dass da wieder Macht im Spiel ist. Nur liegt sie dann auf der anderen Seite. Es ist nun das Kind, das Macht ausübt. Wo Erwachsene darauf verzichten, ihr Kind von Anfang an liebevoll, aber bestimmt zu führen und ihm Geborgenheit zu geben, wird es diese Führungsrolle sehr bald für sich selbst beanspruchen. Auch Säuglinge verstehen es schon, Erwachsene unter ihren Willen zu zwingen. «Das Baby», so sagt Jirina Prekop, «ist nämlich in einer bestimmten Stufe seiner Denk- und Persönlichkeitsentwicklung in besonderem Maße dafür sensibel, sich selbst als allmächtig und die Eltern als voll beherrschbar zu erkennen. Wird ihm diese Erfahrung zu einer seiner zuverlässigsten, bleibt ihm nichts anderes übrig, als das Beherrschen der Umwelt zur Ersatzbefriedigung seiner Grundbedürfnisse nach Geborgenheit zu machen.»[35]

Auch wenn die Kinder längst dem Säuglingsalter entwachsen sind, behalten sie die Führungsrolle, sofern die Erwachsenen ihnen diese überlassen. Es gibt Eltern, die ihrem Kind regelrecht die Rolle als «Chef» aufdrängen: Ein Elternpaar besuchte mit seinem etwa dreijährigen Buben ein Puppentheater. Der Kleine war unruhig und zappelte herum. Er schaute kaum auf das Spiel. Noch bevor es beendet war, fragte der Vater den Sohn: «Na, Chef, was machen wir denn jetzt? Gehen wir heim oder willst du noch zum Spielplatz?»

Den Kindern alles recht machen?

Man will es ihnen recht machen, den lieben Kleinen. Sie sollen es gut haben. – Doch haben sie es wirklich so gut, wenn es immer nach ihrer Pfeife geht? Letzten Endes kommen die Erwachsenen dann doch an ihre Grenzen:

Eine Mutter hat Gäste zum Abendessen eingeladen. Es ist schon spät, aber der vierjährige Martin springt noch herum. «Er wollte noch nicht ins Bett», sagt die Mutter halb entschuldigend, als die Gäste eintreffen. Martin ist erst einmal Mittelpunkt. Er will nun auch noch mitessen. – Nein, dann doch wieder nicht. Jetzt rückt ein Spielzeugauto in sein Blickfeld. Kurz darauf noch verschiedene andere Dinge. Die Gäste können sich kaum miteinander unterhalten. Alles dreht sich um den Buben und das, was ihm gerade in den Sinn kommt. Inzwischen hat Martin die Nachspeise entdeckt. Davon will er jetzt probieren und Durst hat er auch noch. Da kippt sein Glas um und der Saft ergießt sich über den Tisch. «So, jetzt langt's aber», ruft

die Mutter. Und sie bringt ihren Sohn ohne weitere Umschweife ins Bett. Als sie zurückkommt, kann einer der Gäste sich nicht enthalten zu sagen: «Na, das hättest du ja vor drei Stunden auch schon machen können.» – «Ja, ich weiß! Aber wie? Du glaubst ja gar nicht, was wir schon alles versucht haben. Der Bub lässt ja überhaupt nicht vernünftig mit sich reden.»

Kindern ihre Kindheit gönnen

Vernünftig reden mit dem Kind? Erklärungen abgeben, womöglich auch noch diskutieren, das ist niemals ein Erfolgsrezept für die ersten sieben Lebensjahre, denn die Bedürfnisse des Kindes werden dabei völlig missachtet. Ein Kind will ein Kind sein. Es ist weder Kumpel noch Chef. Es ist schutzbedürftig und braucht Orientierung. Kinder werden nervös, wenn sich Erwachsene ständig nach ihnen und ihren augenblicklichen Launen richten. Anforderungen an die Kinder, selbst zu entscheiden, appellieren an Fähigkeiten, die ihnen in dieser Entwicklungsphase noch nicht verfügbar sind: das Nachdenken und das Urteilen. «Höhere intellektuelle Funktionen», so sagt unter anderem A. Jean Ayres, «entwickeln sich erst nach dem Alter von sieben Jahren.»[36] Wären sie vorher schon vorhanden, so könnten die Kinder den Erwachsenen zurufen:

Fragt uns nicht, was wir wollen,
Wir sind doch noch klein.
Lasst uns einfach noch Kinder sein.

Die Vorbild-Rolle annehmen

Wo die Mutter, der Vater sich selbst als Vorbild verstehen, ist allen geholfen, denn dann ist niemand in der Familie genötigt, Macht auszuüben. Der Erwachsene weiß, dass er es ist, der Halt geben muss – ebenso, wie er seinem Kind völlig selbstverständlich Orientierung gibt, wenn er mit ihm an der Ampel steht und darauf Acht gibt, dass es nicht bei Rot über die Straße läuft. Ein Erwachsener kann sich kundig machen, was sinnvoll und nützlich ist. Er braucht nicht ängstlich auf jede Reaktion des Kindes zu lauern, ob es das, was angebracht ist, auch toleriert. Kinder brauchen Vorbilder, die nicht erwarten, sondern die geben können. Das Wesentliche, was sie geben können, ist

Liebe, Halt und Geborgenheit.

Das vermeintliche Entgegenkommen, Kindern Entscheidungen zu überlassen, nimmt ihnen ihre Unbeschwertheit. Sie sind dann nie richtig zufrieden. Es fehlt ihnen die Gelassenheit, die sie brauchen, um sich wirklich kindgemäßen Tätigkeiten zu widmen: zu spielen, zu fragen, zu erproben, zu entdecken und eigene Fähigkeiten freizulegen.

Jedes Kind hat individuelle Begabungen

In jedem Kind schlummern ganz individuelle Fähigkeiten. Doch welche sind das? – Auch wenn wir Erwachsene dem Kind in Bezug auf unsere Lebenserfahrungen um vieles voraus sind, so können wir uns beim besten Willen keine Vorstellung machen, was in diesem kleinen Erdenbürger veranlagt ist und welche Talente er einmal entfalten wird. Der berühmte Cellist Pablo Casals sagte beim Blick auf ein kleines Kind: «Weißt du auch, was du bist? Du bist ein Wunder! Du bist einmalig. Auf der ganzen Welt gibt es kein zweites Kind, das genauso ist wie du ... Aus dir kann ein Shakespeare werden, ein Michelangelo, ein Beethoven. Es gibt nichts, was du nicht werden könntest. Jawohl, du bist ein Wunder. Und wenn du erwachsen bist, kannst du dann einem anderen wehe tun, der, wie du selbst, auch ein Wunder ist? Nein, ihr müsst euch lieben. Ihr müsst arbeiten – alle müssen arbeiten –, damit diese Welt ihrer Kinder würdig ist.»[37]

Die kindliche Persönlichkeit achten

Welche Weisheit liegt in dieser Erkenntnis! Sie bedeutet selbstverständlich nicht, dass wir unsere Kinder zu Wunderkindern trimmen sollen – vielmehr misst sie unserer Rolle als Vorbild eine ganz besondere Bedeutung bei. Es liegt darin ein Aufruf an uns Erwachsene, das Kind als eine vollwertige menschliche Persönlichkeit zu achten. – Das klingt so selbstverständlich. Doch was ist dafür eigentlich nötig?

Wir brauchen dafür nicht viel mehr zu tun, als den Kindern die Gelegenheit zu geben, die wirkliche Welt um sie herum kennen zu lernen und in ihr tätig zu sein. Wir tun also gut daran, möglichst alles von den Kindern fern zu halten, was ihren natürlichen Forschungsdrang bremsen

Vorbild

könnte. Unterhaltungsangebote sind in diesem Sinne schädlich. Ein Kind kann seine Persönlichkeit am besten dann entfalten, wenn es nach seinen eigenen Ideen tätig sein darf.

Bei genauem Hinsehen können wir bemerken, dass es nichts lieber tut als das. Es hat von sich aus den Drang zu experimentieren, zu entdecken, zu spielen und zu fragen. – Wo wir den kleinen Kindern die Möglichkeit geben, ihre eigenen Schöpferkräfte zu erproben, bereiten wir ihnen eine Welt, die ihrer würdig ist. Wer als kleines Kind Gelegenheit hat, Fantasie zu entwickeln und Initiative zu ergreifen, übt sich damit in Fähigkeiten, die er auch in Zukunft gut brauchen kann.

Kinder wollen nachahmen

Diese Freude, selbst etwas zu schaffen, zeigt sich auch darin, dass die Kinder während der ersten Lebensjahre ein durchaus positives Verhältnis zu dem haben, was wir Arbeit nennen. So empfinden sie zum Beispiel die alltäglich notwendigen Haushaltsarbeiten nicht als etwas, was man möglichst schnell und freudlos hinter sich bringen muss. Im Gegenteil, für sie ist alles spannend, was so in Haus und Küche geschieht. Die Kleinsten wollen einfach nur dabei sein, wenn der Erwachsene bügelt, kocht, repariert etc. Sie beschäftigen sich dann auf ihre Weise mit Eimern, Töpfen, Kochlöffeln und anderen Dingen des Alltags und freuen sich an den lustigen Geräuschen, die sich damit her-

Erwachsene sind Vorbilder

vorbringen lassen, oder daran, etwas einzufüllen und wieder auszuräumen.

Ein Zweijähriges interessiert sich allmählich schon mehr für Handlungsabläufe. Es kann bereits bei einfachen Tätigkeiten mitmachen. Es freut sich, zusammen mit der Mutter das Bettzeug aufzuschütteln oder vorbereitete Wäsche in die Waschmaschine zu stecken. Es kann auch schon ganz vorsichtig eine Tasse oder einen Teller zum Esstisch tragen. Dreijährige machen gerne «in echt» das Gleiche wie wir: Obst oder Gemüse waschen, den Einkaufskorb auspacken, Teig kneten und anderes mehr.

Natürlich ist dieses Mittun keine Hilfe im ökonomischen Sinn. Es ist vielmehr ein Spiel. Es macht Vergnügen, zusammen mit und neben den Großen zu schaffen. Wo diese es jedoch nicht zulassen wollen, dass die Kinder mit ihnen tätig sind, geht die natürliche Schaffensfreude bald verloren. Erwachsene, die alles selbst erledigen wollen, erweisen ihren Kindern nichts Gutes. Sie enthalten ihnen die Erfahrung vor, sich an dem, was sie schon selbst können, zu freuen. Kinder haben es gerne, wenn sie mithelfen dürfen.

Dürfen – das Zauberwort

Dürfen – das ist es! Für ein kleines Kind klingt es wie ein Zauberwort, wenn es hört: «Du darfst!» Die Botschaft, die da mitschwingt, hat eine ganz andere Qualität als etwa die Ankündigung: «Du musst!» Haben wir nicht alle schon die Erfahrung gemacht, dass wir nur das gerne tun, was wir selbst wollen? Auch Kinder sind nicht zu begeistern, wenn wir ihnen sagen, dass sie etwas tun müssen. «Du darfst», das klingt verheißungsvoll und es kommt ganz genau der Entwicklungsstufe entgegen, auf der sich ein Kind im Vorschulalter befindet: Es will so gerne dort tätig sein, wo der Erwachsene sich aufhält!

Ab dem Alter von vier Jahren können Kinder bei kleinen Aufgaben schon richtig gute Mithelfer sein: «Du darfst die Briefe aus dem Postkasten holen.» – «Du darfst einen Stoff heraussuchen, der für das neue Puppenkleid passt.» – «Heute darfst du den Tee eingießen.» – Schauen wir doch nur einmal, wie ein Kind ein solches Angebot annimmt: Es strahlt und ist für Augenblicke mit größter Aufmerksamkeit bei der Sache.

Natürlich macht das Mittun besondere Freude, wenn die kleinen Handreichungen auch gelobt werden: «Schön hast du das gemacht!» – «Wie gut du das kannst!» – «Du bist schon ein richtiger Helfer!» Es macht die Kinder zufrieden, wenn sie spüren, dass ihre Rolle in der Familie wichtig ist. Ihr Selbstwertgefühl kann daran wachsen.

Es ist leider viel zu wenig bekannt, dass Kinder besonders dann wollen, wenn sie dürfen. Sie wollen dann auch das, was sie sollen. Wo Kinder etwas machen dürfen, anstatt es zu müssen, lassen sich im Familienalltag viele unnötige Auseinandersetzungen vermeiden.

Belohnungen trüben die kindliche Willensfreude

Mütter und Väter, denen daran gelegen ist, dass ihre Kinder auch später einmal eine positive Einstellung zu ihren Aufgaben und Pflichten haben, tun gut daran, die kindliche Freude, sich an täglichen Arbeiten zu beteiligen, nicht einfach abzutun. Auch wenn es noch so gut gemeint ist, einem Kind zu sagen: «Ach nein, lass nur. Ich mach das schnell allein», trübt dies seine Freude, selbst aktiv zu sein.

Wer schon von klein auf neben und mit dem Erwachsenen tätig sein durfte, für den ist es selbstverständlich, sich an alltäglichen Aufgaben zu beteiligen. Er braucht später nicht durch Belohnungen oder andere unerfreuliche Machenschaften zur Mithilfe bewegt zu werden, wie etwa: «Wenn du das Besteck abtrocknest, dann gibt es ein Eis.» Ein derartiger Kuhhandel ist entwürdigend für ein Kind.

Natürlich kann es sich daran gewöhnen, nach dem Prinzip «wenn – dann» zu funktionieren. Doch das ist nichts anderes als Dressur, ein Prinzip, das angewandt wird, um zum Beispiel Schimpansen bestimmte Fähigkeiten beizubringen. Sie bekommen nach jedem Lernschritt, den sie bewältigt haben, von ihrem Trainer eine Belohnung. Und sie sind erst dann bereit weiterzumachen, wenn sie diese auch erhalten haben. Menschen dagegen haben die Fähigkeit, aus freiem Willen zu handeln. Bereits ein kleines Kind kann das, sobald der Erwachsene selbst tut, was er von dem Kind erwartet. Es handelt dann aus Liebe zum Vorbild.

Gute Gewohnheiten

Das Zusammenleben in der Familie ist die erste und wichtigste Erfahrungsquelle, in der Kinder soziales Verhalten lernen. Doch wie soll man ihnen das beibringen – und ab wann? Oft versuchen Mütter und Väter von den Kindern alles fernzuhalten, was diesen irgendwie Mühe abverlangen könnte. Dazu gehört zum Beispiel das Aufräumen, das Tischdecken oder ein achtungsvolles Benehmen gegenüber anderen Menschen. «Das Kind ist ja noch so klein», heißt es dann. «Irgendwann wird es schon lernen, seine Sachen wegzuräumen, im Haushalt mitzuhelfen oder höflich zu sein.» – Nur, wann sollte das sein? Werden die Erwachsenen eines Tages bestimmen, wann das Kind groß genug ist, um zu lernen, wie man mit anderen Menschen umgeht? Und wie werden sie es ihm vermitteln? Wollen sie dann wie Aufpasser hinter dem Kind stehen und ihm anordnen, was zu tun ist? Geht es nicht anders, irgendwie freier, ohne Ermahnung?

Ja, es geht. – Und das Geheimnis dabei? Es ist nichts weiter als der Erwachsene selbst. In den ersten sieben Lebensjahren hat für die Kinder vor allem das Gewicht, was er als Vorbild vor den Augen der Kinder tut, nicht jedoch das, was er anordnet.

Froh gestimmt Alltägliches tun

Nachbarn sind zum Mittagessen eingeladen. Nach dem Essen ist es gar keine Frage, wer denn nun beim Aufräumen und Abtrocknen hilft. Marie-Luise, Florian und die Mutter tun es miteinander – wie gewohnt. Und sie haben beste Laune dabei. Die Nachbarin wundert sich, dass alle in so vergnügter Stimmung sind. «Deine Kinder leihst du mir mal», sagt sie zur Gastgeberin, «solche guten Helfer könnte ich auch brauchen.» – Warum ist hier scheinbar alles so einfach? Es liegt am Verhalten der Mutter. Sie erwartet von den Kindern nicht etwas, was sie nicht auch tun will. Nein, sie macht ganz selbstverständlich mit.

Das eigene Vorbild ist das zuverlässigste Rezept, wenn man Kinder im Vorschulalter für etwas motivieren möchte. Wo das Vorbild dann auch noch gute Laune hat und anfängt zu singen, da stimmen die Kinder von sich aus mit ein. Gut geeignet ist zum Beispiel die Melodie des Liedes «Wer will fleißige Handwerker sehen». Verschiedene Handreichungen in Haus und Küche lassen sich damit begleiten:

Wer will fleißige Aufräumer sehn,
Ja, der muss zu uns hergehn.
Räume fein, räume fein,
Bald wird alles fertig sein.

Wer will fleißige Abtrockner sehn,
Ja, der muss zu uns hergehn.
Trockne fein, trockne fein,
Bald wird alles trocken sein. ... etc.

Sinnvolles kann zur guten Gewohnheit werden

Kleine Kinder brauchen Vorbilder statt Worte. Aufräumen, Händewaschen und was es da sonst noch so gibt an alltäglich notwendigen Verrichtungen – all das lernen sie am besten, wenn sie sehen, dass Mutter, Vater und Erzieher das, was sie erwarten, auch selbst tun. Kinder in den ersten Lebensjahren machen nun einfach mal gerne nach. – «Zähneputzen zum Beispiel», sagt ein Vater, «das ist eigentlich bei uns nie ein Problem.» – «Warum?» – «Ganz einfach, weil ich auch meine Zähne putze, wenn ich will, dass die Kinder es tun. Sie machen ganz selbstverständlich mit. Und wir alle haben einen Riesenspaß dabei, die Zähne tüchtig zu schrubben, so dass richtig viel Schaum entsteht.»

Wichtig ist, dass Sinnvolles und Notwendiges zu bestimmten Zeiten und immer wieder in der gleichen Weise geschieht. So kann das, was getan werden soll, für die Kinder zur guten Gewohnheit werden. Sie brauchen dann keine Anordnungen oder Ermahnungen. Das Vorbild der Erwachsenen ist nicht nur die beste Erziehungshilfe, sondern es schont auch die Nerven.

Gute Gewohnheiten statt Ermahnungen

Wo Kinder von klein auf so lernen, können ihnen, etwa ab dem fünften Lebensjahr, die verschiedenen Handreichungen schon zur guten Gewohnheit werden. Es ist jetzt selbstverständlich, vor dem Essen die Hände zu waschen. Die Kinder schaffen das nun auch schon ganz gut allein, ohne dass der Erwachsene es genau zur selben Zeit neben ihnen tut. Nur muss man sie gelegentlich noch daran erinnern. Statt «Hast du schon ...?» oder «Wirst du wohl ...!» genügt ein simpler Spruch:

Vor dem Essen
Händewaschen nicht vergessen

«Ja, stimmt!», heißt es dann und selbstverständlich wird das nun nachgeholt. Ein kurzer Reim, der sich beliebig oft wiederholen lässt, öffnet Kinderherzen. Alle sind dafür empfänglich, auch die kleinen Persönlichkeiten, die nicht eben pflegeleicht sind.

Gut gelaunt ist halb gewonnen

Wo ein Erwachsener dagegen missmutig handelt, kann er lange warten, bis ein Kind Lust hat mitzutun. Nimmt er mit dem Gefühl «Immer muss ich alles machen» einen Besen in die Hand, um den Boden aufzukehren, so wird er damit niemanden hinter dem Ofen hervorlocken, geschweige denn ein Kind zum Nachahmen bewegen. Stimmt er dagegen ein Lied an, so hält es kein Kind aus, untätig herumzusitzen. Es kommt von sich aus in Bewegung, holt seinen Kinderbesen oder seine Kehrschaufel und Handfeger und will mittun.

Kehre, kehre die Küche rein,
bald schon wird alles sauber sein.

Jedes kleine Kind hat eine glückliche Veranlagung: Es ist am liebsten immer guter

Stimmung. Und die stellt sich sofort ein, wenn wir Erwachsenen fröhlich sind. Auch Haushaltsarbeiten können Anlass sein, gut gelaunt miteinander zu schaffen. Die verschiedensten Tätigkeiten, die daheim zu erledigen sind, gehen einfach leichter von der Hand, wenn ein Reim unser Tun beschwingt. Und vor allem hat das Kind dann von sich aus Lust, sich daran zu beteiligen. Ein Reim lässt sich – je nach Situation – selbst erfinden:

> Wisch, wisch, wisch,
> Sauber wird der Tisch, Tisch, Tisch.

> Jetzt ziehn wir uns die Schürze an,
> Dann fangen wir zu kochen an.

Auch wenn die eigene Dichtkunst nicht gerade hitverdächtig ist, die Kinder werden begeistert sein.

Grüßen – bitten – danken

Jemanden grüßen? Danke sagen? Einen anderen um etwas bitten? Viele kennen das noch aus der eigenen Kinderzeit, als Mutter oder Vater einen immer dann, wenn man etwas bekam, streng anblickte und verlangte: «Kannst du denn nicht grüßen?» – «Nun sag aber auch schön danke!» – Wir murmelten dann irgendetwas hin, ohne innere Anteilnahme. Wir brachten es sozusagen hinter uns, das Grüßen, Bitten und Danken. Wer diese Rituale der Höflichkeit in seinen Kindertagen als unangenehme Pflicht erlebt hat, der findet vielleicht nichts dabei, wenn die eigenen Kinder sich niemals für etwas bedanken. Denn da ist man sich ganz sicher: Man will seine Kinder nicht dressieren.

Es gab eine Zeit, da waren Höflichkeit und gutes Benehmen nicht besonders angesehen. Eltern, die ihren Kindern noch beigebracht hatten, anderen achtungsvoll zu begegnen, mussten sich sagen lassen: «Kinder brauchen sich doch nicht zu bedanken. – Es ist alles selbstverständlich.» Man war der Ansicht, Kinder sollten sich verwirklichen und nur das tun, was sie ihrer Natur nach selbst wollten. – Bald bemerkte man, dass die Kinder auf diese Weise vor allem lernten, selbstsüchtig auf ihre eigenen Bedürfnisse zu achten. Unsoziale Ich-Wesen wurden herangebildet, die sich nicht viel um andere kümmerten. Es zeigte sich, dass der Mensch, wenn er seiner Triebnatur überlassen bleibt, aus sich selbst heraus kein Bestreben hat, Fähigkeiten, die in seiner Persönlichkeit veranlagt sind, auszubilden.

Herzensbildung

Heute weiß man, dass es nicht nur nutzlose Floskeln sind, wenn ein Mensch grüßen, bitten und danken kann, sondern dass sich darin eine besondere Form der Bildung ausdrückt: Es ist die Herzensbildung. Wer Herzensbildung hat, ist fähig, sich über sein eigenes Ego zu erheben. Er hat gelernt, dass es nicht genügt, nur sich selbst zu achten, zu schützen und sorgsam zu behandeln, sondern ebenso die Menschen ringsum. Grüßen, Bitten, Danken und Denken gehören zusammen. Es drückt sich darin die Botschaft aus: Ich bin bereit, dich – den anderen – wahrzunehmen. Ein kurzer Blickkontakt: Ja, ich sehe dich. Du bist mir wichtig. Ich will dich und deine Persönlichkeit respektieren.

Von selbst werden die Kinder nicht lernen, höflich zu sein. Herzensbildung lässt sich auch nicht verordnen. Die beste Möglichkeit, dazu hinzuführen, ist das Vorbild. Kinder lernen es, wenn Mutter, Vater, Großeltern, Erzieher sich ihm und anderen gegenüber freundlich und achtungsvoll verhalten.

zum Beispiel am Abend, am Morgen oder am Sonntag – sprechen können:

Ich bin die Mutter Sonne
Und trage die Erde bei Nacht,
Die Erde bei Tage.
Ich halte sie fest und strahle sie an,
Dass alles auf ihr wachsen kann:
Stein und Blume, Mensch und Tier,
Alles empfängt sein Licht von mir.
Tu auf dein Herz wie ein Becherlein,
Denn ich will leuchten auch dort hinein.
Tu auf dein Herzlein, liebes Kind,
Dass wir ein Licht zusammen sind.

Christian Morgenstern

Gebärden der Dankbarkeit

Wer fähig ist, Dankbarkeit zu empfinden, kann seine Gedanken auf etwas anderes richten. Er ist achtsam gegenüber einem anderen, dem er etwas zu verdanken hat. Wer dankbar ist, kann abgeben. Er kann das Besondere schätzen. Mit Dankbarkeit verbindet sich auch eine Grundhaltung zum Leben. Gebärden der Dankbarkeit können schon die Kleinsten lustvoll erleben, wenn wir mit ihnen ein Bitte-Danke-Spiel spielen (s. Seite 27). Es hat etwas Ergreifendes, zu erleben, mit welcher Innigkeit Kinder Gebärden der Dankbarkeit aufnehmen und nachahmen, wenn sie ihnen vorgelebt werden.

Eine Stimmung der Dankbarkeit kann vor dem gemeinsamen Essen gepflegt werden (s. Seite 98). Sie ist auch in einem Kindergedicht enthalten, das wir mit den Kindern zu einer besonderen Stunde –

Auch bei den vielen kleinen Handreichungen, die kleine Kinder für uns erledigen, also wenn sie uns zum Beispiel die Wäscheklammern reichen oder mithelfen beim Tischdecken, ist es wichtig, dass wir selbst auch danke sagen. Kleine Kinder können sich noch nicht selbst bedanken. Sie brauchen noch die Großen, die es mit ihnen zusammen tun:

An Davids drittem Geburtstag steht die Nachbarin vor der Tür. Sie hat eine ganze Tüte voller selbst gemachter Butterplätzchen in der Hand. «Das ist für dich!», sagt sie. Die Mutter beugt sich zu David herunter und sagt: «Da wollen wir uns aber ganz lieb bedanken.» David nickt fast unmerklich. Er erlebt, dass es der Mutter, seinem Vorbild, wichtig ist, danke zu sagen. Er wird dieses vorbildliche Verhalten noch oft wahrnehmen. Die Eltern werden es immer dann neben ihm sagen, wenn es angebracht ist.

Wo Kinder Gesten der Dankbarkeit ganz selbstverständlich im Alltag erleben, übernehmen sie diese eines Tages von selbst. «Sieht das Kind solche Gebärden, die in Richtung der Dankbarkeit gehen», sagt Rudolf Steiner, «dann tut man sehr viel zum richtigen moralischen Halt des Menschen.»[38] – Manchmal kann es dauern, bis das Danken-Können zu einer guten Gewohnheit geworden ist. So ist es für Fünf- und Sechsjährige immer noch nicht selbstverständlich, dies ganz von sich aus zu tun. Aber vielleicht haben sie ja dann schon die Geschichte vom Zauberwörtchen gehört? – «Kennst du das Zauberwörtchen?» So kann man sie dann fragen, wenn sie gerade nicht daran denken, sich für ein Geschenk oder etwas anderes zu bedanken.

Das Zauberwörtchen

Es war einmal vor langer Zeit, da gab es zwei Geschwisterkinder, die hatten alles, was man sich nur denken kann: Sie wohnten in einem schönen Haus. Sie hatten genug zum Essen, zum Anziehen und zum Spielen. Und immer, wenn sie etwas Neues verlangten, bekamen sie es sogleich.

Nicht weit von ihrem Elternhause gab es den Zaubergarten. Der war umsäumt von einer hohen, dichten Hecke. Die Kinder liefen oft dorthin und versuchten, einen Blick nach innen zu erhaschen, doch es gelang ihnen nicht.

Eines Tages entdeckten sie das Eingangstor. Es war geschlossen. Wächter standen davor. «Wir wollen da hinein!», sagte der Bub. – Nichts rührte sich. – «Nun macht doch auf! Hört ihr nicht? Wir wollen in den Garten!», rief das Mädchen. Es war sehr ungeduldig. Die Wächter aber regten sich nicht. – Da wurde der Bub ganz blau vor Zorn. Er stampfte mit den Füßen. Doch das half auch nichts. – Schließlich fragte das Mädchen: «Warum lasst ihr uns denn nicht hinein?» – Es war, als hätten die Wächter nur auf diese Frage gewartet. Sie sahen nun ganz freundlich zu den Kindern herüber. Einer fragte: «Kennt ihr nicht das Zauberwörtchen?» – Die beiden schauten sich an: Zauberwörtchen? Nein! Davon hatten sie nie gehört. – «In diesen Garten darf nur hinein, wer das Zauberwörtchen kennt», versicherte der Wächter. – «Wenn wir doch nur das Zauberwörtchen wüssten», dachten die Kinder. Eine Weile standen sie noch unschlüssig vor dem Tor. Aber weil es ihnen einfach nicht einfallen wollte, liefen sie nach Hause.

Das Zauberwörtchen – wie mag es wohl heißen? – Wer kennt es? Wisst ihr das Zauberwörtchen? – Die beiden Kinder haben es eines Tages gefunden. Als sie es dem Wächter sagten, da freute er sich und die Kinder durften den Zaubergarten betreten.

Essen und Lebenskultur

Nie haben so viele Menschen allein vor sich hin gegessen wie in unserer modernen Zivilisation. Nicht nur die Alleinstehenden tun es, sondern auch die, die es überhaupt nicht nötig hätten, ihre Mahlzeiten einsam zu sich zu nehmen. Auch in den Familien wird häufig so gegessen, wie es gerade passt: nebenher, im Stehen oder beim Fernsehen. Auf diese Weise lässt sich das Essen ohne viel Aufwand hinter sich bringen. Doch mit solcher Art der Nahrungsaufnahme wird freiwillig auf etwas verzichtet, was das Essen erst mit Lebenskultur und Genuss verbindet: das Zusammensitzen um einen schön gedeckten Tisch, das Schmecken und das gemeinsame Gespräch.

«Das sollten Sie einmal sehen, was das gemeinsame Essen bei uns für eine Freude ist», sagt eine Mutter. «Mir graust es schon jedes Mal davor, wenn ich sehe, wie die Kinder sich da aufführen. Unsere jedenfalls können kaum stillsitzen. Manchmal stochern sie nur auf dem Teller herum und nörgeln, weil sie etwas nicht mögen. Oft gibt es Streit, weil jeder zur gleichen Zeit reden will oder weil einer vielleicht ein paar Gramm mehr von einer Nachspeise bekommen hat. Ich finde das Ganze ziemlich unerfreulich.»

Gemeinsames Essen am schön gedeckten Tisch

Unerfreuliches spielt sich auf die gleiche Weise ein wie Sinnvolles. Beides kann sich als Gewohnheit einbürgern. Erwachsene, die das Anliegen haben, den Kindern ein zivilisiertes Verhalten bei Tisch beizubringen, können einiges verändern, wenn sie durch ihr Vorbild Sinnvolles einführen, das dann auch wiederholt wird. Es ist auch dort möglich, wo der Pflege einer Tischkultur bislang wenig Aufmerksamkeit gewidmet wurde:

Eine berufstätige, allein erziehende Mutter war nicht mehr bereit, die schlechten Tischmanieren ihrer Kinder weiter hinzunehmen. Alle Ermahnungen hatten bis jetzt nichts geholfen. Also ließ sie sich etwas anderes einfallen: Eines Tages begann sie damit, den Tisch für das Abendessen besonders schön zu decken. Ihre Buben wunderten sich: «Was machst du da?» – «Warum gibt's heute eine Tischdecke, es ist doch nicht Sonntag?» – Die Mutter antwortete: «Ich möchte heute mal ganz gepflegt mit euch essen.» Das gelang auch tatsächlich. Die Kinder hatten ganz von selbst völlig andere Tischmanieren. «Und außerdem haben wir uns nach langer Zeit richtig gut unterhalten», sagte die Mutter. Sie hielt es auch in der folgenden Zeit so, und das wenige an Mehraufwand, das erforderlich war, den Tisch schön zu decken, nahm sie gerne in Kauf. Es wurde den Kindern zur guten Gewohnheit, sich bei Tisch zivilisiert zu benehmen.

Ein schön gedeckter Tisch entfaltet ganz von sich aus eine Wirkung, der sich niemand entziehen kann. Er regt an, aufmerksamer und umsichtiger zu essen. Wo man sich ein wenig Mühe macht, die Speisen liebevoll zu servieren, fällt es leichter, pfleglich mit ihnen umzugehen. Im Selbstversuch lässt sich das ohne weiteres ausprobieren, dass dort, wo gleich aus dem Topf serviert wird, wo die Milchtüte auf dem Tisch steht, Butter, Käse und Wurst aus dem Papier aufgetischt werden, der äußerliche Rahmen fehlt, den man braucht, um manierlich zu essen, denn auch das Auge «isst» mit. Wo das Essen nicht nur die Sorge um das alltägliche Überleben sein muss, kann sich mit der Art, wie gegessen wird, ein wesentliches Stück Lebenskultur verbinden.

Es ist natürlich für die Kinder auch aus gesundheitlichen Gründen geboten, dass sie nicht nur «schnell, schnell» abgespeist werden. Gerade in der Aufbau- und Wachstumsphase des Körpers ist es für sie wichtig, regelmäßig und auch vollwertig zu essen und zu trinken. Gemeinsames Essen in einer liebevollen Atmosphäre ist außerdem die beste Vorbeugung gegen Essstörungen, von denen heute ein Großteil der Kinder betroffen ist.

Der Esstisch als soziale Begegnungsstätte

Das gemeinsame Essen ist eine der wenigen Möglichkeiten für Familien, beieinander zu sitzen und kleine Zeremonien der Geborgenheit zu pflegen. Tischmanieren sind eine Visitenkarte, die sich jeder Mensch in der Kinderstube erwirbt, die er dann mit sich führt und in die andere schonungslos hineinschauen können, sobald sie mit ihm gemeinsam zu Tisch sit-

zen. Das zeigt sich später in verschiedenen Situationen, wenn die Kinder groß sind und andere mit ihnen essen. So ist es seit vielen Jahren üblich, bei Bewerbern, die sich um eine besondere Anstellung in einem Unternehmen bemühen, nicht nur deren Fachkompetenz auszuloten, sondern sie auch zu einem gemeinsamen Essen einzuladen. Denn am eigenen Essverhalten offenbart jeder unbewusst, aber deutlich, ob er die vielen kleinen Lernschritte des sozialen Miteinanders eingeübt hat oder nicht. «Der Mensch ist, wie er isst», so sagt ein Sprichwort.

Kleine Handreichungen der Tischkultur

An der Art und Weise, wie wir essen, zeigt sich, was uns wichtig ist. Kinder sind auch hier völlig abhängig von dem Stil, den die Eltern vorgeben. «Als ich klein war», erzählt eine Mutter, «habe ich in der Familie meines Spielkameraden zum ersten Mal erlebt, wie schön so eine richtige Esszeremonie sein kann.» Sie erzählt, wie die ganze Familie und auch die geladenen Freunde gleichzeitig am Tisch zusammenkamen. «Als alle sich niedergelassen hatten, reichten wir einander die Hände und wünschten uns ‹Guten Appetit!› – Da war gleich von Anfang an so eine angenehme Stimmung bei Tisch, wie ich sie von uns zu Hause gar nicht kannte. Dann nahm man sich die Speisen. Und erst als jeder schon von allem auf dem Teller hatte, wurde mit dem Essen begonnen. Und zum Schluss, bevor man aufstand, bedankte sich jeder von der Familie für das Essen. – Aber es war völlig selbstverständlich. Gar nicht irgendwie gewollt oder aufdringlich. Gesten, die mir sehr gefielen. Denn von mir zu Hause kannte ich es nur so, dass jeder zu essen anfing, sobald er sich den Teller angehäuft hatte. Man brachte das Essen irgendwie hinter sich. Das, was mich damals so beeindruckte, habe ich jetzt auch für meine Familie übernommen und ich bin froh darum. Bei uns sind die Mahlzeiten, zu denen wir zusammenkommen, immer etwas, worauf sich alle freuen.»

Ehrfurcht vor dem Essen

Auch beim gemeinsamen Essen können wir den Kindern Gebärden der Dankbarkeit vermitteln. Diese können ganz schlicht darin bestehen, dass alle, die am Tisch sitzen, einander die Hände reichen und sich einen guten Appetit wünschen. Auch ein Tischspruch, den die Mutter oder der Vater spricht, kann dem Essen einen würdigen Anfang geben:

Erde, die uns dies gebracht,
Sonne, die es reif gemacht,
Liebe Sonne, liebe Erde,
Euer nie vergessen werde.
Christian Morgenstern

Jedes Tierlein hat sein Essen,
Jedes Blümlein trinkt von dir.
Hast auch unsrer nicht vergessen,
Lieber Gott, wir danken dir.
Christian Morgenstern

Soziales Lernen

Die eigene Persönlichkeit in ein menschenwürdiges Verhältnis zu anderen zu bringen, das ist niemandem in die Wiege gelegt. Ein kleines Kind will, was ihm gerade einfällt. Es will alles. Es will immer. Und gleich! Es kümmert sich nicht darum, ob das, was es gerade möchte, sinnvoll oder angebracht ist. Es muss erst lernen, dass auch andere Menschen ihre Wünsche und Bedürfnisse haben. Und wenn wir nur ein wenig aufmerksam dafür sind, dann können wir bemerken, dass die Kinder bei allem, was sie tun, wissen wollen, wie der Erwachsene reagiert. Sie suchen Blickkontakt.

Ein Moment nur, das genügt, um zu erfahren, ob das Vorbild ihre Handlung billigt oder nicht. Bereits ein Einjähriges sucht den Blick des Erwachsenen, wenn es ihn ganz arglos an den Haaren oder an den Ohrringen zieht oder wenn es ihm mit der kleinen Hand ins Gesicht patscht. Ein kleiner Austausch in Sekundenschnelle: Was macht er? – Ist es recht? – Ja? – Nein? – Wo ist eine Grenze?

Drei goldene Regeln – und Kinder verstehen, was gemeint ist

Grenzen setzen – das halten viele Erwachsene für wichtig. Aber in manchen Situationen ist das gar nicht so leicht.

Was also soll sie tun, die Mutter, die mit Johannes, ihrem Sohn (eineinhalb Jahre) unterwegs ist? Sie hat mit ihm eine Freundin besucht. Nun, als sie wieder nach Hause gehen will, ist sie völlig verzweifelt, weil der Kleine sich seinen Anorak nicht anziehen lassen will. Er läuft in der fremden Wohnung den langen Flur auf und ab. Die Mutter hinter ihm her. Sie versucht, Johannes zu fangen, doch er ist flinker. Und er hat offensichtlich einen Riesenspaß dabei. – «Siehst du», sagt die Mutter, «so macht er das immer. Immer tut er mich ärgern.» Gerade hüpft der Bub an der Freundin vorbei: «Nanu», fragt sie, «was ist denn mit dir?» Sie nimmt das Kind bei den Schultern und beugt sich zu ihm herunter. Johannes will sein Spiel fortsetzen. Doch die Freundin hält ihn noch ein Weilchen und blickt ihn an. Nun müssen beide lachen. Jetzt nimmt sie ihn bei der Hand und sagt nur: «So, und jetzt gehen wir und ziehen den Anorak an! – Ja?!» – Und Johannes? Er geht ohne Widerstand mit und lässt sich in seine Jacke helfen.

Warum schafft die Freundin scheinbar spielend, was der Mutter so viel Mühe und Aufregung verursacht hat? Sie kennt – woher auch immer – die drei goldenen Regeln, die zuverlässig immer funktionieren, wenn ein Erwachsener sich einem Kind verständlich machen will:

- Blickkontakt
- Wort und Bild
- Stimmlage

Die Freundin hat also nicht von oben herab zu dem Kind gesprochen: Nein, sie hat sich zu ihm heruntergebeugt, so dass sie ihm in die Augen schauen konnte. Sie hat also Blickkontakt aufgenommen und diesen – vielleicht einige Sekunden lang – aufrechterhalten. So lange, bis sie am Blick des Kindes gemerkt hat: Ja, jetzt weiß es, woran es ist. Sie hat es an der Hand genommen und liebevoll zu dem geführt, was es jetzt zu tun galt: Wort und Bild konnte der Bub verstehen. Sie brauchte ihre Stimme nicht zu strapazieren und konnte ihm ohne weiteres in den Anorak helfen.

Gebärden sind wichtiger als Worte

Blickkontakt, Wort und Bild und eine freundliche Stimme. So einfach kann es sein. Das Zusammenspiel dieser drei goldenen Regeln ist natürlich wichtig. Gemeinsam wirken sie immer. Sie ermöglichen es dem Kind zu verstehen, was zu ihm gesagt wird. Wo wir nur Worte machen, kann es dagegen nicht erleben, was der Erwachsene eigentlich will.

In den ersten sieben Lebensjahren ist das, was der Erwachsene tut, viel wichtiger als das, was er sagt. An seinen Gebärden kann das Kind verstehen, was gemeint ist.

Vorbild

Grenzen –
damit das Kind weiß,
woran es ist

Es liegt in der Natur jedes Kindes, seine Grenzen auszuloten. Es will doch wissen, wie es so zugeht auf der großen und noch weithin unbekannten Welt. Natürlich unternimmt es da auch Dinge, die wir nicht tolerieren wollen. Sollen wir also reagieren oder ist es besser wegzuschauen? Manchmal haben Mütter oder Väter keine Lust, etwas zu sagen, nach dem Motto: «Manchmal tue ich absichtlich so, als würde ich nichts sehen.»

Also lieber so tun, als hätte man nichts bemerkt? Sich dem Blick des Kindes entziehen? Wir dürfen unsere Kinder da nicht unterschätzen. Wenn der Erwachsene in der Nähe ist, sehen sie sich tatsächlich immer kurz um, sobald sie etwas tun, was ihnen nicht ganz geheuer ist. Ob sie nun beim Spaziergang die Enten, die friedlich im Wasser schwimmen, mit Steinchen bewerfen, ob sie einem Spielkameraden mit der Sandschaufel eins überziehen oder ob sie auf die Kommode klettern, um zur Keksdose zu gelangen – es gibt vieles, was zum Ausprobieren reizt. Und immer dieser kurze Blick zum Erwachsenen – kaum merklich, aber zuverlässig. Also, was meint er denn dazu?

Reagieren oder wegschauen?

Zeigt das Vorbild keine Reaktion, fehlt dem Kind die Antwort und also auch die Orientierung. Dem Blick des Kindes ausweichen, das ist etwa so, als wenn wir eine Frage, die an uns gestellt wurde, einfach überhören. – Viele Erwachsene haben selbst erlebt, wie frustrierend es sein kann, wenn ein anderer auf eine Frage nicht antwortet. Es wird als Affront empfunden. Unwillkürlich steigt da Unmut hoch, wie: «Der kann mich gerne haben.» – Auch Kinder resignieren irgendwann, wenn Erwachsene so tun, als hätten sie nicht bemerkt, was sie gerade getan oder gesagt haben.

Es wächst sich eben nichts von selbst aus. Kein Kind wird allein seine Grenzen finden. Jeder Erziehende kann die Erfahrung machen: Sobald er über eine Sache hinwegsehen will, wird sich das Kind etwas Neues einfallen lassen, um doch endlich auf sich aufmerksam zu machen. Es versucht nun erst recht, mit allen möglichen Taten und auch mit Worten zu provozieren. Das kann so weit fortschreiten, dass im Laufe der Zeit auch Mutter oder Vater respektlos behandelt werden.

Kinder suchen Antworten

Reagieren und Antwort geben – das sind wir der Würde unseres Kindes schuldig. Nur dann, wenn wir dem, was es tut, auch Beachtung schenken, bringen wir ihm wirklich die Achtung entgegen, die es braucht, um zu lernen, als Mensch unter Menschen zu leben. Der klare Blick, mit dem die Kinder in die Welt treten, sucht das Echo und auch die Grenze bei seinen Vorbildern.

Grenzen mit liebevoller Konsequenz

Auch Thomas will ausprobieren, was möglich ist und was nicht. Er ist mit seinem Vater unterwegs. Die beiden kommen an einem Kiosk vorbei. Thomas will ein Eis. Er will es jetzt. Gleich! Er schreit vorsichtshalber, damit der Vater auch versteht, was er will. Also, was ist nun? Er kann auch noch lauter schreien. Sein Kopf ist schon ganz rot vor Aufregung. Der Vater überlegt kurz. Darf er denn, da das Kind offensichtlich so leidet, ihm seinen Wunsch verwehren? Er will doch ein guter Vater sein. Aber andererseits – unter Druck setzen lassen möchte er sich auch nicht. Er beschließt also, kein Eis zu kaufen. «Du möchtest ein Eis», sagt der Vater, «und ich möchte dir kein Eis kaufen, weil ...»

Es kann hundert verschiedene Gründe geben, warum er dieses Eis nicht kaufen möchte: weil er dafür kein Geld ausgeben möchte, weil es gleich Mittagessen gibt, weil Winter ist, weil ... Auf jeden Fall hat der Vater einen guten Grund und für das Kind ist es wichtig, diesen auch zu erfahren. Nur «Nein!» sagen, das wäre zu einfach. – Begründung hin oder her, Thomas will doch mal sehen, ob sie auch ernst gemeint ist. «Ich will aber!», beharrt er. – Wie war das doch mit den drei goldenen Regeln? – Der Vater beugt sich also zu seinem Sohn herunter. Er nimmt ihn bei den Händen und guckt ihm in die Augen. Dann sagt er. «Ich möchte dir jetzt wirklich kein Eis kaufen.» Er hält Thomas noch eine Weile, bis dieses unruhige Flackern aus seinen Augen verschwunden ist, dann patscht er ihm freundschaftlich auf die Schultern: «Okay?», fragt der Vater. Der Bub nickt: «Okay!»

«Ich will aber!»

Supermärkte sind häufig Austragungsorte für Auseinandersetzungen zwischen Eltern und Kindern.

Gerade gibt es Zwist zwischen Marion und ihrer Mutter. Marion hat eine bunte Packung mit «Kinderjogurt» in den Einkaufswagen gelegt. Die Mutter möchte das nicht. Worte gehen hin und her: Marion will das, was sie ausgesucht hat, auch durchsetzen: «Wenn ich bei der Oma bin, die kauft es mir auch immer!» – «Nein, das legen wir jetzt zurück!», sagt die Mutter und stellt das Jogurt ins Regal. – «Ich will aber!», sagt Marion. Sie beginnt nun, aus vollem Halse zu schreien. Und wie das so ist: Alle Leute drehen sich um. – Die Mutter: «Komm, wir gehen jetzt zur Kasse!» Marion jedoch bleibt, wo sie ist. Sie wirft sich auf den Boden und schreit noch lauter. Ein Spießrutenlaufen für die Mutter. Wahrscheinlich halten sie jetzt alle für eine schreckliche Rabenmutter.

Kinder brauchen Klarheit

«Der reinste Horror!», sagt die Mutter, als sie sich am Abend mit einer Freundin bespricht. Der Rat, den sie nun bekommt, gefällt ihr: Vor dem nächsten Einkauf holt sie Zettel und Stift und sagt zu ihrer Tochter: «Heute schreiben wir erst einmal alles auf, was wir brauchen. Dann müssen wir nicht wieder so ein Theater machen wie das letzte Mal, ja?» – Die Mutter notiert und liest dabei vor: «Mehl, Butter, Milch usw. Wir kaufen nur das, was aufgeschrieben ist, und nichts anderes», sagt sie schließlich. «Und du darfst alle Sachen dann in den Wagen tun.» Die Mutter sieht ihrer Tochter dabei in die Augen. – Nun, als die beiden wieder im Supermarkt sind, versucht es die Tochter noch einmal: Sie holt einen Schokoladenriegel und legt ihn in den Einkaufswagen. Die Mutter sagt: «Der steht aber nicht auf unserem Zettel, den kannst du wieder zurücktragen.» Und tatsächlich, solche Konsequenz hat Erfolg.

Immer gleich strafen?

Es gibt immer wieder Situationen, in denen es einfach unmöglich ist, das Verhalten eines Kindes zu tolerieren. Manchmal, wenn man hinterher eine chaotische Situation überdenkt oder sich mit einem vertrauten Menschen bespricht, kann sich eine Idee entwickeln, wie sich Ähnliches ein anderes Mal vermeiden lässt. Auf das nächste Einkaufen zum Beispiel kann man sich vorbereiten. Meistens aber treten mitten im Alltag unverhoffte Situationen ein, auf die man nicht vorbereitet ist und die zu einer Reaktion herausfordern. Am besten für alle Beteiligten ist es natürlich, wenn das ohne Strafe geht. Dann können die Kinder aus einer Untat auch etwas lernen:

Michael hat quer durchs Wohnzimmer eine Landschaft für seine Eisenbahn aufgebaut. Susa, die Schwester, die gerade laufen gelernt hat, kommt herbei. «Halt, nicht!», schreit Michael, aber schon ist es passiert. Die Kleine tapst einfach mitten hinein und die kunstvoll errichtete Brücke kracht zu Boden. «Hey, kannst du nicht aufpassen», schreit Michael und schlägt nach der Kleinen. Der Vater ist in der Nähe. Er hat mitbekommen, was geschehen ist, und ist empört. – Zum Glück hat er sich angewöhnt, erst mal tief durchzuatmen, wenn es Probleme mit den Kindern gibt. Seitdem straft er weniger. Und darüber ist er selber froh. Er geht nun zu seinem Sohn und sagt: «Michael, wir schlagen nicht!» Natürlich beschwert sich Michael erst mal über die Schwester. «Ich verstehe, dass du sauer bist, aber wir schlagen trotzdem nicht!» Susa steht daneben und schluchzt noch ein bisschen. «Tut's noch weh?», fragt der Vater. Susa nickt. – «Na gut, dann werden wir das Aua wegpusten.» Der Vater pustet und Michael und Susa pusten auch. Das ist lustig. Jetzt müssen alle lachen.

Die Liebe des Erwachsenen muss verlässlich sein

Was das Kind auch tut, nichts kann so schlimm sein, als dass dadurch die Zuneigung des Erwachsenen aufs Spiel gesetzt werden könnte. Wo Kinder das sichere Gefühl haben, dass das Wesentliche stimmt, haben sie keine Scheu davor, auch mal ein Missgeschick einzugestehen. Manchmal geht ja auch ganz ohne Absicht etwas daneben:

Die fünfjährige Lena will sich gerade ein paar Wohnzimmerpolster holen, um sich ein Häuschen zu bauen. Irgendwie stößt sie bei dieser Aktion so gegen die Blumenvase, dass sie zu Bruch geht. Was tun? Die Mutter ist in der Küche. Sie hat nichts bemerkt. – Doch Lena geht zu ihr und sagt: «Mama … die Vase … schau!» – Natürlich ist die Mutter nicht begeistert. «Oh, die schöne Vase!», ruft sie. «Da ist die Mama schon traurig, dass die jetzt kaputt ist.» – Die Vase ist zersprungen, daran lässt sich nichts mehr ändern. Das weiß auch die Mutter. «Trotzdem ist es gut, dass du es mir gleich gesagt hast», sagt sie, «das ist das Allerwichtigste, weißt du?» Lena ist sichtlich erleichtert. Die beiden räumen nun miteinander die Scherben weg. «Vielleicht kann man ja die Vase noch kleben?», meint Lena. Warum nicht? Die beiden wollen es zumindest versuchen.

Ohne Furcht etwas eingestehen

Wie anders wäre es gewesen, wenn die Mutter geschimpft oder gar gestraft hätte! Bei einem nächsten Missgeschick würde das Kind vielleicht gar nicht erst erzählen, was vorgefallen ist. Und wenn man es darauf ansprechen würde – möglicherweise würde es dann sagen: «Ich war's nicht!» Aber was, wenn es dann doch herauskommen würde?

Etwas zugeben können, das erfordert Mut. Und es ist wichtig, wenn man als kleines Kind bereits die Erfahrung macht, dass man keine Furcht davor zu haben braucht, etwas einzugestehen. Alles sagen

können, das ist eine der wichtigen Grundlagen für ein menschenwürdiges Zusammenleben. Zu Hause, in der Kinderstube, können die Grundlagen dafür gelegt werden. Wo Erwachsene sich nicht als strenge, unerbittliche Richter aufspielen, haben Kinder keine Scheu davor, zu ihren eigenen Handlungen zu stehen. Sie haben damit eine wichtige Grundvoraussetzung, um nicht als ein Duckmäuser ins Leben zu treten, der erst etwas zugibt, wenn er ertappt wurde.

Auch Kinder haben ihre Launen

Auch kleine Kinder sind mal schlecht aufgelegt. Wenn etwas zu viel wird oder wenn sie müde sind, können sie manchmal unleidlich sein. Wenn ein Kind «seine Laune» hat, hilft kein gutes Wort, kein liebevoller Blick. Die Unmutsgefühle wollen sich ihren Weg bahnen. Auch wenn ein solcher Zustand für niemanden angenehm ist: In jedem Wutausbruch zeigt das Kind, welche Energie in ihm lebt. Auch Erwachsene kennen das: Wer eine Wut im Bauch hat, der lässt sich im Augenblick des größten Zorns nicht durch andere davon abbringen. Irgendwie will er da selber wieder herausfinden. Und dies möglichst so, dass er sein Gesicht wahren kann. Auch kleinen Kindern geht das nicht anders.

Eine Missstimmung wird vor allem dann ausdauernd und nervenaufreibend, wenn wir Erwachsene versuchen, dem Kind seine Laune mit vernünftigen Worten auszutreiben. Und wenn es noch so wohlgemeint ist, dieses Nachfragen: «Ja, was ist denn?» – «Was hast du denn?» – «Sag doch, was ist los?», es verschlimmert nur den Zustand. Trotzdem müssen wir nicht warten, bis das Kind aus seinem Jammertal wieder herausfindet. Vor allem wenn das Kind Publikum hat, also wenn andere Menschen in der Nähe sind, kann sich die ganze Sache ewig in die Länge ziehen. Es kann nun eine überraschend wirksame Hilfe sein, wenn wir den Kindern erst mal Abstand vom Ort des Geschehens verschaffen.

Erst mal Abstand

Eine Mutter, deren Sohn häufig sehr intensiv aufbraust, hat beobachtet:

«Früher habe ich mich auch immer selbst aufgeregt und dann ging das Theater erst richtig los, inzwischen gelingt es mir meistens, gelassener zu bleiben. Wenn mein Sohn wegen irgendeiner Sache ganz außer sich ist, sage ich etwa: ‹Du kannst gerne schreien, aber nicht hier in der Küche.› Oder: ‹Ich verstehe, dass du sauer bist, aber es ist mir zu laut, wenn du hier herumbrüllst.› Dann begleite ich ihn in sein Zimmer und sage ihm, dass er da drinnen bleiben soll, bis er fertig gebrüllt hat. Anfangs hatte ich dabei ein ganz komisches Gefühl. Ich wollte ja auch nicht zu streng sein. Aber dann habe ich bemerkt: Sobald mein Sohn mit seiner Wut allein in seinem Zimmer ist, gelingt es ihm am besten, von selbst damit zurechtzukommen. Wenn ich nach einiger Zeit nach ihm sehe, weil es plötzlich so leise ist, spielt er meistens mit seiner Holzeisenbahn und sein Ärger ist längst verraucht.»

Sinnvolle Tätigkeit beruhigt

Eine andere Mutter berichtet: «Früher habe ich nie verstehen können, dass Eltern ihre Kinder zum Mond wünschen, aber manchmal, wenn unsere Andrea ihre Launen hat, geht es mir ebenso.» Die Mutter erzählt, dass sie schon alles probiert hat, um ihr Kind zu beruhigen, wenn es wieder mal außer sich ist, oder fast alles. «Eines Mittags, nach dem Kindergarten», sagt sie, «war Andrea, wie oft um diese Zeit, unausgeglichen und unleidlich. Da kam mir zufällig eine Idee: Ich nahm Andrea bei der Hand und führte sie zu ihrem Puppenwagen. ‹Schau›, sagte ich, ‹hier kannst du dich hinsetzen. Die Puppen sind heute den ganzen Vormittag allein gewesen. Ich glaube, die freuen sich, wenn du ihnen etwas vorsingst.› – Das war wohl genau das Richtige. Andrea war auf einmal wie ausgewechselt. Ich ging zurück an meine Arbeit. Die Tür zum Kinderzimmer stand offen. Ich hörte, wie Andrea tatsächlich zu singen begann. Sie stimmte mit ihrer hohen Kinderstimme ein selbst erfundenes Lied an: ‹Und die Zwerge in dem Wald – sie freuen sich so sehr. Sie tanzen und der Mond und auch die Sonne freuen sich. Und die Blumen freuen sich!›

Ist Andrea nun ein besonders altmodisches Kind? Wer ihre Mutter fragen würde, der bekäme ganz bestimmt ein entschiedenes «Nein!» zu hören.

Moral und Werte

Ein Blick auf das, was heute in der Öffentlichkeit geschieht, gibt genügend Anlass, darüber nachzudenken, ob moralisches Handeln in unserer Gesellschaft überhaupt noch gefragt ist. Wohin wir auch schauen, überall lässt sich Unmoralisches entdecken. Ließe man es bei diesem Blick auf die Dinge im Großen bewenden, so könnte man als Mutter, Vater oder Erzieher resignieren. – Doch warum in die Ferne schweifen, wenn das Gute so nah liegen kann – oder liegt es da vielleicht auch nicht unbedingt? Wie halten wir es denn selbst mit Ehrlichkeit, mit Wahrhaftigkeit oder mit Verlässlichkeit?

Moralisches im Alltag

Gibt es da nicht auch im eigenen Alltag immer wieder diese kleinen Versuchungen, es mit verschiedenen Tugenden nicht so ganz genau zu nehmen? Erwarten wir nicht manchmal sogar von unseren Kindern, die Unwahrheit zu sagen? Ein alltäglicher Fall: Das Telefon läutet. Der Erwachsene zum Kind: «Geh du hin! Sag, ich bin nicht da.» – Denken wir uns etwas dabei, wenn wir in Gegenwart unserer Kinder jemand anderen verspotten, weil er sich im Straßenverkehr oder in anderen Situationen nicht so verhält, wie es uns passt? – An kleinen, manchmal so nebensächlichen Handlungen erleben die Kinder, was für uns Wert hat. Manchmal geht das auch nach dem Motto:

«Mein Vorteil kann ruhig des anderen Nachteil sein.» Zwei Beispiele von vielen: Kurz vor der Kasse zum Tierpark beugt sich der Vater zu seinem Fünfjährigen herunter und raunt ihm zu: «Wir sagen einfach, du bist erst vier, dann kostest du nämlich noch nichts.» – Ein Kind besteigt mit seiner Mutter einen Bus. Es deutet auf den Entwertungsautomaten und sagt: «Noch zwicken!» Die Mutter aber flüstert: «Das lohnt sich nicht. Wir fahren ja nur eine Station.»

Du hast es aber versprochen

Und wie ist das, wenn wir einem Kind etwas versprechen? Halten wir das auch immer ein?

Der Vater sagt zu Florian: «Am Sonntag gehen wir ins Schwimmbad.» Florian freut sich. Er geht so gerne ins Schwimmbad. Und am Sonntag, zusammen mit dem Vater, ist das immer ein ganz besonderes Ereignis. – Der Sonntag kommt. Nach dem Frühstück fragt der Bub: «Gehen wir jetzt ins Schwimmbad?» Der Vater weicht aus: «Ach, weißt du, eigentlich bin ich heute ziemlich erschöpft.» Florian ist enttäuscht: «Du hast es aber versprochen!» Der Vater: «Gehen wir lieber ein anderes Mal!» Er will im Augenblick nicht das tun, was er versprochen hat.

Nicht einlösen, was man versprochen hat – von einer solchen Situation wird in dem

Märchen vom Froschkönig erzählt. Als der Frosch, wie verabredet, zur Prinzessin kommt und mit an ihrem Tisch sitzen will, wehrt sie ab. Sie möchte es nicht. Doch da ist ihr Vater, der König. Der weiß: «Was man verspricht, das muss man auch halten.» – Also besinnt sich die Königstochter. Sie löst ihr Versprechen ein.

Wir Erwachsene haben keinen König, der uns daran erinnert, das Rechte zu tun. Das hat den Vorteil, dass uns keiner etwas hineinredet. Es gibt nichts, wonach wir uns unbedingt richten müssen. Wir sind ganz frei. Auch in der Gestaltung der Erziehung. Doch damit verbindet sich auch die Verantwortung, dass wir nun selbst wissen müssen, was das Richtige ist.

Kinder empfinden alles mit

Natürlich kann man gegenüber kleinen Verfehlungen des Alltags auch die lässige Einstellung haben: «Das machen doch alle!» – «Was ist denn schon dabei?» Doch wer einen Menschen auf seinem Weg ins Leben begleitet, muss wissen, dass das, was er vor und neben diesem Menschen tut, seine Wirkung hat. Ein kleines Kind nimmt alles, was es erlebt, tief in sein Inneres hinein. Es erlebt sich noch nicht getrennt von Mutter, Vater oder Bezugsperson, sondern es fühlt ganz intensiv die Stimmung mit, aus der heraus diese Menschen handeln. Es ist bei kleinen Kindern praktisch der Normalfall, sagt der Babyforscher Daniel N. Stern, dass die Grenze zwischen innen und außen noch völlig verschwommen

ist.[39] Das kleine Kind empfindet alles mit, was die Erwachsenen in seiner Gegenwart tun. An den Handlungen seiner Vorbilder erlebt es, wie man sich zurechtzufinden hat in der Welt. Wir sollten uns nicht wundern, wenn es sich dann später einmal auch selbst danach richtet.

Kinder brauchen Inhalte

Vorbildliches Handeln kann immer nur ein Bemühen sein. Kein Erwachsener wird ständig alles richtig machen. Niemand ist perfekt. Der Wille, dem Kind ein Vorbild zu sein, ist der Weg – und auf den kommt es an. Viel ist schon geholfen, wenn wir versuchen, darauf zu achten, was wir neben den Kindern sprechen und was wir in ihrem Beisein vorleben. Wenn Mutter, Vater oder Bezugsperson sich bemühen, sich moralisch richtig zu verhalten, also wenn sie bezahlen, was sie in Anspruch nehmen, wenn sie verlässlich sind und ihre Versprechen einhalten, wenn sie darauf achten, andere Menschen nicht schlecht zu machen, so ist das nur eine Seite. Es ist gewissermaßen ein äußerer Rahmen. Doch der allein genügt nicht.

Kinder brauchen auch Inhalte, damit sie einen Sinn dafür bekommen können, was dem Menschenleben Wert verleiht. Moralisches Handeln ist das eine. Moralisches Fühlen ist das andere. Und beides gehört zusammen. Zum moralischen Fühlen gehört die Ehrfurcht. «Die Ehrfurcht», sagt Shakespeare, «ist der Angelpunkt der

Welt.» Doch so einfach ist sie nicht zu haben, denn niemand – so Goethe – bringt sie mit auf die Welt, «und doch ist sie das, worauf alles ankommt, damit der Mensch nach allen Seiten zu ein Mensch sei.»[40] Es bedarf der Erziehung, um sie zu erwerben.

Folgen wir den weiteren Ausführungen Goethes, dann fällt alles Abstrakte und Unnahbare weg, das sich oft einstellt, wenn man den Begriff «Ehrfurcht» nur hört. Der Dichter spricht von der dreifachen Ehrfurcht. Es ist:

die Ehrfurcht vor dem, was über uns ist;
die Ehrfurcht vor dem, was unter uns ist;
die Ehrfurcht vor dem, was um uns ist.

«Aus diesen drei Ehrfurchten zusammen entspringt die oberste Ehrfurcht, die Ehrfurcht vor sich selbst», sagt Goethe. Die Ehrfurcht vor sich selbst ist eine der wesentlichen Qualitäten, die Kinder in unserer Zeit wirklich nötig haben. Kinder und Jugendliche, die heute heranwachsen, haben oft kein Empfinden dafür. Ein Arzt, der häufig junge Menschen als Patienten hat, berichtet, wie erschüttert er oft ist, wenn er sieht wie diese mit ihrem Körper umgehen und ihm mutwillig oder weil sie es eben nicht anders wissen, Zerstörungen zufügen. Er bestätigt: «Viele haben einfach keine Ehrfurcht vor sich selbst.»

Ehrfurcht vor sich selbst ist nicht Selbstliebe. Es ist die Achtung vor dem Lebensimpuls, der jedem Menschen gegeben ist und der darauf wartet, individuell ausgebildet zu werden. In der dreifachen Ehrfurcht hat er seine Grundlage.

Werte über uns

Wie kann ich meinem Kind nun die Ehrfurcht zu dem, was über uns ist, vermitteln? – Wie ist das, wenn ich als Erwachsener keinen rechten Zugang zu etwas Höherem habe? Viele sagen: «Ich kann mich doch nicht verstellen!» – Es ist nur im Sinne der eigenen Wahrhaftigkeit, wenn ein Erwachsener in dieser Weise abwehrt. Es ist wichtig, dass wir uns gegenüber den Kindern nicht verstellen. Doch es ist ebenso wichtig, dass wir ihnen nicht einfach unser eigenes Weltbild aufsetzen, denn dies ist auf jeden Fall subjektiv. Es ist über Jahre herangereift. Wir haben es uns aufgrund eigener Erfahrungen und Erlebnisse erworben. Auch wir haben nicht einfach das übernommen, was andere gepredigt haben.

Es ist also sinnvoll, wenn auch wir nun selbst nicht anfangen, unseren Kindern etwas zu predigen. Sie werden im Laufe des Lebens ihre eigene Lebenseinstellung entwickeln. Dafür brauchen sie jedoch erst einmal die Möglichkeit, der Welt unbefangen gegenüberzustehen.

In jedem Kind lebt die Ahnung von etwas Höherem und es kann zunächst gar nicht verstehen, dass dies bei den Erwachsenen anders sein könnte. – Wie verunsichert sich ein Kind fühlen kann, wenn die Großen ihm ihr eigenes, materialistisches Weltbild überstülpen wollen, das beschreibt der Naturwissenschaftler Erwin Chargaff in seinen Kindheitserinnerungen: «Wenn ich als Kind in den Zoo genommen wurde … zeigte man mir natürlich meinen nächsten Verwandten, den Affen, aber ich schaute ihn bestürzt, ja geradezu entsetzt an.»[41] – Kinder brauchen nicht Herabwürdigendes, sondern Aufbauendes, damit sie ihr Innenleben stärken können.

Aufbauendes in kindgemäßen Bildern

Werte, die über uns sind, können wir den Kindern zum Beispiel durch Geschichten und Erzählungen aus dem eigenen Kulturkreis nahe bringen. Aufbauendes erleben sie auch, wenn wir mit ihnen die entsprechenden Feste und Feiertage feiern. Über das ganze Jahr verteilt gibt es immer wieder Bezugspunkte zu den großen Vorbildern der Menschlichkeit. Dazu gehören in besonderer Weise Sankt Michael, Sankt Martin und Sankt Nikolaus. Die Taten dieser drei Vorbildgestalten sind in Legenden und Geschichten überliefert. Kraftvolle Bilder, mit denen wir die Kinder durch die Herbstzeit bis Weihnachten begleiten können:

Sankt Michael, der ohne Furcht dem Drachen entgegentritt und der mutig das Böse bekämpft und besiegt. – Sankt Martin, der unterwegs, völlig unvermutet, einem Menschen begegnet, der bittere Not leidet, und der von diesem Leid, das er wahrnimmt, so ergriffen ist, dass er innehält und mit dem Schwert seinen Mantel teilt. Eine Hälfte gibt er dem Armen, die andere Hälfte behält er für sich – und wie es in dem bekannten Kinderlied heißt: «... ohne Dank er weitereilt.» Er gibt nicht, weil er hinterher gelobt werden will, sondern aus Nächsten-

liebe. – Sankt Nikolaus gibt, weil er hat. Er ist wohlhabend, aber er behält seine Güter nicht einfach für sich. Nein, sein größtes Anliegen ist es, auch andere daran teilhaben zu lassen.

Diese Festeszeiten können auch im kleinen Rahmen, nur in der Familie, gefeiert werden. Jedes Fest hat seine eigenen Lieder, die Erzählungen und Geschichten (s. auch «Das Jahreszeitenbuch»[57]). Wo sie immer wieder, jedes Jahr zur gleichen Zeit, erklingen, nehmen Kinder Bilder in sich auf, die ihnen Seelennahrung geben.

Zugang zu den Werten über uns können wir den Kindern auch eröffnen, wenn wir offen sind für ihre Fragen und versuchen, nicht abstrakt, sondern in Bildern zu ihnen zu sprechen (s. auch Seite 153 ff.).

Werte unter uns

Für kleine Kinder ist ja zunächst alles, was sie in ihrer überschaubaren Umgebung erleben, neu und auch wertvoll und erstaunlich. Sie haben ganz von sich aus einen Blick für die Werte, die unter uns liegen. Es ist geradezu faszinierend, mit welcher Freude sie auf Entdeckungsreise gehen. Kaum ist ein Kind in der Lage, sich so zu bewegen, dass es seine Hände frei hat, findet es überall Erstaunliches: ein Blatt, ein kleines Steinchen, einen Zapfen oder sonst etwas. Was sich nur greifen lässt, wird aufgehoben und dem Erwachsenen entgegengestreckt. Er soll es auch anschauen und etwas dazu sagen!

Das Echo des Erwachsenen

Und jetzt kommt es auf den Erwachsenen an. Wie verhält er sich nun, wenn das Kind ihm etwas reicht? Kann er sich mit ihm freuen, schauen, staunen, oder interessiert er sich zumindest für das, was es ihm zeigt? Das Echo, das er nun wiedergibt, seine Gesten, sein Blick vermitteln dem Kind, welchen Wert seine Entdeckung hat. Dadurch bekommt sie Wert – oder auch nicht.

Ist der Erwachsene abweisend, hält er das, was das Kind ihm zeigt, nicht für wichtig, so wird die natürliche kindliche Freude, sich mit der Welt zu verbinden, sehr bald gedämpft. Kinder im Kindergartenalter können schon richtig «abgebrüht» sein gegenüber den kleinen Wunderdingen des Alltags: Sie haben kein Auge für den Schmetterling, das Marienkäferchen, die kleinen Blumen und Sonstiges, was es zu entdecken gibt. Und macht man sie darauf aufmerksam, so heißt es: «Was?» – «Ach so!» – «Ist ja langweilig!»

Wo bereits kleine Kinder in ihrem überschaubaren Lebensbereich nicht mehr offen sind für das, was wert ist, beachtet zu werden und sich darüber zu freuen, fehlt ihnen später, wenn sie größer sind, die Erfahrung, Werte zu achten oder sich selbst für Werte einzusetzen.

Ehrfurcht vor dem Leben im Kleinen pflegen

Kinder sind keine Heiligen. Sobald sie etwas größer sind, regt sich in ihnen natürlich auch die Lust herauszufinden, was es mit den verschiedenen Dingen auf sich hat. Da werden einer Fliege die Beine ausgerissen, um zu sehen, was sie dann macht, die Katze wird am Schwanz gepackt und durch die Gegend geschleift, beim Spaziergang werden Blumenköpfchen abgerissen – einfach so. Sind wir Erwachsenen Zeugen solcher Taten, dürfen wir nicht einfach stillhalten und wegschauen, denn Kinder nehmen in Bruchteilen von Sekunden wahr, was ihre Vorbilder dazu meinen, und daran bilden sie ihre Einstellung zu Werten aus.

Was auch immer die Kinder in unserer Nähe tun – für einen Augenblick meldet sich ihre innere Stimme: Sie schauen kurz hinüber zur Mutter, zum Vater und suchen Orientierung. Sie versuchen, sich zu vergewissern. Oft genügt schon ein Blick des Erwachsenen, und das Kind weiß sofort, ob er seiner Handlung zustimmt oder nicht. Manchmal ist es jedoch wichtig, den Kindern Hilfestellung zu geben:

Anna ist mit ihrem Vater im Park. Unterwegs tritt sie mit Absicht auf eine Weinbergschnecke. Nun beugt sie sich herunter und schaut, dann tritt sie mit ihrem Absatz noch mal nach. «Warum tust du das?», fragt der Vater. – «Ich will nur schauen, ob sie von selbst wieder zuwächst.» – «Wie kann man denn das jetzt sehen? Meinst du, dass man darauf warten kann?» – «Weiß ich nicht!» – «Also ich möchte hier nicht so lange stehen», sagt der Vater. Ob man denn die Schnecke nicht mit heimnehmen könnte, will Anna wissen. – Warum nicht?

Anna holt nun ein großes Blatt und schiebt die zertretene Schnecke vorsichtig darauf. «Ich leg' noch ein Blatt drüber», meint sie, «dann hat sie ein richtiges Bett, schau!» Sie freut sich richtig über ihre gute Idee. Behutsam transportiert sie die Schnecke nach Hause und sucht für sie auf dem Balkon nach einer Ecke, «wo nicht so viel Wind ist». – Am nächsten Morgen will sie gleich sehen, wie es «ihrer» Schnecke geht. Und sie ist sehr betrübt, als sie sieht, dass sie sich gar nicht mehr bewegt.

Zugang zu den Werten unter uns kann ein Kind vor allem dann erwerben, wenn wir Erwachsene auch selbst aufmerksam sind für Dinge, die es verdienen, beachtet zu werden (s. auch Seite 155 ff.).

Werte um uns

Zu den Werten um uns gehören die Menschen, die Tiere und alles Lebendige, das uns umgibt. Ehrfurcht gegenüber den Werten um uns bedarf der Achtsamkeit und der Aufmerksamkeit. Diese menschlichen Fähigkeiten stellen sich nicht von selbst ein. Sie können nur dann erworben werden, wenn sie gelebt, gefühlt und erfahren werden. Kleine Kinder können auf selbstverständlichste und natürlichste Weise Zugang zu den Werten um uns erwerben, wenn sie durch Eltern und Erzieher dazu angeregt werden. Wo Erwachsene ihre Rolle als Vorbild (s. Seite 82 ff.) annehmen, versuchen, den Kindern «gute Gewohn-

heiten» (s. Seite 91 ff.) oder verschiedene Formen des sozialen Lernens (s. Seite 98 ff.) vorzuleben, lassen sich diese Werte in den ganz normalen Alltag mit einbeziehen. Eine weitere Möglichkeit, Kindern Werte zu vermitteln, die um uns sind, ist es, ihnen Märchen zu erzählen. Hier können die Kinder innerlich mit den Handelnden mitfühlen.

Mit anderen mitfühlen

Etwa ab dem vierten, fünften Lebensjahr, wenn das Märchenalter erreicht ist, gehört das Erzählen von Märchen zu den besten Möglichkeiten, die Kinder zum Mitfühlen anzuregen. In den Leitfiguren der Märchen erleben sie Vorbilder, die zeigen, dass innere Aufrichtigkeit und zielvolles Streben über alles Böse zu siegen vermag. Damit erfüllen die Märchen eine tiefe Sehnsucht, die jedes Kind in sich trägt: die Sehnsucht, dass das Gute sich letztendlich lohnen möge.

Diese hoffnungsvolle Grundstimmung der Märchen ist für die Kinder eine innerliche Stärkung. Denn auch sie selbst sind voller Hoffnung. Sie haben einen tief-innigen Wunsch, dass das Gute auch in den realen Erzählungen unseres Alltags die Oberhand behalten wird: «Es gibt doch schon mehr gute als böse Menschen, oder?», fragte Leonhard (viereinhalb Jahre), eine Weile nachdem er das Märchen vom Schneewittchen gehört hatte. Als die Eltern noch mit einer Antwort zögerten, fügte er hinzu: «Gell, nur im Krieg gibt es mehr böse Menschen!»

Besondere Begegnungen

Werte sind auch mit den beruflichen Tätigkeiten der Menschen verbunden. Kinder lieben es, anderen bei der Arbeit zuzusehen. Jeder weiß, wie gerne Kinder an einer Baustelle stehen bleiben und welche Freude sie daran haben, einem Straßenbahnfahrer oder einem Schiffskapitän bei seinen Aufgaben zusehen. Es macht ihnen Freude, einfach nur zu schauen, zu fragen und zu staunen.

Ab dem fünften Lebensjahr interessieren sich die Kinder auch dafür, Menschen aufzusuchen, die nachvollziehbare Arbeiten verrichten. Es gibt auch heute viele Berufe, in denen Menschen so tätig sind, dass die Arbeitsschritte sinnlich erlebt werden können. Überall, auch innerhalb oder rings um die Großstädte, gibt es mehr oder weniger große Betriebe, in denen ein Besuch mit den Kindern willkommen ist: eine Gärtnerei, einen Biobauernhof, auf dem die Tiere noch so gehalten werden, wie es ihrer Natur und Würde entspricht, eine Bäckerei, in der – nach Absprache – auch ein Blick hinter die Kulissen erlaubt ist. Anregend ist auch der Besuch bei einem Instrumentenbauer, in einem Künstleratelier, bei einem Restaurateur, in einer Schreinerei. Hier können Kinder mit großer Ausdauer verweilen und zuschauen und fragen. Es tut ihnen gut, Menschen zu erleben, die sichtbar damit beschäftigt sind, Wertvolles zu schaffen. Solche Ausflüge bereichern die Ideenwelt der Kinder und sie vermitteln ihnen viele neue Anregungen zum Nachspielen.

Sinnige Geschichten

Kinder erwerben sich erst allmählich einen Blick dafür, wie sie selbst im Verhältnis zu dem stehen, was um sie ist. Sie brauchen dabei immer wieder unsere Unterstützung. Möchten wir den Kindern vermitteln, eine bestimmte Sache ein nächstes Mal besser zu machen, so werden sie das nicht lernen, wenn wir sie zurechtweisen. Sie haben noch keinen Sinn für vernünftige Worte. Beginnen wir jedoch zu erzählen, dann werden in ihrem Inneren Bilder lebendig.

Sinnige Geschichten sind eine bewährte Möglichkeit, ihnen Vorbildliches vor ihr inneres Auge zu rücken. Ist während des Tages durch ein Verhalten des Kindes eine gefährliche Situation entstanden, zum Beispiel weil das Kind sich an der Ampel losgerissen hat, so kann daraus eine Geschichte entstehen. Hier haben dann die Hauptfiguren selbstverständlich veränderte Namen und alles spielt in einer anderen Gegend. Die Erzählung kann ruhig etwas dramatisch gestaltet werden, so dass es für das Kind richtig spannend ist zuzuhören. Wenn die Geschichte zu Ende ist, wirkt sie von selbst. Das Kind hat dann innerlich den Impuls: «Das würde ich niemals machen.» Das gibt ihm mehr Willensstärke und innerliche Kraft, als dies durch bloßes Ermahnen jemals möglich wäre.

Im Vorschulalter kann man Kinder durch sinnige Geschichten gelegentlich auch dazu anregen, sich ein höflicheres Verhalten anzugewöhnen.

Im Unhöfel-Land

Es war einmal ein junger Schustergeselle, der war schon weit in der Welt herumgekommen. Er war ein gerne gesehener Mann, denn wo er auch auftauchte – überall konnte er Arbeit finden und alle freuten sich. So wanderte er durch das Land und flickte die Schuhe von den Großen und von den Kleinen. Und der Lohn, den er für seine Arbeit bekam, reichte gerade, dass er davon leben konnte.

Eines Tages gelangte der Schustergeselle in ein Land, in dem es gar seltsam zuging. Schon gleich in dem ersten Dorf bemerkte er es: Als er wie gewohnt frohgemut voranging, begegnete ihm ein Mann. Der Schustergeselle grüßte freundlich – aber der Mann starrte ihn nur an und sagte nichts. Er traf weitere Menschen, doch keiner von ihnen erwiderte seinen Gruß. Nun kam er an einer ganzen Schar von Kindern vorbei: «Seid mir gegrüßt, ihr lieben Kinder», sagte der Schustergeselle freundlich. Aber die Kleinen schauten nur. Sie machten nicht muh und nicht mäh. – «Nanu», dachte der Schustergeselle, «bin ich hier im Land der Stummen, dass niemand etwas spricht?» – Aber nein. Er hörte doch, wie sie miteinander redeten. «Komm jetzt!», schrie der mit den blonden Locken. Und der Schwarzhaarige schimpfte und andere mischten sich mit ein. – Als nun der Schustergeselle an einer Frau vorbeikam und sie fröhlich anlachte, da zischte sie ihm entgegen: «Was gibt's denn da zu lachen?»

Der Schustergeselle fand wohl auch etwas Arbeit – aber in diesem Land hatte er längst nicht solche Freude daran wie sonst immer. «Hier gehe ich ja noch ein wie ein Primeltopf», dachte er sich, «in diesem Unhöfel-Land», und er verließ es, so schnell er konnte. Er wurde auch niemals wieder dort gesehen. – Zum Glück ist das Unhöfel-Land ganz weit weg. O ja, das ist wirklich ein Glück.

Spielen

Spielen und selbst experimentieren

Spielen – einfach nur spielen. In Bewegung sein ohne Zwang oder Notwendigkeit und Freude dabei haben. Die wichtigste Grundlage für jedes echte Spiel ist es, selbst zu experimentieren. Schon ein Säugling kann das: Mit drei bis vier Monaten freut er sich an den Bewegungen seiner Finger und es macht ihm sichtlich Vergnügen, mit ihnen zu spielen. Bald darauf entdeckt er auch seine Zehen als Spielzeuge. Schließlich spielt er mit allem, was ihm sonst noch in die Finger gerät: mit der Nase von Mutter oder Vater, mit den Haaren, mit den Ohrringen.

Etwa mit acht oder neun Monaten fängt dann die große Zeit des Experimentierens an, denn jetzt beginnt das Kind, die Umgebung zu erkunden: Es interessiert sich für alles, was es zu fassen bekommt, und spielt damit.

Auch wenn die Kinder dem Säuglingsalter längst entwachsen sind: tätig sein dürfen und spielen sind das Schönste. Die Dinge in Bewegung zu bringen und auszuprobieren, was sich mit ihnen anfangen lässt, das macht nicht nur Freude. Es ist zugleich die beste Übung, nach und nach in den Körperbewegungen und auch mit Händen und Füßen immer geschickter zu werden. Kinderzeit ist Spielzeit und da ist jedes Material recht: Matsch, Sand, Holzklötze oder auch die verschiedensten Dinge des alltäglichen Bedarfs lassen sich in Spielgegenstände verwandeln. Wenn die Kinder nun Türme, Landschaften oder andere Gebilde errichten, umbauen und wieder einstürzen lassen, setzen sie sich, sozusagen spielend, damit auseinander, die Weltgesetze im Kleinen zu erproben.

Ab dem Kindergartenalter sind es nicht mehr nur die äußeren Dinge, die zum Spielen anregen, sondern die Kinder beginnen nach und nach, sich in die verschiedensten Rollen und Situationen hineinzuversetzen. Sie ahmen nach, was sie zum Beispiel zu Hause, unterwegs, beim Arzt, beim Einkaufen oder sonstwo erfahren haben. In diesem Sinne haben die Kinder gerade in dem freien Experimentieren eine wunderbare Möglichkeit, eigene Erlebnisse im Spiel noch einmal nachzuvollziehen und so auch zu verarbeiten. Am besten geht das alles, wenn ihnen nicht dauernd jemand hineinredet. Eigenständiges Spielen ist außerdem die natürlichste und beste Grundlage zu einer gesunden Sinnesentwicklung. Spielen gehört zu den wichtigsten Kindheitsbedürfnissen.

Spielen heute

Ein solches freies und selbst organisiertes Spielen ist heute nicht mehr so ohne weiteres möglich: Oft haben Kinder zu wenig

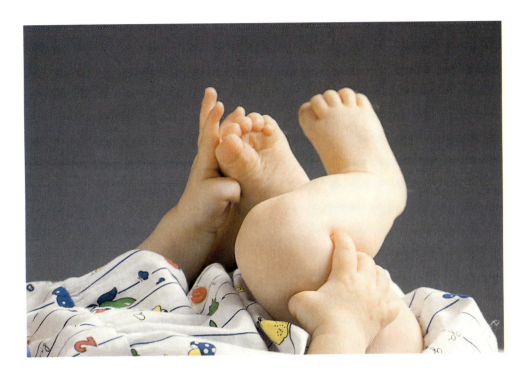

Gelegenheit, ihren natürlichen Bewegungsdrang auszuleben. Ein weiteres und sehr wesentliches Hindernis ist der Zugang zu den Bildschirmmedien, der heute schon sehr jungen Kindern gewährt wird. Und es ist auch das moderne Spielzeug: die Fülle an Spielwaren sowie deren Aufmachung. Viele Spielzeuge sind so detailliert angefertigt, dass sie sich nur für bestimmte Aktionen eignen. Im Trend liegen modische Puppen, nachgemachte Helden aus Fernsehserien, Kriegsspielzeug oder Comicfiguren. Sie sind fast durchweg so konzipiert, dass vor allem das Ansammeln und Tauschen im Vordergrund steht und nicht das Spielen. Viele Eltern wissen ein Lied davon zu singen: Kaum ist der Wunsch nach der Hauptfigur erfüllt, geht es nun vor allem um das Ergänzen des Vorhandenen, um weiteres Zubehör. Bis die komplette Serie beisammen ist, wird gesammelt, verglichen und getauscht. Kinder bleiben immer in Wunschhaltung. Förderlich ist dies allenfalls für die Verkaufserfolge der Spielwarenindustrie. Die natürliche kindliche Fähigkeit zu spielen wird dadurch jedoch nicht gefördert. Die Kinder sind viel zu früh eingespannt in ein System mit dem Motto: «Kaufen, haben und noch mehr haben.»

«Mir ist langweilig!»

Das Ansammeln von Spielwaren kann augenblickliche Wünsche der Kinder befriedigen, aber es macht sie nicht wirklich glücklich. Wie oft hören wir gerade von Kindern, die reichlich mit Spielwaren eingedeckt sind: «Mir ist langweilig!» – «Langweilig? Wie ist das möglich?» – Julian ist erst vier Jahre alt. Sein Kinderzimmer ist angefüllt mit den verschiedensten Spielsachen. Die Erwachsenen haben doch alles getan, oder? Warum spielt er denn nicht? Vielleicht ist einfach nicht das Richtige dabei? Braucht er ein besonderes Spielzeug?

Ein Ehepaar kommt in einen Spielzeugladen. Die Verkäuferin fragt: «Was darf es

denn sein?» – «Wir hätten gerne ein Spielzeug für unser Kind. Etwas, was ihm Spaß macht und womit es sich lange beschäftigen kann. Wir suchen etwas, was nicht gleich wieder langweilig wird und in die nächste Ecke fliegt. Wir sind nämlich beide sehr beschäftigt, wissen Sie. Da soll es schon etwas sein, was es richtig gern haben kann.»

«Tut mir leid», sagt die Verkäuferin, «Eltern haben wir nicht im Angebot».

Spielen ermöglichen

Nur Spielzeug genügt eben nicht. Dafür muss man sich als Erwachsener erst mal Gedanken darüber machen, was wichtiger ist: dem Zeitgeist Folge zu leisten und immer noch etwas zu kaufen oder sich für die Kinder zu entscheiden und sich dafür zu interessieren, welche Dinge es eigentlich sind, die sie dazu anregen, wirklich zu spielen, d. h. selbst zu experimentieren. Spielwaren allein genügen nicht, um Kinder zum Spielen zu motivieren. Das hat eine Mutter bei ihrem erst zweieinhalbjährigen Sohn selbst beobachtet. In dessen Kinderzimmer waren bereits sehr viele Gegenstände angesammelt, doch was fing er damit an? Er zerrte nur die einzelnen Gegenstände aus den Kisten heraus, bis alles auf dem Boden verteilt war, dann warf er die Sachen durch die Gegend, aber er spielte nicht damit. Eines Abends, als die Mutter wieder einmal einige Zeit damit verbracht hatte, im Kinderzimmer Ord-

nung zu schaffen, dachte sie: «Nur zum Wegräumen muss dieses viele Zeug hier auch nicht herumstehen.» Und so entschloss sie sich kurzerhand, einen großen Teil davon auf den Speicher auszulagern. Aber nicht nur das. Sie bat auch ihre Bekannten und Verwandten, kein Spielzeug mehr mitzubringen. «Sie haben das sogar verstanden», sagte die Mutter nach dieser Aktion, «aber was mich am meisten gewundert hat: Mein Sohn hat sich überhaupt nicht beschwert.»

Spielzeugflut eindämmen und Alternativen bieten

Nicht nur bei den Kleinen ist es möglich, die Spielzeugflut einzudämmen. Wo Eltern bemerken, dass ihr Kind vor lauter Spielzeug gar nicht mehr richtig zum Spielen kommt, können sie wohl etwas verändern. Sie können ihnen mitteilen, warum sie die vorhandenen und seit ihrer neuesten Einsicht überflüssigen Spielwaren nun erst mal wegpacken möchten. – Wo man auf der einen Seite etwas nimmt, ist es notwendig, auf der anderen Seite wieder etwas dazuzufügen. Wichtig ist nun, dass etwas Besseres nachkommt. Das Bessere bedeutet in diesem Fall nicht, das man die entfernten Spielmaterialien einfach durch andere ersetzt. Das eindeutig Bessere ist, dass Erwachsene sich nun mehr Zeit für das Kind nehmen und ihm eine anregende Spielatmosphäre bieten.

Kinder brauchen eine anregende Spielatmosphäre

Weniger Spielzeug – und dann? – «Ich habe doch gar nicht so viel Zeit, mit meinem Kind zu spielen», sagen manche Erwachsene. Es ist jedoch überhaupt nicht notwendig, ständig dafür zu sorgen dass Kinder unterhalten werden. Natürlich sind gemeinsame Spielzeiten wichtig: Kinder brauchen liebevolle Kosespiele. Es tut ihnen gut, wenn wir zwischendurch mit ihnen Reim- und Bewegungsspiele spielen. Es ist anregend für sie wenn wir uns immer wieder mal Zeit für sie nehmen und ihnen durch Puppenspiele Ideen zum Nachspielen geben (s. Seite 124 f.). Das Wichtigste aber ist es, sie zur Eigenaktivität zu ermutigen und ihnen eine gute Spielatmosphäre zu ermöglichen. Und die können wir ihnen auch im Alltag bieten. – Immer wenn wir uns nicht extra Zeit nehmen können, ist es für die Kinder das Beste, wenn sie sich da aufhalten dürfen,

wo wir selbst etwas zu tun haben. Dort, wo der Erwachsene ganz normale Tätigkeiten ausführt, die zum Familienalltag gehören, ist für ein Kind die anregendste Spielatmosphäre. Denn da, wo Leben ist, finden sie die besten Spielanregungen (s. Seite 209). Hier bekommen sie, was sie für ihre Entwicklung so notwendig brauchen: Ansprache, Zuwendung und zwischendurch immer wieder mal aufmerksame Blicke. Außerdem – und das ist eigentlich das Schönste – kann man beim gemeinsamen Tun so wunderbar miteinander ins Gespräch kommen. Die Kinder haben Gelegenheit, uns zu zeigen, was sie gerade interessiert, und sie können Fragen stellen.

Spielideen nicht durch übertriebenen Ordnungssinn behindern

Für die Kleinsten sind die Dinge, mit denen Mutter und Vater hantieren, oft interessanter als extra angefertigte Spielgegenstände: Kochlöffel, Schneebesen, Töpfe, Deckel, Dosen, Körbe, Wäscheklammern, Schals und andere Gebrauchsgegenstände eignen sich hervorragend zum Spielen. Kein Grund also, ihnen dies zu verwehren, denn es kann nichts kaputtgehen. Die Kinder haben Freude daran, wenn sie mit Dingen tätig sein dürfen, wie sie auch die Großen benutzen.

Größere Kinder bewegen sich natürlich gerne schon in größerem Rahmen. Sie verwenden für ihre Spiele gerne Einrichtungsgegenstände wie Stühle, Polster und Tische. Im Sinne einer gesunden Spielent-

Spielen

wicklung ist es für alle Kinder nur wünschenswert, wenn die Eltern ihre Wohnung nicht nur durchaus stilecht mit hoch empfindlichen Möbeln ausstatten.

Wer Wert auf Ambiente legt und noch Vorschulkinder hat, sollte ihnen zuliebe darauf schauen, dass es wenigstens in der Küche ein paar robuste Möbelteile gibt, die Kinder für ihre Fantasiespiele verwenden können, ohne gleich ermahnt zu werden.

Eine gute Spielatmosphäre kann sich am besten da entfalten, wo Interesse für kindliches Spiel besteht. Wo es Erwachsene gibt, die wissen, dass es für die gesunde Entwicklung der Kinder notwendig ist, ohne Vorgaben zu spielen. Spielhemmend ist es dagegen, wenn von den Kindern er-

wartet wird, sie sollten spielen, aber Ruhe geben, oder wenn die Erwachsenen ständig alles besser wissen: «Die Brücke fällt doch gleich zusammen.» – «So klappt das doch nie!» – «Nein, schau her, das musst du so machen!»

Kinder brauchen nicht unsere Überlegenheit, sondern Ermutigung und auch eine gewisse Großzügigkeit. Zu Hause ist freies und selbst organisiertes Spielen am besten da möglich, wo nicht der Anspruch besteht, die Wohnung sollte ständig blitzblank und aufgeräumt sein. Wer dies von seinen Kindern erwartet, nimmt ihnen die Chance, Ideen zu entfalten, auszuprobieren und eigene Erfahrungen zu machen. Übertriebener Ordnungssinn schadet der kindlichen Spielfreude und Fantasie.

Fantasievoll spielen

Jedes Kind ist fantasiebegabt. Im dritten Lebensjahr beginnt die Zeit der Verwandlungsspiele (s. auch Seite 31 f.). Wenn Kinder ihrer Fantasie freien Lauf lassen dürfen, ist bald kein beweglicher Gegenstand mehr vor ihnen sicher: Ein Stuhl ist eben nur manchmal ein Stuhl. Er kann auch ein Kaufladen sein, ein Schubkarren, eine Lokomotive, ein Thron. Eben alles, was ein Kind will. Mit seiner Fantasie kann es jedes Ding verwandeln.

Wo Fantasie sich entfalten darf, bricht sie wie eine Urgewalt auf. Bald bleibt nichts mehr in Reih und Glied. Die ganze häusliche Ordnung wird auf den Kopf gestellt. Kaum ein Erwachsener würde auf die Idee kommen, wie wunderbar sich Hocker, Sofakissen, Decken, Schachteln und Kissen in Schiffe, Geisterbahnen, Königsschlösser, Zirkusarenen oder sonstige Gebilde verwandeln lassen. Es macht natürlich nichts, wenn den Erwachsenen solche fantastischen Spiele nicht mehr einfallen, denn manchmal dürfen sie ja auch mitspielen: ein Vergnügen für alle, wenn Mutter oder Vater sich durch die aus mehreren Einrichtungsgegenständen aufgebaute Geisterbahn bewegen oder wenn sie bei den verschiedenen Zirkuskunststücken zuschauen, die Kinder im Spiel vorführen. Ein Drama jedoch, wenn ein Fantasiespiel gestört wird:

«Lass mein Haus in Ruhe!» Mit einem empörten Schrei versucht ein Sechsjähriger, seine Mutter zu verscheuchen. Etwas ratlos steht sie vor der verwegenen Konstruktion im Wohnzimmer: Der Tisch liegt auf dem Rücken, eine Decke darüber und rundherum liegen Stühle – mit den Beinen nach außen. Das reinste Chaos. Dem Kind ist die mütterliche Auffassung von Ordnung nicht begreiflich, denn es sieht keinen Tisch und keine Stühle: Es hat ein eigenes Haus mit Zaun gebaut.»[42]

Fantasie macht unabhängig

Jeder Erwachsene, der zu Hause ein Kind hat, das fantasievoll spielt, kann sich glücklich schätzen.

Was ist wünschenswerter als ein Kind, das voller Ideen und Lebensfreude in ein fantasievolles Spiel vertieft ist? Da wird immer wieder neu gestaltet und verwandelt. Und wie das geschieht, das bleibt völlig den eigenen Einfällen überlassen. Jeder ist selbst Regisseur. Selbstbewusst wird erfunden und gebaut. Kinder spüren, was sie können.

In der Fantasie sieht Michael Ende «die Voraussetzung des Lebens schlechthin». Wo Fantasie rege ist, da ist der Mensch unabhängig. Er ist frei für eigene Einfälle. Wer Fantasie hat, weiß sich zu helfen. Er kann Bilder aus sich selbst erzeugen und ist in der Lage, aus vorhandenen Gegebenheiten etwas zu gestalten. Jeder, der diese Erfahrung einmal gemacht hat, weiß, wie beglückend sie sein kann.

Fantasie ist wichtiger als abstraktes Denken

Wer fantasievoll tätig ist, der ist nicht darauf angewiesen, die Vorgaben und die Bilder anderer Menschen nachzubeten. Im Medienzeitalter kann die Ausbildung der Fantasie gar nicht hoch genug geschätzt werden. Sie ist das wirksamste Gegengewicht zu den elektronischen Unterhaltungsmedien. Spielen nicht nach Mustern und Vorgaben, sondern nach eigenen Ideen ist für die Entwicklung der Kinder von größter Bedeutung. Nach Rudolf Steiner erhält das Kind dadurch «die richtigen Richtlinien zur Ausbildung seines physischen Gehirnes».[43] Albert Einstein meinte: «Wenn ich mich selber und meine Art des Denkens betrachte, ist mir klar, dass die Fantasie mir viel wichtiger ist als die Fähigkeit des abstrakten Denkens.»

Kinder sind oft so beglückt von ihren Einfällen, dass sie die Großen unbedingt daran teilhaben lassen wollen: «Schau, was wir Tolles aufgebaut haben.» Solche Begeisterung braucht natürlich ein entsprechendes Echo. – Keine Frage: Hinterher wird alles wieder aufgeräumt und dass die Kinder dabei mithelfen, ist selbstverständlich.

Fantasievoll spielen kann man lernen

Heute lassen sich Erwachsene, die beruflich weiterkommen wollen, in Fortbildungsseminaren anregen, wie sie wieder Anschluss an die eigene Fantasiefähigkeit finden können. Doch nicht nur für aufstrebende Berufstätige ist es möglich, wieder Zugang zu dieser Urkraft zu finden, die in jedem Menschen veranlagt ist. Auch Kinder, die in ihrer ersten Lebenszeit nicht genügend Gelegenheit hatten, eigene Ideen umzusetzen, können lernen, fantasievoll zu spielen. Etwas Unterstützung durch den Erwachsenen ist allerdings notwendig, denn kein Kind, das jahrelang von reichlich Industriespielzeug umgeben war, kann von einem Tag auf den anderen kreativ spielen, nur weil es auf einmal entsprechende Spielmaterialien hat.

Spielideen wecken und unterstützen

Gemeinsame, zielgerichtete Aktivitäten sind die beste Möglichkeit, Kinder nach und nach auch zur Eigenaktivität beim Spielen zu ermuntern. Ein Weg in die Natur bietet sich an, möglichst nicht nur auf den Spielplatz, sondern außerhalb von reglementierten Anlagen. Draußen lassen sich allerhand brauchbare Naturmaterialien finden. Viele davon eignen sich auch zum Spielen für zu Hause. Es empfiehlt sich daher, auf einen solchen Ausflug einen Korb oder Rucksack mitzunehmen. Einige Dinge kann man gleich so aufsammeln: Zapfen von Kiefern, Fichten oder anderen Nadelbäumen, besonders geformte Steine, Rindenstücke und – je nach Jahreszeit und Gegend –

Fantasievoll spielen

auch Eicheln und Kastanien und Hülsen von Bucheckern etc. Oft findet man entwurzelte Bäume oder gut erhaltenes Bruchholz. Wer dann noch Säge und Taschenmesser dabeihat, kann mit den Kindern gleich in der Natur auf eine Weise aktiv werden, wie das zu Hause in einer beengten Wohnung niemals möglich wäre.

Vorbereiten ist oft wichtiger als Spielen

Auch Fünf- bis Sechsjährige können schon sehr sorgsam mit solchen einfachen Werkzeugen umgehen, wenn wir ihnen vormachen, wie das geht, und wenn wir achtsam an ihrer Seite sind. So lassen sich Ast- oder Rindenstücke und schöne Wurzeln in transportfähiger Größe zum Mitnehmen vorbereiten. Auch die Vorbereitungen für das spätere Spiel sind für die Kinder spannend wie das Spiel selbst.

Naturmaterialien, die vom Ausflug mitgenommen werden, können dann zu Hause noch weiterbearbeitet werden. Welche Freude und Ausdauer kann ein Kind haben, wenn es miterlebt, wie aus den mitgebrachten Schätzen Schiffe, Bäume und anderes Spielmaterial entsteht, oder wenn es mit einem Schleifklotz und Schleifpapier ein Aststück richtig schön glatt schleifen darf. Auch jüngere Kinder helfen dabei schon gerne mit. Bearbeitete Holzstücke in verschiedenen Größen eignen

Spielen

Spiellandschaft

sich dann hervorragend zum Aufbau verschiedener Spiellandschaften.

Auch die Freunde der Kinder mit einbeziehen

Wo Erwachsene kreatives Spielen der Kinder unterstützen wollen, darf das nicht heißen, dass nur noch Kinder ins Haus kommen sollen, deren Eltern genauso denken. Im Gegenteil! Wichtig ist, dass auch die Freunde der Kinder mit einbezogen werden. Sie kommen gerne mit hinaus in die Natur. Sie freuen sich, wenn sie bei verschiedenen Aktionen mitmachen dürfen. Gerade auch jene Kinder, die sich sonst eher als «cool» präsentieren, können da richtig warm werden. Es ist für alle Kin-

der wichtig, Erwachsene zu erleben, die sich gerne Zeit nehmen und durch ihr Vorbild Anregungen zum eigenständigen Spielen geben.

Bilder zum Nachspielen

Eine der besten und wirkungsvollsten Spielanregungen, die wir Kindern im Kindergartenalter geben können, ist es, ihnen Geschichten vorzuspielen, die zum Nachspielen anregen: Besonders geeignet sind Puppenspiele mit Stehpuppen. Gespielt wird auf dem Boden, also da, wo die Kinder natürlicherweise am liebsten spielen. Da wir das Interesse der Kinder am aller-

Fantasievoll spielen

Stehpuppenspiel

besten durch Bewegungsvorgänge anregen können, ist es kein Wunder, dass sie schon den Aufbau eines solchen Puppenspiels mit großer Aufmerksamkeit begleiten. Ein solches Puppenspiel kann jeder spielen, ohne weitere Vorkenntnis. Wie das geht und was man dafür braucht, zeigt «Das Puppenspielbuch».[58]

Wo Kinder ein Puppenspiel erleben, sind sie sofort ganz bei der Sache, denn hier vereinen sich wesentliche Qualitäten: die Verbindung von Wort und Bild. Es ist eine Tatsache, dass Bilder besser erinnert werden als nur Worte. Anders als beim Fernsehen kann man den Kindern hier Bilder vor Augen stellen, die ihr Inneres beleben und anregen, also die es wert sind, verinnerlicht zu werden. Bei Puppenspielen geht es nicht um «Action». Das Besondere daran ist vielmehr, dass Kinder dabei die Möglichkeit haben, sich zu sammeln und auch innerlich mit einer Bildfolge mitzugehen, die ihrem Alter gemäß ist. Sie können dem ruhigen Verlauf der Bilder folgen.

Ein Puppenspiel mit Stehpuppen ist weit mehr als nur eine schöne und angenehme Unterhaltung. Durch das Vorspielen der Erwachsenen erleben Kinder, wie man eine Spiellandschaft gestalten und mit einfachen Spielfiguren beleben kann. Das regt sie zur Nachahmung an. Sie wollen nachspielen, was sie erlebt haben. Aus diesem Grunde sind Puppenspiele ein wirksames Gegengewicht zur Medienwelt und zu den vielen Werbebildern, die heute allgegenwärtig sind.

Kleine Geselligkeitsspiele

Kleine Geselligkeitsspiele bringen zwischendurch immer wieder gute Stimmung in den Alltag. Es sind dies vor allem Spiele, bei denen geraten oder gesucht werden muss oder bei denen die eigene Geschicklichkeit herausgefordert wird. Es sind durchweg Spiele, bei denen es etwas zu lachen gibt, auch wenn nicht immer gleich alles gelingt, und die trotzdem Lust machen, bei der Sache zu bleiben.

Die kleinen Spielregeln, die dazugehören, sind nicht mit zufälligem Spielglück verbunden, wie es etwa bei «Mensch-ärgere-dich-nicht» notwendig ist. Und deswegen geschieht es auch selten, dass Kinder einfach ausrasten, wenn etwas nicht gleich gelingt. Bei den nachfolgend genannten Spielen können Kinder gute Verlierer sein, denn sie fühlen innerlich den Ansporn: Nächstes Mal pass ich noch ein bisschen mehr auf.

Kleine Versteckspiele, die mindestens bis zum fünften Lebensjahr und darüber hinaus Freude machen:

Fingerhut-Pusten
Kinder lieben es, wenn wir vor ihren Augen etwas verstecken, was gerade noch da war. Der Erwachsene nimmt einen kleinen Gegenstand, zum Beispiel einen Fingerhut, zur Hand. Er blickt ganz aufmerksam auf den Fingerhut und dann auf das Kind: «Nun machen wir beide ganz fest die Augen zu und dann wollen wir einmal sehen, wo der Fingerhut ist, ja?» Der Erwachsene pustet: «Pffff. Ja, wo ist denn der Finger-

hut?» – Das Kind schaut und sucht. Weit kann er ja nicht sein. Tatsächlich, da sitzt er. Er steckt nun einfach auf einem Finger des Erwachsenen oder er befindet sich in greifbarer Nähe. Ist er auf dem Stuhl, auf dem Tisch oder vielleicht sogar in der Hosentasche des Kindes?

Pinke-Pank
Obwohl der Text zu diesem Spiel Erwachsenen nicht gerade sinnvoll erscheint, die Kinder mögen es:

> Pinke pank,
> Der Schmied ist krank,
> Wo soll er wohnen?
> Unten oder oben?

Der Erwachsene nimmt eine Kleinigkeit in die Hand, das kann eine Murmel sein, eine Nuss oder etwas anderes, was sich gut in einer Faust verbergen lässt. Er legt den Gegenstand zunächst ganz offen sichtbar auf eine Handfläche, dann schließt er beide Hände und klopft sie abwechselnd aufeinander, so als ob der Schmied klopfen würde. Zum Schluss darf das Kind raten, ob der Gegenstand in der unteren oder in der oberen Faust verborgen ist. Und das ist jedes Mal ein Spaß, auch wenn das Kind nicht gleich richtig rät. Es will sowieso nicht nur einmal raten, sondern ganz oft hintereinander.

Simsalabim-Vöglein
Für die Vöglein werden die Fingernägel der Zeigefinger mit jeweils einem gut angefeuchteten Papierstückchen «beklebt». Die Zeigefinger liegen zuerst auf der Tischkante, eine Hand fliegt fort, dann die andere. Bei «eins, zwei, drei ...» landen statt der Zeigefinger die Mittelfinger usw.

Sitzen zwei Vöglein auf dem Dach.
Das eine fliegt fort, das andere fliegt fort.
Und eins zwei drei, zurück auf das Dach.
Aber ach!
Wo seid ihr nur, ihr Vögelein?
Hoch in der Luft! Hoch in der Luft!
Simsalabim und da, auf dem Dach.

Ch.K.

Auch wenn dieses Spiel ganz oft wiederholt wird – für die Kleinen bleibt es geheimnisvoll, warum die Vögel nicht jedes Mal landen. – Solche Spiele kann man spielen, wenn nur ein Einzelkind zu Hause ist, aber auch mit mehreren Kindern. Es ist so wichtig für Kinder, mit Gleichaltrigen zusammen zu sein und Geselligkeitsspiele zu spielen – nicht nur in der Spielgruppe oder im Kindergarten, sondern auch im privaten Umfeld. Für gemeinsame Spiele mit anderen kann man auch draußen im Freien zusammenkommen. Das ist für Mütter und Väter oft weniger anstrengend, als sich daheim in der engen Wohnung zu treffen. Wunderbare Anlässe zum Spielen sind Geburtstagsfeste. Vielfältige Anregungen dazu finden sich im «Kinderfestebuch».[44]

Spielzeugauswahl ist Sache der Erwachsenen

Erwachsene wissen oft nicht, was sie einem Kind schenken könnten. Viele tragen sich dann mit dem Gedanken, einen Geldbetrag zu überreichen, damit es sich selbst etwas zum Spielen aussuchen kann. Das ist gut gemeint – aber völlig am Kind vorbei. Es ist von der Fülle an Spielwaren, die in den Geschäften aufgebaut sind, vollkommen überfordert. Auswählen? Sich für ein Spielzeug entscheiden und womöglich noch etwas «pädagogisch Wertvolles» heraussuchen? Das ist einfach zu viel verlangt.

Kleine Kinder können noch nicht nach der Vernunft wählen. Sie haben so umfangreiche Sympathiekräfte, dass sie alles schön finden. So ist es auch relativ leicht, sie mit hässlichen Figuren zu «beglücken». Sie haben noch keine Sicherheit für das, was man als guten oder schlechten Geschmack bezeichnet. Sie sind noch ganz wertfrei und dadurch außerordentlich bildsam.

Immer wieder kann man es erleben: Wo Kinder sich ihr Spielzeug selbst aussuchen sollen, unterwerfen sie sich ohne weiteres dem, was Michael Ende als «Diktatur der Marktwirtschaft» bezeichnet. Sie suchen etwas aus, was «alle» haben oder was sie von der Werbung kennen. Die angepriesenen Dinge sind bunt, laut und meistens auch so präsentiert, dass sie gleich ins Auge fallen. Es ist völlig selbstverständlich, dass sich die Kinder genau dafür entscheiden. Sie können noch nicht darüber nachdenken, ob das Gewählte den Anforderungen gerecht wird, die ein wirklich gutes Spielzeug erfüllen sollte.

Die Auswahl von Spielzeug sollte daher der Verantwortung Erwachsener unterliegen. Bei den heutigen Überangeboten an Industriespielzeug müssen wir als Mütter und Väter wie Filter sein. Wir können uns darüber informieren, was Kinder wirklich zum Spielen brauchen. Sinnvoll sind vor allem Spielzeuge, die dem Kind die Möglichkeit lassen, seine eigene Fantasie zu entfalten. Gerade in den ersten Lebensjahren kann Fantasie gar nicht genug in Bewegung gebracht werden, denn die Kraft, die darin liegt, nach eigenen Ideen tätig zu werden, fördert auf besondere Weise die kindliche Individualität. «In der Fantasie», sagt Michael Ende, «liegt immer ein Stück Anarchie. Deswegen versuchen Diktaturen als Erstes die Fantasie abzuschaffen. In diesem Sinne leben wir heute in einer Diktatur der Marktwirtschaft.»

Diese Einsicht nützt allerdings nichts, wenn die Erwachsenen im Spielzeuggeschäft versuchen, ein Kind zu überzeugen, dass ein Spielzeug, welches es sich gerade von Omas Geburtstagsgeld ausgewählt hat, nun doch nicht das passende sein soll. Wo Mütter und Väter ihr Kind auffordern zu wählen, sind nachträgliche Einwände einfach unsinnig.

Kreativität entsteht durch Mangel

Kinder können mit wenigen Materialien wirklich glücklich und zufrieden sein. Auf die gleiche Weise wie ein Künstler sind sie dann in der Lage zu zeigen, dass wirkliche

Kreativität sich vor allem da entfalten kann, wo Mangel herrscht. Dies gilt ganz besonders für die Auswahl von Spielzeug. Je weniger die Kinder davon haben, umso leichter wird es ihnen möglich sein, fantasievoll zu spielen.

Mein Pferd –
Das ist ein Besen nur.
Mein Schiff –
Das ist ein Brett mit Schnur.
Mein Kaufladen –
Dafür nehm ich den Tisch.
Meine Gemüse sind Blätter –
Alles ganz frisch.
Ch.K.

Kinder, die in Bezug auf Spielzeug kurz gehalten werden, sind im Grunde die wirklich Beschenkten, denn sie können ihr Sinnen und Handeln für eigene Ideen öffnen. Natürlich brauchen sie auch Spielzeug. Doch da geht Qualität ganz eindeutig vor Quantität. Qualitätsvolles Spielzeug – dazu gehören vor allem einfache, stabile und ästhetisch schöne Materialien, die nicht gleich kaputtgehen, sondern auch etwas aushalten. Als Entscheidungshilfe für die Auswahl von Spielzeug gibt es einige wesentliche Überlegungen:

- kann es die Fantasie anregen?
- ermuntert es zum Ausprobieren eigener Ideen?
- ist es verwandlungsfähig und für verschiedenartige Spielideen verwendbar?
- fordert es zur Geschicklichkeit heraus?
- ist es frei von Vorgaben, die genau zu befolgen sind?

Spielzeugauswahl ist Sache der Erwachsenen

Was Kinder wirklich gut gebrauchen können

Kinder brauchen Spielzeug, das ihnen eine Vielfalt sinnlicher Erfahrungen ermöglicht. Für Spiele im Haus gehören dazu u. a.:

Naturspielzeug
Bauklötze aus Holz – besonders gut eignen sich Holzstücke, denen ihre Naturform noch anzusehen ist: größere und kleinere Astscheiben oder Aststücke in verschiedenen Stärken, zurechtgesägt und gut geschliffen. – Bauklötze dieser Art werden in guten Spielwarengeschäften oder über Versandhäuser für Kinderbedarf angeboten. Sie können auch, nach und nach, selbst angefertigt werden (s. auch Seite 124). – Mit solchen an ihrer Naturform orientierten Hölzern sind Aufmerksamkeit und Spielfreude der Kinder viel mehr herausgefordert als bei Bauklötzen in geometrischen Formen, denn wenn nun Türme, Häuser und Brücken errichtet werden, kommt es unter anderem auch darauf an, Gewichte und Stabilität auszubalancieren. Wer einmal gesehen hat, wie geschickt und teilweise auch abenteuerlich die Bauwerke oder Spiellandschaften sein können, die Kinder gerade aus diesen unregelmäßigen Formen errichten, der kann nur staunen über die Kunstfertigkeit, die gerade dann freigesetzt werden kann, wenn das Material dazu herausfordert.

Spielmaterial zum Verwandeln
Spieltücher in verschiedenen Farben, ungesponnene Schafswolle, Märchenwolle.

Runde Spielzeuge

Alles, was rund ist, ist die ganze Kinderzeit hindurch faszinierend: Für die Kleinsten ist es ein weicher Ball aus Stoff oder Wolle, etwas später sind es dann Murmeln, ein größerer Spielball oder auch eine Kugelbahn.

Spielzeuge für rhythmische Spiele

Schaukel, Schaukelpferd, Springseil, Kreisel.

Eine Puppe zum Liebhaben

Eventuell auch Puppenwagen oder Wiege.

Werkzeuge für Puppenküche oder Kaufladen

Kleines Reibeisen (Muskatreibe) zum Reiben von Kastanien etc., Holzbrettchen, Holzschälchen etc. (ab drei Jahren), Mörser zum Zerstampfen von Blättern und anderen Zutaten.

Geräte für Garten und Sandkasten

Eimer, Schaufel, Gießkanne und Sieb.

Spielen und aufräumen

Auch das schönste Spiel ist mal zu Ende. Wer unterbricht schon gerne das, was er gerade begonnen hat? Es geht uns Erwachsenen doch nicht anders: Wenn wir ein spannendes Buch lesen oder gerade mitten in einer wichtigen Tätigkeit sind, stört es uns auch, wenn wir einfach herausgerissen werden, nur weil es jemand anderem gerade einfällt. Ebenso geht es unseren Kindern. Wenn sie mitten im schönsten Spiel sind, kann man nicht von ihnen erwarten, dass sie, ohne Ankündigung, von einem Augenblick auf den anderen fähig sind aufzuräumen, zum Beispiel weil der Erwachsene beschlossen hat, dass die Spielzeit zu Ende ist. Stressfreies Aufräumen ist nur dann möglich, wenn wir die Kinder unterstützen. Sinnvoll ist es, wenn wir die Spielsituation nicht einfach abrupt abbrechen, sondern erst einmal einen Übergang schaffen, der immer auf die gleiche Weise wiederkehrt:

Da kann zum Beispiel eine Spielfee oder ein Zwerg herbeikommen und erzählen, dass es nun Zeit ist zum Aufräumen. Der Erwachsene kann auch ein Glöckchen erklingen lassen, das nur vor dem Aufräumen in Aktion kommt, oder er stimmt ein Lied an.

Und wie bei anderen Tätigkeiten sind die Kinder vor allem dann zum Aufräumen zu bewegen, wenn wir Erwachsenen mitmachen. Aufräumen darf auch Spaß machen: Die Klötze können zum Beispiel erst einmal auf einem großen Spieltuch geparkt werden und dann, wenn alle beisammen sind, geht es Holter-di-Polter in den Klötzekorb. Das Pferdchen oder die anderen Spieltiere sind jetzt müde. Sie wollen scheunigst heim in den Stall. Der Traktor oder das Spielzeugauto muss in die Garage. Jedes Spielzeug hat seinen festen Ort. Kinder brauchen diese äußere Ordnung in ihrem Zimmer. Sobald wieder alles an seinem Platz ist, haben sie auch äußerlich ein sichtbares Zeichen, dass nun zum Beispiel die Zeit der Nachtruhe naht.

Spielen im Freien

Kleine Kinder brauchen jeden Tag die Möglichkeit, ins Freie zu gehen und sich körperlich richtig auszutoben. Sie müssen springen, hüpfen, klettern, balancieren. Nur so können sie sich ein sicheres Körpergefühl erwerben und geschickt werden in ihren Bewegungen und Reaktionen. Sie müssen sich richtig außer Atem rennen dürfen, rote Backen bekommen, erleben, wie lustig es sein kann, fangen und verstecken zu spielen. Und wenn es Einzelkinder sind oder wenn es keine Gelegenheit gibt, mit Gleichaltrigen unterwegs zu sein, dann sind eben die Erwachsenen die Spielpartner, denn Bewegen und Spielen ist erst in Gesellschaft richtig schön. Heute, wo kaum noch Kinder unbeaufsichtigt in Hinterhöfen spielen können, bleibt meistens gar nichts anderes übrig, als dass die Erwachsenen mitspielen.

Bewegung im Freien eröffnet ganz andere Spielerfahrungen, als das zu Hause in einer Wohnung möglich sein kann. Beim Hüpfen, Springen, Stampfen kommt nicht nur der Körper in Bewegung, er kann auch nach Herzenslust zum Tönen gebracht werden, ohne dass Nachbarn durch die Lautstärke gestört werden.

Wer in den ersten Lebensjahren nicht ausreichend Gelegenheit hat, seinen Bewegungsdrang draußen im Freien auszu-

Spielen

leben, dem entgehen wesentliche Kinderfreuden. Und es ist ihm auch anzusehen. «Manche unserer Kinder kommen heute wie gebrechliche Erwachsene daher», sagt eine Erzieherin. «Wenn wir zum Spielplatz gehen, dann sind einige schon nach einer kurzen Fußstrecke müde. ‹Ist es noch weit?›, fragen sie. Oder: ‹Wann gehen wir wieder nach Hause?› Manche schaffen den Weg nur, wenn man sie an der Hand nimmt. Daneben gibt es die anderen, die sich voller Lebenslust fortbewegen.»

Eltern, die Kinder mit mangelhafter Bewegungserfahrung in den Kindergarten schicken, dürfen nicht erwarten, dass ihre Kinder allein dort nachholen oder ausgleichen können, was sie vorher nicht kennen gelernt haben: die Freude, auf eigenen Beinen unterwegs zu sein. Kinder, die ihre allerersten Lebensjahre fast nur abgesessen haben, in den verschiedenen Kinderfahrzeugen, im Auto oder vor dem Bildschirm, werden bewegungsfaul. Sie verstehen es nicht, die Freispielzeit im Garten zu nutzen und mit den andern herumzutollen und zu spielen. Sie hocken irgendwo und fragen ständig, wann sie wieder ins Haus gehen dürfen. Auch bei Spaziergängen zeigen sie demonstrativ Bewegungsunlust.

Kinder brauchen Elementares

Spielen und bewegen ist in der freien Natur am besten da möglich, wo es Pfützen oder kleine Wasserläufe gibt, wo Bäume zum

Klettern einladen, wo es Aststücke zum Wippen gibt oder wo umgefallene Baumstämme die Spielideen geradezu herausfordern. Alexander Mitscherlich fordert in seinem Buch «Die Unwirtlichkeit der Städte»: «Der junge Mensch braucht Elementares: Wasser, Dreck, Gebüsche, Spielraum. Man kann ihn auch ohne alles aufwachsen lassen, mit Teppichen, Stofftieren oder auf asphaltierten Straßen und Höfen. Er überlebt es – doch man soll sich nicht wundern, wenn er später bestimmte soziale Grundleistungen nicht mehr erlernt.»[45]

Oft muss man gar nicht weit aus der Stadt herausfahren. Wer einmal erlebt hat, wie Kinder sich voller Freude und Ideenreichtum auf Schotterplätzen, in nicht abgesperrten Baugrundstücken, in der Kiesgrube tummeln, der weiß, dass es nicht immer der große, aufwändige Ausflug in die unberührte Natur sein muss, um den Kindern gesunde Bewegungserfahrungen zu verschaffen.

Erwachsene klagen heute oft, dass Kinder keine Ausdauer zum Spielen mehr haben. Bei Kindern, die intensiv draußen spielen dürfen, ist das nie der Fall. Für sie ist die Spielzeit immer zu kurz und sie wünschen sich, dass es «ganz bald» wieder hinausgeht, an die schöne Stelle. Ein besonderes Vergnügen ist es natürlich, wenn mehrere Kinder beisammen sind. Darum ist es sinnvoll, wenn wir uns mit anderen Familien zusammentun. So können die Kinder auch mal abwechselnd betreut werden und öfter in den Genuss kommen, auf unreglementierten Plätzen zu spielen.

Spielen

Im Alltag und zwischendurch kann man sich ja immer noch in den nahen Park aufmachen. Aber auch dort muss es nicht langweilig sein.

Heute, nach dem Regen, ist es richtig toll im Park, finden Emil und Lukas. Wie anregend doch so eine einfache Wasserpfütze sein kann! Die beiden genießen es richtig, dass die Eltern ihnen Zeit und Raum lassen, hier nach Herzenslust zu spielen.

Gehspiele für unterwegs

Unterwegs im Park gibt es auch an ganz normalen Tagen die verschiedensten lustigen Bewegungsmöglichkeiten. Es ist für die Kinder ein besonderes Vergnügen, wenn die Erwachsenen da ein paar fröhliche Spiele kennen und auch mitspielen.

Königsthron
Auf dem Heimweg vom Spaziergang: Anna ist müde. Sie kann nicht mehr weiter. Oder sagt sie es nur so? Was soll's. Die Eltern wollen es nicht ergründen. Sie ermahnen auch nicht zum Tapfersein. Der Vater hat eine viel bessere Idee: Vorne neben dem Weg liegt ein großer Haufen mit Bruchholz. Der Vater zieht einen kräftigen Holzprügel heraus. Er prüft ihn auf seine Festigkeit. Nun reicht er der Mutter das andere Ende und sagt zu Anna: «Schau, ein Königsthron, da kannst du dich draufsetzen.» Das gefällt Anna.

Engele flieg

Ein anderes Mal, als Anna wieder mit ihren Eltern unterwegs ist und ihre Füße sie gar nicht mehr so recht tragen wollen, darf sie zwischen Vater und Mutter. Die beiden reichen ihr jeweils eine Hand. «Pass auf», sagt der Vater verheißungsvoll, «gleich geht's wieder besser.» Anna schaut erwartungsvoll abwechselnd zum Vater und zur Mutter. Und dann geht es los: Die Eltern machen ein paar Riesenschritte, heben dabei ihr Kind ein Stück weit voran durch die Luft und rufen: «Engele, Engele, flieg!» Anna jubelt vergnügt. «Noch mal!», ruft sie begeistert. Nun geht es noch ein paar Mal durch die Luft. Und danach schafft es Anna wieder, ein gutes Stück allein weiterzugehen.

Schattenhüpfen

Vorschulkinder sind begeistert, wenn wir mit ihnen unterwegs Laufspiele spielen. Das folgende Spiel ist natürlich nur möglich, wenn die Sonne so steht, dass die Körper Schatten werfen. Man versucht dabei, mit den Füßen den Schatten des anderen zu erhaschen.

Hast den Letzten

Dieses Spiel macht müde Beine wieder munter, wenn der Heimweg auf einen Spazierweg abseits vom Autoverkehr führt. «Ich kann nicht mehr!», sagt ein Sechsjähriger und stapft missmutig durch den Park neben den Eltern her. Auf einmal stupst ihn der Vater an und ruft: «Hast den Letzten!» – Jetzt ist die Müdigkeit vorbei. Der Vater ist schon ein Stück vorausgerannt, aber nur so schnell, dass der Bub ihn noch gut einholen kann. «Hast den Letzten!», ruft er und jetzt freut er sich, wie der Vater hinter der Mutter herrennt, um ihr «den Letzten» zu geben.

☆

Meine Beine, deine Beine

Zur Abwechslung noch etwas Geruhsameres: So simpel der Spruch zu diesem Spiel ist, die Kinder mögen es, wenn wir mit ihnen im Takt dazu vorankommen:

Meine Beine, deine Beine,
Stolpern über kleine Steine,
Rums: Da liegt schon wieder einer!
(wdh.)   Ch.K.

Schneckenpost

Wer mit der Schneckenpost fährt, kommt nur ganz langsam und gemütlich vorwärts:

Ei, wie langsam, ei, wie langsam
Kommt der Schneck von seinem Fleck!
Sieben lange Tage braucht er,
Von einem Eck ins andere Eck!

Aber dann wechselt der Takt: Der Erwachsene nimmt nun das Kind bei der Hand und läuft mit ihm ein ganzes Stück schneller voran:

Potz, da wollt ich anders laufen,
Wenn ich so ein Schnecklein wär.[46]
Paul Frischauer

Allerlei Spielfiguren

Versorgen, pflegen, essen, schmusen, sprechen, sich auseinander setzen, etwas unternehmen – das erleben die Kinder an sich selbst und sie wollen es im Spiel weitergeben. Dafür haben sie gerne einen kleinen Gefährten, den sie lieb haben können und der immer verfügbar ist.

Wer heute in ein Spielwarengeschäft geht, um seinem Kind etwas zum Liebhaben zu kaufen, kann einigermaßen verwirrt sein über das reichhaltige Angebot, das er dort vorfindet: Gleich am Eingang sind alle möglichen grotesken Gestalten aufgebaut. Naiv dreinblickende, mit großem Kopf und Kulleraugen,

andere wieder sind fast kopflos mit übergroßen, rüsselartigen Nasen. Dann gibt es da die Helden aus Kinderserien oder Comicfilmen. Außerdem findet sich viel Buntes aus Plüsch, irgendwie undefinierbar. Oft sind auch die Hände entstellt und bestehen nur aus vier Fingern oder aus Pfoten. Daneben, in der konventionellen Abteilung, warten verschiedenste Tiere im Plastikpelz in allen nur denkbaren Größen, mehr oder weniger naturgetreu nachgestaltet.
Und Puppen? – «Ach ja. Die gibt es auch. Die sind ganz hinten in der Ecke», sagt die Verkäuferin. «Die werden nicht mehr so viel verlangt.»

Eine Puppe, das war über Jahrhunderte hinweg das selbstverständlichste Spielzeug. Oft war es das einzige. Nicht die kunstvollen Paradepuppen, die nur zum Anschauen gefertigt wurden, sind hier gemeint, sondern Alltagspuppen zum Spielen. In allen Kulturen gab es sie. Einfache Gebilde, aus Naturmaterialien gefertigt, die ihren Wert erst durch die Begegnung mit dem Kind, also durch das Spielen entfalten. Heute jedoch ist das Urbild des Menschen, die Puppe, die noch bis weit in das 20. Jahrhundert hinein eines der häufigsten Spielzeuge war, auf dem Rückzug. Es gibt nur noch ganz wenige Kinder, die eine geschenkt bekommen.

Eine Erzieherin schildert folgendes Erlebnis: «Einmal brachte ich meine Puppe, die mir noch seit meinen eigenen Kindertagen treu geblieben ist, mit in den Kindergarten. Sie durfte mit uns im Morgenkreis sitzen und es gab viel zu erzählen. Alle waren begeistert. So schlug ich den Kindern vor, am nächsten Tag ebenfalls ihre Puppe mitzubringen. ‹Ich hab' aber keine›, sagten viele. – ‹Aber vielleicht habt ihr etwas zum Liebhaben?›, fragte ich. – Ja, das bestätigten alle. Und so machten wir aus, dass jeder seinen Liebling mitbringen dürfte. – Da allerdings war ich dann erstaunt, was am nächsten Tag alles ankam. Von zwanzig Kindern brachten wirklich nur drei eine Puppe mit. Die anderen besaßen keine. Ihre Lieblinge, die sie an diesem Tag mitbrachten, waren verschiedenartige tierähnliche Gebilde. Meistens waren das solche, die aufgerichtet waren wie Menschen und die auf zwei Beinen stehen konnten.»

Fratzen, Tiermenschen und andere Gestalten

Was bedeutet das, wenn die Kinder ihre Liebe, ihre Zuwendung oder auch ihren Frust einer Tierfigur und oder einer tiermensch-ähnlichen Comicgestalt entgegenbringen? – «Das macht doch nichts!», sagen manche Erwachsene, oder: «Alle Kinder haben doch solche Figuren!»

Es ist ja bekannt: Was «alle» haben, muss nicht immer das Beste sein. Wer einem Kind eine Spielzeugfigur schenken will, sollte dies mit größter Aufmerksamkeit und Liebe tun, denn die Wirkungen, die von den Dingen ausgehen, mit denen wir unsere Kinder umgeben, sind nachhaltig.

> Dummes vor's Auge gestellt
> Hat ein magisches Recht,
> Weil es die Sinne gefesselt hält,
> Bleibt der Geist ein Knecht.
> J. W. Goethe

Was aber erlebt das Kind durch solche Tier-Mensch-Figuren oder Fratzengestalten? Was hat sich in ihnen verpuppt? – Ein Menschenbild ist es nicht. Und die Spiele, die das Kind damit vollführt, sind anders als mit einer Puppe. Jeder kann es ohne weiteres selbst beobachten: Spielt das Kind mit der Puppe, so sind allein schon die Handgebärden völlig anders, als wenn es sich mit einer Spielzeuggestalt beschäftigt, bei der nach oben aus dem Kopf heraus Ohren oder Antennen wachsen. Einer solchen Figur kann es selbstverständlich nicht über den Kopf streicheln und sie lässt sich nicht so lieb und

Spielen

Einfache Spieltiere

geborgen halten wie eine Puppe. Auch das, was das Kind mit einer Tier- oder Comicgestalt spricht, ist nicht vergleichbar mit den vielfältigen Gesprächen, die mit einer Puppe geführt werden können. Es unterhält sich mit einer solchen Figur nicht über Menschenangelegenheiten. Meistens äußert es sich eher in Comicsprache.

Wie ist das nun, wenn die Zuneigung und die Gefühle des kleinen Kindes sich nicht an einem Menschenabbild orientieren, sondern an einem Tier oder an einer grotesken Figur? Die Tierfigur kann niemals Begleiter der eigenen Entwicklung werden. Denn für die Entwicklung gibt es ein Gesetz: Das artgleiche Kleinere orientiert sich am Größeren: Die kleinen Bären schauen, was die großen machen und ahmen es nach.

Ebenso tun es die kleinen Hasen, Hunde, Rehe, Vögel und andere. Auch in der Natur des Menschen liegt es, sich an seinesgleichen zu bilden. Seinesgleichen, das ist für das Kind natürlich in allererster Linie die erwachsene Bezugsperson. Es ist aber auch die Puppe, das Bild für den Menschen, mit dem sich das Kind in seinem Spiel immer wieder selbst spiegelt: «Schau, so musst du das machen!», sagt es zur Puppe. Und indem es die Puppe erzieht, begegnet es immer wieder sich selbst.

Entstellte Tierfiguren

Jedes Tier hat seine Würde und es gehört zur Würde der Vierbeiner, sich auf allen vier Beinen durch das Leben fortzubewegen – durch das echte Leben draußen, aber auch als nachgeformte Spieltiere im Kinderzimmer. Es gibt keinen vernünftigen Grund, Kindern entstellte Tierfiguren anzubieten, im Gegenteil: Kühe, Hunde Schweine, Pferde, Elefanten, die auf zwei Beinen daherkommen, mit fratzenhaften Gesichtern und vielleicht noch mit großen, treudoof blickenden Kulleraugen, verbilden das sich entwickelnde Innenleben des Kindes.

Für Kinder in den ersten Lebensjahren ist es wichtig, sich erst ein stimmiges Verhältnis zu den Menschen, den Tieren und der Umgebung zu erwerben. Kinder lernen über Bilder. Alle bildlichen Eindrücke wirken weit mehr als Worte. Geben wir den Kindern Tiermenschen oder Menschtiere zum Spielen, so haben sie damit groteske, verzerrte Bilder, die eine gesunde Entwicklung des ästhetischen Empfindens stören. Kinder brauchen stimmige Bilder, denn sie verinnerlichen alles, was sie wahrnehmen.

Kinder brauchen Spieltiere in artgemäßen Formen

Wenn wir für die Kinder Spieltiere auswählen, dann möglichst solche, bei denen die Achtung vor dem Tier gewahrt bleibt. Da beim Tier die Wirbelsäule waagerecht zur Erde verläuft, hat es – in seiner natürlichen Bewegungsform – den Kopf immer zur Erde geneigt. Die klassischen Spieltiere, wie zum Beispiel die Ente zum Nachziehen oder das Steckenpferd, zeigen das. Typische Merkmale sind auch wichtig bei Spieltieren, die Kinder ab dem Kindergartenalter für ihre Spielaufbauten gut gebrauchen können. Solche Spieltiere – zum Beispiel aus Holz oder aus Wolle – werden dann völlig selbstverständlich auch artgerecht behandelt: Das Kind versorgt sie, führt sie auf die Weide, gibt ihnen Futter etc. Hier lässt das Kind dem Tier im Spiel das zuteil werden, was tiergemäß ist. Das jedoch, was einem Menschen entspricht, das kann es nur dem entgegenbringen, was das Bild des Menschen ist: Es ist die Puppe.

Die Puppe, das Bild für den Menschen

Die klassische Spielgefährtin der Kinder, die Puppe, heißt ebenso wie die Hülle, in der sich die Raupe in einen Schmetterling verwandelt. Wie schlicht und unscheinbar ist doch diese Puppe, aus welcher später der Falter schlüpft, aber was für ein Innenleben entfaltet sich aus ihr! Wer es nicht wüsste, könnte es ihr niemals von außen ansehen. Ähnlich ist das mit einer

Puppe, wie sie unsere Kinder zum Spielen brauchen: Je schlichter sie gestaltet ist, umso vielfältiger kann sich Wunderbares entfalten. Und es sind nicht die äußeren Naturkräfte, die das bewirken, sondern es ist ganz allein das Kind selbst – mit seiner Fantasie. Wo äußerlich kein Schnickschnack ablenkt, da werden die Fantasiekräfte des Kindes rege.

Gebrauchspuppen, wie sie aus den verschiedenen Kulturkreisen bis heute erhalten sind, haben genau die Schlichtheit, die ein reiches Innenleben vermuten lässt. Sie sind weder fein ausgestaltet noch besonders auffallend gekleidet, doch sie alle zeigen das Wesentliche: den runden Kopf und den länglichen Körper, menschlichen Proportionen nachgebildet. Bis weit in das vergangene Jahrhundert hinein war es in vielen bäuerlichen Kulturen noch üblich, dem Kind eine solche Puppe selbst anzufertigen: kleine Lieblinge aus Holz oder Stoff.

Diese liebevoll gefertigten Geschöpfe zeigen auf einfachste Weise das, worauf es ankommt: die Puppe als zeitloses Geschöpf, die auf das Kind angewiesen ist, damit sie belebt wird. Gerade heute, in unserer technisch orientierten Zeit, in der so vieles schon vorgedacht und vorgegeben ist, brauchen die Kinder mehr denn je eine Puppe, die sie selbst beleben dürfen.

Eine allererste Puppe

Eine Puppe für die Kleinsten lässt sich auf ganz einfache Weise selbst anfertigen. Jede Mutter, jeder Vater kann das! Wir können es ja an unserem Kind beobachten, wie gerne es etwas zum Liebhaben hat, etwas Persönliches, womit es ins Bett gehen kann und was es beim Aufwachen wiederfindet. Irgendein alltäglicher Gegenstand wird eines Tages zu einem ständigen Begleiter auserkoren. Bei vielen Kleinstkindern ist das einfach nur eine

Stoffwindel oder ein bestimmtes Tuch, das sie dann auch immer wieder vorfinden wollen, bevor sie schlafen gehen.

Ein Tuch lässt sich auch in eine ganz einfache Puppe mit einem runden Kopf verwandeln. Sie kann im Nu entstehen. Es ist für die Kleinen faszinierend, wenn das vor ihren Augen geschieht.

Die Mutter hat verschiedene Sachen in einem Körbchen. Jetzt nimmt sie etwas Weiches heraus und streichelt sanft mit der Hand darüber: «Schau, die feine Schäfchenwolle!» Auch Johanna streicht darüber: «Ei, ei!» Die Mutter nimmt ein Stück von der Wolle. Sie zieht und drückt und zupft, bis eine Kugel entsteht. Jetzt kommt ein Stück Stoff darüber und auf einmal guckt ein lieber, runder Kopf zu dem Kind herüber und nickt ganz freundlich. Johanna streckt die Hände danach aus. «Das wird eine Puppe», sagt die Mutter. «Puppi!», ruft Johanna und wippt freudig mit den Füßen auf und ab. Nun kommen noch Knoten in die Stoffecken. Das sind die Hände. Eine Hand winkt schon zu Johanna herüber. Jetzt noch die Füße. «So, jetzt fehlen nur noch die Augen», sagt die Mutter, «die Puppe will dich ja auch anschauen!» Sie malt mit einem Stift zwei Punkte ins Gesicht. Jetzt ist es so weit: Die Puppe ist fertig. Die Mutter hält das kleine Geschöpf in ihrem Arm und streichelt es zärtlich. Dann legt sie es in Johannas Arme. Johanna strahlt. Sie nimmt ihr erstes Puppenkind und hält es an dem kugelrunden Kopf fest. Es muss fortan überallhin mit. Vor allem zum Schlafen. Es ist der treue Nachtgefährte. Es wird niemals vergessen.

Die Puppe, das Bild für den Menschen

Spielen

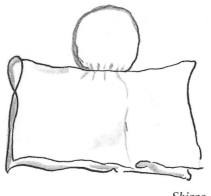

Skizze a

Skizze b

Eine einfache Puppe entsteht

Material:
- eine einfarbige Stoffserviette
  50 x 50 cm
  oder ein gesäumtes Baumwolltuch
  gleicher Größe
- kardiertes Wollvlies[47]
- eine Baumwollsocke
- Zwirn, Nadel und Faden
- blauer Buntstift

Für den Kopf
Kardiertes Wollvlies locker ausbreiten (es ist dann ca. 4 cm hoch), ein rechteckiges Stück (30 x 12 cm) abschneiden, zuerst einrollen und dann mit beiden Händen so fest wie möglich zu einer Kugel drücken, dabei immer wieder etwas von dem Wollvlies herauszupfen und möglichst um die Kugel herumziehen.

Für die Figur
Den Kopf in einer Hand halten. Serviette mittig über die Kopfkugel legen und mit einer Hand so straff wie möglich darüber ziehen, den Stoff unter dem Kopf eng zu-

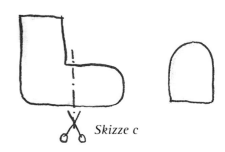

Skizze c

sammennehmen und fest mit Zwirn umwickeln. Die Figur nun auf eine Fläche legen (Skizze a). Das obere Stoffteil nach innen einrollen (Skizze b) und an den Enden Knoten als Hände hineinknüpfen. Die beiden anderen Stoffenden ebenfalls mit Knoten für die Füße versehen.

Mütze
Das Vorderteil einer Socke abschneiden (Skizze c), leicht einrollen, auf den Kopf der Puppe setzen und mit wenigen Stichen befestigen.

Augen
Mit der Spitze des leicht angefeuchteten Buntstiftes Augen aufmalen.

Die Puppe als Begleiterin der inneren Entwicklung

Etwa um das dritte Lebensjahr, wenn das Kind zu sich «ich» sagen kann, braucht es die aufrechte Puppe mit einer festen Mitte, die es sich auch mal unter den Arm klemmen kann. Eine Puppe, die es lieb haben, herumtragen und umsorgen kann, die als Prellbock für allerlei Launen herhält und mit der es seine Kümmernisse teilen kann. «Schön» nach Erwachsenengeschmack muss sie nicht sein. – Nur die einfach gestaltete Puppe kann, bildlich gesehen, auf der gleichen Entwicklungsstufe stehen wie das Kind selbst. Sie kann das Gleiche erleben und durchmachen wie das Kind: Sie kann älter werden, Geburtstag haben, krank sein, in den Kindergarten kommen. Sie muss Mittagsschlaf halten oder eine Mütze aufsetzen, wenn es draußen kalt ist. Und eines Tages wird sie, ebenso wie das Kind auch, in die Schule kommen.

Eine solche Puppe kann zu einer treuen Gefährtin werden, die das Kind über viele Jahre begleitet. Eine Vertraute im Kleinen, die immer da ist und mit der es die großen und kleinen Ereignisse des Alltags spielend noch einmal nacherleben und auch verarbeiten kann.

Puppen müssen nicht perfekt sein

Wo bekommt man nun eine solche Puppe? In ausgewählten Spielwaren- oder Versandgeschäften gibt es ästhetisch schöne Stoffpuppen zum Liebhaben, wie Kinder sie brauchen, aber sie haben ihren Preis, obwohl sie ein schlichtes Äußeres haben, denn bei der Herstellung ist viel Handarbeit nötig. Fertigt man dagegen eine solche Puppe selbst an, dann kostet sie fast nichts. Und sie selbst herzustellen ist weniger schwierig, als viele denken. Anleitungen, die auch für Nichtprofis gut verständlich sind, gibt es zum Beispiel in Puppenkursen, wie sie heute in vielen Familienbildungszentren angeboten werden, oder auch in speziellen Puppenbüchern.

Mütter, Väter, Großmütter – wer immer sich daranwagt, eine Puppe selbst anzufertigen, der kann erleben, dass sich durch das eigene Schaffen eine besondere Beziehung zu der Puppe entwickelt. Kinder spüren die Liebe, die da mit hineingenäht wird. Und die spüren sie auch dann, wenn die Puppe nicht so aussieht wie eine aus dem Geschäft. Denn der wahre Wert einer Puppe ist für ein Kind nicht davon abhängig, wie perfekt sie gestaltet ist. Kinder können eine tiefe Beziehung gerade zu einer Puppe entwickeln, die niemals den ersten Preis in einem Schönheitswettbewerb bekommen würde.

Freundschaft schließen mit der Puppe

Manche Kinder schließen sofort Freundschaft mit der neuen Puppe. Sie wollen sie gar nicht mehr aus dem Arm legen, andere wiederum sind zurückhaltend. Sie wissen nichts Rechtes mit ihr anzufangen. Wie oft sind Mütter oder Väter enttäuscht, wenn sie mit besonders großer Sorgfalt eine Pup-

Spielen

pe für ihr Kind ausgesucht haben und es spielt gar nicht damit. Schnell ist dann das Urteil gefällt: «Mein Kind mag eben keine Puppe!» – Und schon wird diesem Geschöpf keine weitere Beachtung mehr geschenkt. Das ist schade, denn die Begegnung und das Spiel mit der Puppe gehören zu den wichtigsten Tätigkeiten, denen sich ein Kind hingeben kann. Und außerdem: Eine Puppe ist nicht einfach ein Spielzeug wie etwa ein Ball oder Bauklötze. Eine Puppe ist wie ein Lebewesen. Ein neues Familienmitglied also und es ist daher wichtig, dass die Erwachsenen ihr auch entsprechende Beachtung schenken. Das Verhältnis des Kindes zu der neuen Puppe orientiert sich maßgeblich an der Einstellung des Erwachsenen. Und die hat großen Einfluss auf das Kind.

Eine Mutter, die sich viele Gedanken dazu gemacht hatte, für ihre Anna-Lena eine schöne und kindgemäße Puppe herauszusuchen, war erst enttäuscht, dass die Tochter diese kaum beachtete. Sie sagte nichts weiter, aber sie ließ sich etwas einfallen: Eines Tages nahm sie die Puppe bei den Händen, bewegte sich mit ihr hin und her und begann zu singen.

Anna-Lena strahlte. Als nun die Mutter auch ihr die Hand reichte, kam auch sie mit in den kleinen Kreis und tanzte ebenfalls. Dann nahm sie ihre Puppe zwischen die Arme, drückte sie ganz fest an sich und sagte: «Meine Puppe!» Seitdem bestand zwischen Anna-Lena und der Puppe eine tiefe Freundschaft, die viele Jahre andauerte.

Die Puppe, das Bild für den Menschen

Püppchen, komm und tanz mit mir! Beide Hände reich ich dir.
Einmal hin, einmal her, rundherum, das ist nicht schwer.

Ei, das hast du fein gemacht!
Ei, das hätt ich nicht gedacht.
Einmal hin ...

Noch einmal das schöne Spiel,
Weil es uns so gut gefiel!
Einmal hin ...

Text: nach Adelheid Wette / Weise: Volkstümlich

Die geliebte Puppe

Wo die Puppe einen festen Platz im Herzen eines Kindes hat, da gehen die Ideen nie aus. Vom Aufwachen bis zum Schlafengehen gibt es da allerhand zu tun, denn eine Puppe muss natürlich gut versorgt werden: Sie braucht etwas zu essen, sie muss gepflegt und ins Bett gebracht werden und außerdem kann das Kind so vieles mit ihr anfangen, was ihm selbst Vergnügen macht: einen echten kleinen Kuchen backen, Puppengeburtstag feiern, eine kleine Martinslaterne basteln und anderes mehr.

Solche Spiele sind allerdings nur mit einer Puppe möglich, die von der Form und Gestalt her unaufdringlich ist. Nur wenn das Äußere einer Puppe nicht auf eine ganz bestimmte Rolle festgelegt ist und sich nicht aufdrängt mit ihrer «Schönheit», ihrem «Können» oder einer alterstypischen Spezialisierung zum Beispiel als lebensgroßes Baby oder als Sexsymbol, hat das Kind die nötige Freiheit, mit ihr nach eigenen Ideen zu spielen.

Konsumpuppen

So genannte «Konsumpuppen» eignen sich dafür nicht, denn diese sind so konzipiert, dass sie vor allem zum Nachkaufen verschiedener Zubehörteile anregen: Ob Puppenbaby in Lebensgröße oder adrettes Modepüppchen à la Barbie – zu allen derartigen Figuren gibt es jeweils ein breites Angebot an verschiedensten Spezialausrüstungen für Sonne, Wind, Regen, Schnee etc., das dazu angelegt ist, immer neue Wünsche zu wecken. Überall, wo Kinder mit einer solchen Konsumpuppe umgehen, zeigt sich, dass sie vor allem ein Thema interessiert: die Bedarfsgegenstände, die noch gekauft werden müssen. Die Eltern und Großeltern bekommen genaue Anweisungen, was sie als Nächstes schenken sollen. Dieses Streben nach immer Neuem ist allein für die Spielwarenindustrie von Nutzen. Für Kinder jedoch ist es ein frühzeitiges Training zum angepassten Konsumbürger.

Bei Konsumpuppen wirkt das äußere Erscheinungsbild so stark, dass das Kind gar nicht mehr die Möglichkeit hat, sich

mit dem Inneren der Puppe zu identifizieren. Eine «Konsumpuppe» kann niemals Begleiterin der inneren Entwicklung sein. Es gibt ja immer noch so viele Dinge, die sie nicht hat. Durch diese Hinwendung zu den Äußerlichkeiten wird die innere Regsamkeit überdeckt. Kein Kind, das eine Konsumpuppe hat, kommt auf die Idee, sich Nachmittage lang damit zu beschäftigen, einen geeigneten Stoff aus der Restekiste auszusuchen, diesen, mit etwas Beistand des Erwachsenen, zuzuschneiden und schließlich selbst einen neuen Rock zu sticheln. Das Kind lernt, die Ideen an etwas Neues damit zu verbinden, dass dieses allein käuflich erworben werden kann. Damit bleibt ein großes Potenzial an eigenen schöpferischen Fähigkeiten, die ja in jedem Kinde schlummern, einfach unausgeschöpft. Wo alles fix und fertig ist, ist es nicht nötig, eigene Ideen zu entwickeln. Und unterbewusst erfahren die Kinder: Das, was ich selbst könnte, wird nicht gebraucht. Es ist überflüssig. Eine Erfahrung, die man Kindern – auch im Umgang mit der Puppe – ersparen sollte.

Besonderes Spielzeug für Mädchen und Buben?

Trotz aller Emanzipation und Fortschrittlichkeit: In der Spielzeugauswahl trennen die Erwachsenen gerne nach Jungen und Mädchen. Es ist selten, dass Buben eine Puppe bekommen. Dabei brauchen auch sie eine Puppe. Natürlich keine geschniegelte Modepuppe, sondern eine einfache robuste Gefährtin, ein Puppenkind, mit dem sie ihren Kinderalltag teilen können: sprechen, essen, spazieren gehen, einschlafen, aufwachen, krank sein und vieles mehr. Wie keine Spielfigur sonst ist die Puppe geeignet, in dem spielenden Kind menschliche Fähigkeiten freizusetzen – ganz im Gegensatz zu Monsterfiguren und sonstigen Helden, die Buben häufig geschenkt bekommen.

Ein Kind ist vor allem Kind – und eine Trennung in Mädchen oder Bub ist in den ersten sieben Lebensjahren noch völlig nebensächlich, denn alle Kinder haben hier die gleichen, wesentlichen Grundbedürfnisse. Immer wieder kann man erleben, dass Buben, die keine Puppe haben, sich selbst eine beschaffen, die dann zu einem jahrelangen, treuen Begleiter wird. So jedenfalls war es bei Fabian.

Er hatte eine kleine Schwester bekommen. Eines Tages, als die Mutter oben auf dem Speicher stöberte, war er mit dabei und entdeckte eine Polsterrolle. Er schloss sie gleich in den Arm und sagte: «Das ist mein Daniela-Baby!» Fortan war genau diese Rolle seine treueste Begleiterin. Sie hatte einen Schlafplatz bei ihm im Zimmer, sie musste mit auf Reisen und sie stand neben dem Sandkasten, wenn er dort spielte. Dieses Daniela-Baby wurde aber durchaus nicht immer nur sanft und liebevoll behandelt. Manchmal, wenn Spielkameraden zu Besuch da waren, wurde es mit Juchu die Treppe hinunterbefördert – nicht nur einmal, sondern ganz oft hintereinander.

Eine Puppe für meinen Sohn?

Martin ist dreieinhalb Jahre. Er ist ein Einzelkind. Seine Mutter äußert im Gespräch mit der Erzieherin im Kindergarten: «Martin spielt eigentlich nie richtig, wenn er zu Hause ist, und das macht mir schon Sorgen. Ich weiß nicht, ob das normal ist. Ich glaube, er ist zu viel mit Erwachsenen zusammen. Manchmal kommt er mir schon so altklug vor.» Im weiteren Verlauf des Gespräches kommt die Frage auf, ob der Sohn denn eine Puppe habe. Die Mutter wehrt erst ab: «Eine Puppe? Nein! Natürlich nicht! Er ist doch ein Bub!» – Schließlich freundet sie sich mit dem Gedanken an, ihm eine Puppe zu schenken. «Aber es muss es eine Bubenpuppe sein», meint sie, «eine, die nicht nur niedlich ist, sondern die auch etwas aushält.»

Einige Zeit später, bei einem nächsten Gespräch mit der Erzieherin, erzählt die Mutter begeistert: «Das mit der Puppe war eigentlich doch eine gute Idee! Martin spielt tatsächlich mit ihr, und irgendwie glaube ich, dass ihm das ganz gut tut. Wir haben sie auch ganz nett eingeführt. Seitdem die Puppe da ist, wartet sie nämlich mittags schon immer neben der Tür, wenn wir vom Kindergarten heimkommen. Dann fragt sie, wie es am Vormittag war und was Martin alles gemacht hat. Aber da kann ich mich nur wundern. Was er der Puppe alles erzählt. Wenn ich ihn frage, gibt er kaum etwas von sich. Die Puppe ist jetzt richtig in die Familie mit aufgenommen. Seit neuestem bringt Martin sie abends ganz liebevoll ins Bett. Dann singt er und erzählt ganz von sich aus.»

Meine liebe Kinderwelt

Was Kinder so alles wahrnehmen

Wirklichkeit und Fantasie sind bei kleinen Kindern noch eng miteinander verwoben. Sie haben einen völlig selbstverständlichen Zugang zu einer magischen Welt: Zwerge, Elfen, Feen sind da zu Hause. Kleine Kinder können Dinge sehen, von denen andere nur noch träumen können. Wenn wir als Erwachsene offen dafür sind, kann uns die Innenwelt der Kinder wahrhaft in Erstaunen versetzen. Wer würde es wagen, das zu belächeln oder von oben herab abzutun, was sie wahrnehmen?

Katharina kannte noch keine von den liebevollen kleinen Geschichten, in denen Zwerge, Elfen oder Feen vorkommen. Wie auch? – Sie war doch erst eineinhalb Jahre alt. Einmal, es war im Sommerurlaub in den Bergen, machte die Familie einen Ausflug. An einem sonnigen Hang wurde Rast gemacht. Es gab viele Walderdbeeren dort. Die leuchteten zwischen den grünen Blättern hervor. Die Eltern gaben dem Kind von den süßen, roten Beeren. Dann setzten sie es nieder. Nach einer Weile erhob sich Katharina und pflückte ebenfalls eine Erdbeere ab. Sie tat das ganz behutsam. Dann spitzte sie ihren Mund und hielt die Beere so, als ob sie jemanden füttern wollte. Schließlich steckte sie die Beere in ihren eigenen Mund. Vorsichtig wiederholte sie das Gleiche noch einige Male. Sie verteilte rings um sich herum Erdbeeren an Gefährten, die nur sie sehen konnte.

Zwerge und andere Gefährten

Kinder haben es gerne, wenn wir ihnen von Zwergen erzählen. Manchmal kann man auch welche sehen, wenn man im Wald spazieren geht. Dort, unter Wurzeln und Baumstümpfen, gibt es viele Zwergenwohnungen. Vor den Eingängen hängen oft zarte Vorhänge, die von den Spinnen gewebt wurden. Manchmal sitzen noch kleine Tautropfen darinnen und glitzern wie Silberperlen.

Aber die Zwerge sind nicht nur im Wald, sondern überall. Und die Kinder wissen das:

Ein wunderschöner Frühlingsmorgen. Die Sonne bricht durch die zartgrünen Blätter der Bäume. Die Vögel zwitschern und jubilieren. Eine Kinderschar ist mit ihrer Erzieherin in einer Parkanlage unterwegs, die sich neben einer Autobahn-Auffahrt am Rande einer großen Siedlung befindet. Der Park wird im Allgemeinen «Hundepark» genannt. Und das passt auch, denn manchmal, wenn man dort spazieren geht, begegnen einem tatsächlich mehr Hunde als Menschen. Oft kommen sie zu zweit oder zu dritt neben einem Mann oder einer Frau daher.

Die Kinder lassen diese Tiere, von denen manche eine beachtliche Größe haben, immer aufmerksam passieren. Aber dann haben sie wieder Augen für ihre Kinderwelt. Mitten auf dem Spazierweg, der von

Was Kinder so alles wahrnehmen

vielen Bäumen gesäumt ist, sagt Johannes mit größter Selbstverständlichkeit: «Gell, da wohnen auch überall ganz viele Zwerge?» – «Ja», meint die Erzieherin, «das kann schon sein!» – Kurz darauf, als die Gesellschaft an einem großen, dicken Baum vorbeikommt, läuft Johannes herzu, hockt sich nieder und flüstert: «Da! Jetzt hab ich einen Zwerg gesehen.» Im Nu schart sich ein Großteil der anderen Kinder um ihn. Sie wollen auch schauen. «Wo, was ist?», ruft Herbert. «Psst, leise», flüstern andere. Eine ganze Weile bleiben die Kinder da und gucken. Dann springt Julia hoch und ruft: «Ich hab den Zwerg auch noch gesehen. Der hat eine ganz braune Mütze gehabt.» Felix ist enttäuscht, weil er gar nichts gesehen hat. – Wer weiß? Vielleicht ein anderes Mal? Die Zwerge sind nämlich sehr scheu. Und meistens haben sie ihre Zaubermützchen auf.

> Die Zwerglein sind so leise.
> Sie gehen auf die Reise.
> Sie ziehen Zaubermützen an,
> Damit sie niemand sehen kann.
> Man sieht sie nicht,
> Man hört sie nicht,
> Sie zeigen selten ihr Gesicht.
>
> A. Baur

Es gibt auch Zwerge, die leben ganz dicht bei den Menschen. In der Familie von Tina und Anja wohnt sogar ein Hauszwerg. Der hütet den Schlaf der Kinder. Er ist nämlich immer erst in der Nacht unterwegs. Wenn alle zur Ruhe gegangen sind.

Manchmal sind die Zwerge sogar auch noch für Erwachsene sichtbar. Der Dichter und Arzt Axel Munthe schreibt in seinen Lebenserinnerungen, wie er eines Nachts, als er zu Besuch in seiner Heimat weilte, durch ein Rascheln aufgeschreckt wurde: «Ich sah ganz deutlich ein Männchen, so groß wie meine Handfläche, mit gekreuzten Beinen auf dem Tische sitzen ...» Der Dichter berichtet, wie sich nun zwischen ihm und dem Männchen ein tief weisheitsvolles Gespräch entspinnt. Nach einer Weile drängt der Kleine zum Aufbruch und ruft: «Leb wohl, du Träumer, es war eine gute Begegnung.» – «Ja, es war eine gute Begegnung.» – Wie konnte sie möglich sein? – «Es roch nach Kind in dieser Kammer», verrät der Wichtelmann, «ich wäre sonst nicht hereingekommen!»[48]

Unsichtbare Spielgesellen

Kinder haben ein sehr deutliches Empfinden dafür, ob ein Erwachsener noch «nach Kind riecht» und den Zauber ihrer Welt versteht. Ein Kind, das fürchten muss, seine Fantasiewelt könnte verlacht werden, wird sich hüten, von ihr etwas preiszugeben.

Lisa hat ein Häuschen. Es liegt ein bisschen verborgen in der Gartenecke zwischen dem Jasminbusch und dem Mäuerchen. Lisa spielt dort am liebsten. Und wenn sie in ihrer Ecke ist, dann kann man sie von weitem gar nicht sehen. Man muss schon ein bisschen näher kommen. So wie

die Tante, die heute zu Besuch ist: «Oh, du hast aber ein gutes Versteck!», ruft die Tante. «Darf man da auch mal hinein?» – «Nein! Das geht jetzt nicht!» – Die Tante will trotzdem. – «Nein! Nicht!», ruft Lisa. «da ist der Oni drinnen und der Noni. Die schlafen jetzt!» – «Der Oni und der Noni? Wer sind die denn?» Lisa will es nicht erzählen. Es sind nämlich «nur» zwei Steine. Aber eben ganz besondere Steine. Und wer weiß, ob die Tante so etwas versteht?

Die Wahrnehmungen der Kinder gehen oft weit über die rationale Welt der Erwachsenen hinaus. Bei einigen Kindern stellt sich, etwa im dritten Lebensjahr, ein unsichtbarer Spielgefährte ein. Und wo sein Dasein von den Großen nicht als naiver Kinderkram belächelt wird, ist er dem Kind ein treuer Begleiter. Er lebt dann ganz normal im Alltag mit. Unsichtbare Spielgefährten heißen nicht etwa Hans oder Gisela. Ihr Name ist jeweils individuell und einzigartig. Bei dem einem Kind ist es der Rabul, bei einem anderen heißt er Olane und bei einem nächsten ist es Ninino.

Ninino, das war Ludwigs Spielgefährte. Er tauchte auf, als Ludwig etwa zweieinhalb Jahre alt war, und er wurde jahrelang in den Alltag und in die Spiele des Kindes mit einbezogen. Ludwig erzählte immer wieder von ihm. Einmal war der Spielgefährte nicht da. «Jetzt muss ich erst den Ninino anrufen», sagte Ludwig, «weil der wohnt nämlich in Reidanz.» Eines Morgens knetete Ludwig aus Knetwachs eine Kerze und schmückte den kleinen Tisch in seinem Kinderzimmer: «Heute hat nämlich der Ninino Geburtstag», sagte er. Einmal, als er mit der Mutter von einem

Spaziergang nach Hause kam, ließ er sie zuerst in die Wohnung gehen. Dann klingelte er und sagte: «Grüß dich, ich bin der Ninino. Ich bleibe jetzt ein bisschen bei euch zu Besuch.» Dann fragte er: «Wo ist denn der Ludwig?»

Spätestens mit Beginn der Schulzeit entfernt sich der unsichtbare Gefährte dann ebenso unvermittelt, wie er einst auftauchte. Wo man sich über ihn lustig macht, verschwindet er schon früher. «Als ich klein war, hatte ich auch so einen Gefährten», erzählt eine junge Frau, «aber meine Eltern haben das nicht verstanden. Einmal unterhielt ich mich mit ihm. Ich weiß es noch, als ob es gestern gewesen wäre. Ich war ganz vertieft in mein Spiel, da tauchte meine Mutter auf und sagte: ‹Was erzählst du denn da für einen Schmarrn?› Seitdem war er weg. Ich habe nie mehr mit ihm gesprochen.»

Kinder spüren es, wenn Erwachsene ihnen nicht in ihre Kinderwelt folgen können. Sie ziehen sich dann mit ihren Ideen zurück. Sie wissen: Es hat keinen Sinn, den Großen etwas zu erklären. «Die großen Leute verstehen nie etwas von selbst», heißt es bei Antoine de Saint-Exupéry, «und für die Kinder ist es zu anstrengend, ihnen immer und immer wieder erklären zu müssen.»[49] – Nur sollen die Großen auch bedenken, dass die Kinder nicht einfach nur versonnene Träumer sind. Wenn es um nackte Tatsachen geht, dann haben sie manchmal mehr Realitätssinn als alle Erwachsenen zusammen. Ein einzigartiges Gleichnis dafür spiegelt das Märchen «Des Kaisers neue Kleider». Alle jubeln dem Kaiser in seinen neuen Kleidern zu. «Aber er hat ja gar nichts an!», sagt schließlich ein Kind völlig unbefangen, als es bemerkt, dass die neuen Kleider des Kaisers aus Nichts bestehen.

Himmel und Erde

Kinder sind noch sehr verbunden mit den höheren Welten. Dass es Engel gibt, ist für sie selbstverständlich. Vielleicht lieben viele Kinder deswegen ganz besonders das Märchen von Schneeweißchen und Rosenrot. Hier wird erzählt, wie zwei kleine Mädchen im Wald unterwegs waren und auf dem Moos einschliefen. Als sie erwachten, sahen sie beide eine helle Gestalt. Die blickte sie freundlich an und verschwand. Als sich die Kinder umblick-

ten, bemerkten sie, dass sie ganz nahe bei einem Abgrund geschlafen hatten. Die Mutter, der sie davon erzählten, war sich ganz sicher, dass das der Engel gewesen sein müsse, der sie bewacht habe.

«Der Schutzengel ... wir brauchen ihn immerzu. Wir haben ihn als Kind, sonst wären wir längst überfahren. Wir wachsen damit auf, wir verlassen uns auf ihn», sagt Max Frisch. Später denken wir oft nicht mehr an ihn. Manchmal taucht er wieder auf, wenn wir sehr alt sind. «Hier ist er wieder!», erinnert sich eine alte Dame. «Ja, wissen Sie, als ich ein ganz kleines Kind war, befand er sich immer bei mir. Aber ich habe ganz vergessen, dass er überhaupt existiert.»[50]

So viele Menschen wissen, dass es Engel gibt. Bis in unsere moderne Zeit hinein erzählen uns Maler, Dichter, Sänger, Bildhauer, Komponisten und Filmemacher von ihnen. Für Künstler und ebenso auch für Kinder ist die Existenz von Engeln eine Selbstverständlichkeit. Es ist gut, wenn Mütter, Väter und Erzieher von ihnen sprechen. Kinder sind besonders aufmerksam, wenn wir ihnen von ihrem persönlichen Begleiter erzählen, von ihrem Schutzengel. Dann spüren sie tief in ihrem Inneren: So ist es!

«Am Abend», sagt eine Mutter, «will Johanna immer die gleiche Geschichte hören. Es ist die Geschichte von ihrem Schutzengel, der immer bei ihr ist und der sie ganz lieb hat, der sie hütet und der sie nie verlässt. Ich erzähle ihr, wie er in der Nacht mit ihr im Himmel spazieren geht, wie er ihr dann die Sternenblumen zeigt und wie er mit ihr auch die Oma besucht, die vor einigen Wochen gestorben ist.»

Kinder lieben es, von Engeln zu hören, und sie sprechen auch gerne über sie. Manchmal haben sie da ganz praktische Überlegungen. Einmal erkundigte sich ein sechsjähriges Mädchen: «Kriegen die Engel nicht Sonnenbrand, wenn die Sonne da oben scheint?»

Warum ist der Mond heute so groß?

Kinder wollen die Welt kennen lernen und sich mit ihr verbinden. Kein Wunder, dass sie da viele Fragen haben.

Die großen Erwachsenen in ihrer Nähe sind für sie eine Quelle, aus der sie immer wieder schöpfen wollen. Also fragen sie, und es ist bemerkenswert, mit welcher Selbstverständlichkeit und Freude sie das tun.

Wo eine Frage gestellt wird, kommt etwas in Bewegung. Wer fragt, ist wach, aufmerksam, offen, bereit für Begegnung und für neue Erfahrungen. Für Kinder ist es wichtig, dass sie so viel wie möglich fragen dürfen. Jede Frage verdient Aufmerksamkeit. Lassen wir die Kinder nicht ins Leere fragen, auch wenn wir gerade keine Antwort wissen. Es ist besser, mal zu sagen: «Ich weiß es nicht», oder: «Ich muss noch darüber nachdenken», als eine Frage zu überhören. Das Hin und Her von Frage und Antwort ist wichtig, um miteinander im Gespräch zu bleiben. Eltern wissen viel, aber alles müssen sie auch nicht wissen.

Martin fragt: «Warum ist der Mond heute so groß?» – «Du hast Recht», sagt der Vater, «der ist heute tatsächlich viel größer als sonst!» Er hält kurz inne, dann sagt er: «Da muss ich selbst nachdenken. Ich weiß es nicht!» – «Gell, da musst du erst nachschauen!», meint Martin.

Wenn Kinder fragen, heißt das nicht, dass wir sie mit unseren Antworten belehren müssen:

Abends, beim Sonnenuntergang, will Maximilian wissen: «Warum geht die Sonne jetzt unter?» – «Also, pass auf», sagt der Vater, und er erklärt nun ausführlich, wie sich die Erde um die Sonne dreht. Maximilian schaut den Vater an. Dann hüpft er weg. «Nanu», denkt der Vater. Gerade bemüht er sich, dem Buben etwas zu beizubringen, und jetzt läuft er weg. Warum hat er überhaupt gefragt? Ist er nun uninteressiert? Oder ist die Antwort zu kompliziert, zu wenig nachvollziehbar? – Ja! Maximilian ist erst vier Jahre alt. Da sind für ihn logische Erklärungen noch nicht nachvollziehbar. Im Vorschulalter können Kinder nur das verstehen, was sie aus ihrem eigenen Erlebnisbereich kennen. «Die Sonne ist müde!» – Eine solche einfache, überschaubare Antwort hätte vollauf genügt.

Antworten in Bildern

Kinder fragen, wie es denn mit der Welt und den Dingen und Lebewesen darin bestellt ist. Sie nehmen mit ihren Sinnen wahr und nicht mit dem Verstand. Und darum können sie am besten alles das verstehen, was bildlich ist. «Wo ist denn dein Hund?», fragt der fünfjährige Jakob die Nachbarin, als er bemerkt, dass sie nicht, wie sonst üblich, mit ihrem kleinen Pippo spazieren geht. «Der ist im Hundehimmel», sagt die Frau. – «Wo ist denn der?» – «Da oben, bei der großen Wolke. Auf der Wolke sieben.» – Jakob guckt nach oben: «Wo denn da? Ich seh den gar nicht!» – «Den sieht man nur mit besonderen Augen», sagt die Nachbarin. Jakob hüpft vergnügt

davon und singt: «Auf der Wolke sieben, auf der Wolke sieben!»

Kleine Kinder beschäftigen sich häufig auch mit Lebensfragen. Lassen wir sie dann ein wenig selbst nachsinnen, so können wir manchmal erleben, wie sie aus sich selbst heraus verblüffende Antworten finden. Zwei Geschwister besuchen ihre Großmutter, die vor kurzem Witwe geworden ist. Jan, der siebenjährige Enkel, fragt: «Warum ist der Opa gestorben?» Die Großmutter überlegt, was sie am besten antworten soll, da fragt der Bub weiter: «Kommt der Opa noch mal auf die Welt?» Die Großmutter nickt. «Wann kommt er wieder?» – «Ich weiß es nicht!» – Jan: «Aber dann weiß er doch gar nicht mehr, dass er mal der Opa war.» Luisa, die fünfjährige Schwester: «Wenn er auf die Welt kommt, dann sag ich's ihm.» – Jan: «Das kannst du doch gar nicht. Vielleicht kommt er ja in einem ganz anderen Land zur Welt, vielleicht in Spanien oder so!»

Manchmal sind Kinder, auch ohne zu fragen, ganz unvermittelt Wissende. «Mama», sagt Dominik, «hinter dir ist noch eine Mama, und die ist größer als du!»

Mit Kindern staunen

Was empfinden wir Erwachsene heute noch als erstaunlich? Worüber staunen wir? Bewegt uns das, was die Welt schön und vielfältig macht? Wie ist es mit den vielen größeren oder kleineren Wundern, denen wir alltäglich begegnen können? Ist es die Geburt eines Kindes, die uns staunen lässt? Ein Sonnenuntergang? Der Sternenhimmel? Eine Blume? Oder ist das alles nichts Besonderes? – Zwei Erwachsene stehen beisammen. Gerade hat es ein heftiges Gewitter gegeben. Und mit einem Mal zeichnet sich am Himmel ein Regenbogen ab. Er leuchtet in allen Farben. «Schau nur! Ist das nicht fantastisch?», sagt der eine. – «Das ist doch ganz normal!», findet der andere.

Die Welt und all das Lebendige in ihr – ist das wirklich alles so normal? Gibt es nichts zu staunen? Der große Cellist Pablo Casals hat da ganz andere Erfahrungen gemacht: «Es vergeht kein Tag, an dem nicht irgendetwas Besonderes mein Herz erfreuen könnte: das Bächlein, wie es aus dem Felsen entspringt, der Schatten, den ein Berg wirft, die Blume am Wegesrand. Wenn man die Augen öffnet, kann man so viel Schönes erleben, was einem das Herz erfreuen kann.»[51]

Staunenswerte Kleinigkeiten

Kleine Kinder machen uns darauf aufmerksam, wie das geht, die Augen zu öffnen. Sie staunen so gerne. Die Kleinsten staunen, sobald sie es zum ersten Mal schaffen, sich aufzusetzen. Sie staunen, wenn sie auf einmal stehen oder wenn sie – ganz allein – die ersten Schritte machen können. Sie staunen mit ihrem ganzen Körper und mit ihren Augen. Immer dann, wenn sie sich wieder einen neuen Bewegungsschritt erobern, halten

sie ganz kurz inne. Dann strahlen sie uns an, als wollten sie sagen: «Seht nur, ist das nicht wunderbar?» Und ihre Freude ist komplett, wenn nun auch die anderen staunen.

Sobald die Kinder auf Entdeckungsreise gehen, bemerken sie so allerhand Staunenswertes. Es sind vor allem die kleinen Dinge, die ihr Interesse erregen. «Schau mal, da!», rufen sie, sooft sie etwas entdecken. – O ja, ein Blatt, ein zauberhaft geringeltes Schneckenhäuschen, ein Käfer mit goldgrünen Flügeln. Tatsächlich, wir wären fast vorbeigegangen.

Erstaunliches entdecken und mitteilen

Wer staunen kann, geht aufmerksam durch den Alltag. Und wer aufmerksam ist, kann Bemerkenswertes entdecken. Das Leben wird vielfältig und interessant. Kleine Kinder wenden sich dem Naheliegenden zu, den Dingen, die sie greifen können. Sie zeigen uns die Silberfischlein, die Ameisen, die Spinnen, den Frosch und anderes, was in ihr Blickfeld gerät. Sie staunen unbeschwert und arglos! Sie werten noch nicht, so wie wir Erwachsene es oft tun, wenn wir derartige Lebewesen erblicken.

Wer staunt, will sich mitteilen. Er will mit einem anderen Menschen das Schöne teilen, das er gerade empfindet. Erst das Zwiegespräch macht das Bestaunte unvergesslich. Es ist ein Geben und Nehmen. Kleine Kinder drängt es ständig danach. Dieses Steinchen, das Johanna soeben

Himmel und Erde

aufgehoben hat, ist doch erst jetzt wahrhaft erstaunlich, als die Mutter ihm besondere Beachtung schenkt. «Wie es funkelt. Sieh nur, wie viele Glitzerpünktchen es hat», sagt sie. Johanna lacht und hebt vergnügt einen nächsten Stein auf und noch einen. So viele Funkelsteine liegen da auf dem Boden. Schließlich sagt sie: «Wann sind eigentlich die Steine gewachsen? Wann gab es die zum ersten Mal?»

Der Weg ist wichtiger als das Ziel

Wenn unsere Kinder schon immer mehr zu Fuß unterwegs sind, dann bekommen Spaziergänge in den Park oder in die Natur eine eigene Qualität: Wer nun möglichst flott den Spielplatz ansteuern will, merkt bald, dass er mit solcher Absicht völlig an den Bedürfnissen des Kindes vorbeigeht. Es will nicht nur laufen, sondern auch erleben. Der Weg ist für ein Kind viel interessanter als das Ziel, vor allem wenn die Erwachsenen sich darauf einlassen. Äußerlich kommt man oft gar nicht so recht vorwärts, dafür aber innerlich. Viele neue Erfahrungen und Entdeckungen sind auch für uns Erwachsene möglich, wenn wir das nur wollen.

Warum ist es eigentlich wichtig, mit den Kindern zu staunen?

Staunen, das heißt mit dem Herzen fühlen, einen Sinn dafür haben, dass es Dinge gibt, die es verdienen, beachtet oder bewundert zu werden. Staunen kann man nur, wenn man innehält und bereit ist, seine Gedanken zu öffnen. Innere Kräfte regen sich. Ein Sinn für etwas Höheres klingt an. Wo miteinander gestaunt wird, kann sich eine Lebensqualität entwickeln, die reichlich Anlass gibt zu schönen und sinnvollen Gedanken und Gesprächen. In unserer Zeit, in der Unheilvolles häufig schon zu kleinen Kindern herandringt, ist es notwendig, dass Mütter, Väter und Erzieher auch selbst die Augen für das öffnen, was schön ist. Die Kinder brauchen das Vorbild der Großen, damit ihnen ihre natürliche Freude, offen und aufmerksam der Welt zu begegnen, so lange wie möglich erhalten bleibt.

Umweltprobleme und Katastrophen dagegen sind Themen, die wir Erwachsene zu bewegen und zu lösen haben. Wir sollten die Kinder in ihrer ersten Lebensphase, in der sie ja erst einmal lernen müssen, sich in der Welt zurechtzufinden, nicht mit Problemen ängstigen, die sie jetzt noch gar nicht verstehen. In den ersten Lebensjahren müssen Kinder erst einmal satt werden an dem, was schön ist. Auf dieser Grundlage können sie später einmal fähig werden, sich dafür einzusetzen, dass es auch erhalten bleibt.

Für Kinder ist es etwas Besonderes, wenn auch wir sie auf etwas Staunenswertes aufmerksam machen. Für die Kleinen ist es nicht der wunderbare Panoramablick, der bei schönem Wetter oben von einem Berggipfel aus zu bewundern ist, sondern das Naheliegende, das Greifbare. Sie lieben es, selbst auf Entdeckungsreise zu gehen. Ein Regenwurm, eine Schnecke, ein kleiner Teich mit Kaulquappen oder ein seichtes Gewässer, in dem Schwärme

Himmel und Erde

flinker Fischlein spielen – es sind gerade die Wunder im Kleinen, die ihre Aufmerksamkeit erregen.

Meine Freunde, die Tiere

Auch bei etwas größeren Tieren wollen die Kinder gerne verweilen. Es macht ihnen Vergnügen, den lustigen Sprüngen eines Eichhörnchens zuzusehen, das beim Spaziergang fröhlich vor ihnen herspringt. Sie halten inne, wenn ein Igel im Gebüsch raschelt. Sie freuen sich über die kleinen Fische, die dicht am Seeufer im Wasser spielen, und sie haben es gerne, wenn bei ihnen zu Hause ein Hund oder eine Katze wohnt.

Etwas Besonderes ist es, wenn Kinder, etwa in den Ferien, die Möglichkeit haben, auf einem Bauernhof zu erleben, wie Gänse, Hühner, Enten, Schweine, Kühe oder Pferde artgerecht leben und gepflegt werden.

In den ersten Lebensjahren begegnen die Kinder echten Tieren mit Bewunderung und liebevollen Blicken. Etwa bis zum dritten Lebensjahr empfinden sie noch völlig selbstverständlich, dass jedes Tier seine eigene Würde hat. Diese natürliche Empfindung kann ihnen durch die ganze Kinderzeit erhalten bleiben, wenn sie von den Erwachsenen in der nächsten Umgebung geteilt wird, wenn also Mütter, Väter, Erzieher die Tierwelt auch selbst liebevoll beachten und sich an ihnen freuen und von ihnen singen.

Himmel und Erde

Das Vöglein in den Lüften
Singt dir aus voller Brust,
Die Schlange in den Klüften
Zischt dir in Lebenslust.
Zu dir ...

Die Fischlein, die da schwimmen,
sind, Herr, vor dir nicht stumm,
du hörest ihre Stimmen,
vor dir kommt keines um.
Zu dir ...

Vor dir tanzt in der Sonne
Der kleine Mückenschwarm.
Zum Dank für Lebenswonne
ist keins zu klein und arm.
Zu dir ...

Text: Clemens Brentano / Weise: Alois Künstler

Den Blick für das Schöne wecken

Für unsere Kinder ist es wichtig, dass wir Erwachsene selbst dem Erstaunlichen, das es im Alltag gibt, genügend Aufmerksamkeit schenken. Das ist besonders dann möglich, wenn wir die Kinder nicht ständig mit Programmen und Unterhaltungen eindecken und wenn wir sie nicht einzwängen in den Rahmen unserer festgefügten Meinungen. Kinder übernehmen alles: unseren Missmut oder unseren Frohsinn, je nachdem, was wir ihnen vorleben.
Es gibt Kinder, die den Eindruck machen, sie könnten überhaupt nicht mehr staunen und das ganze Leben wäre eine Last, denn sie finden ständig irgendetwas zu beklagen: «Ich bin müde!» – «Mir ist langweilig!» – «Das ist doof!» – «Schau, was der da gemacht hat!» – «Das darf man nicht!» Manche haben schon zu allem und jedem eine Abwehrhaltung. «Da muss man aber erst die Polizei fragen!», sagte ein Fünfjähriger in einer Kindergartenrunde, als er hörte, dass es bald ein Johannifest mit einem großen Feuer geben würde.

Das Zaubertuch

«Was ist eigentlich heute noch schön für die Kinder?» Diese Frage stellte sich eine Erzieherin, die einige Zeit zuvor eine neue

Kindergartengruppe übernommen hatte. Es fiel ihr auf, dass manche Kinder sich für nichts mehr begeistern konnten. Doch sie ließ sich nicht entmutigen. Eines Vormittags, als wieder alle im Stuhlkreis saßen und wie üblich die kleine Erzählrunde begann, holte sie aus einem Körbchen, das sie vorbereitet hatte, ein goldgelbes Tuch heraus. «Es ist ein Zaubertuch», sagte sie, als sie vor den Augen der Kinder einen dicken Knoten hineinknüpfte.

Die Kinder waren schon mal gespannt, weil sich etwas bewegte. Und gleich hörten sie, was es mit dem Zaubertuch auf sich hatte: «Wenn man es in der Hand hält, fallen einem nur ganz besonders schöne Sachen ein.» Und nun begann die Erzieherin zu erzählen, was sie am Morgen auf dem Weg in den Kindergarten Schönes erlebt hatte. Ein kleines, flinkes Tier hatte sie gesehen: «Es war etwa so groß und hatte ein rötliches Fellchen und einen ganz buschigen Schwanz.» – Schon riefen einige Kinder: «Ich weiß, ich weiß, ein Eichhörnchen!»

Als die kleine Erzählung zu Ende war, fiel den Kindern ein, dass sie ja auch selbst etwas Schönes erlebt hatten. Und da alle durcheinander redeten, war natürlich nichts zu verstehen. Also wurde ausgemacht, dass immer derjenige, der gerade das Zaubertuch in den Händen hält, erzählen darf. Die Kinder waren begeistert. Es tat ihnen sichtbar wohl, ihre Gedanken auf etwas Schönes zu richten. Das Zaubertuch wurde nun zu einem festen Bestandteil im Morgenkreis. Manchmal kamen die Kinder am Morgen herein und sagten: «Heute weiß ich schon was ganz Schönes für nachher zum Erzählen. Aber ich sag's dir jetzt gleich.»

Märchen

«In den alten Zeiten, wo das Wünschen noch geholfen hat, lebte ein König, dessen Töchter waren alle schön, aber die jüngste war so schön, dass die Sonne selber, die doch so vieles gesehen hat, sich verwunderte, sooft sie ihr ins Gesicht schien. Nahe bei dem Schlosse des Königs lag ein großer dunkler Wald und in dem Walde unter einer alten Linde war ein Brunnen: wenn nun der Tag sehr heiß war, so ging das Königskind hinaus ...» – Schon wenige solcher bildreichen Worte genügen, und eine Wunderwelt an inneren Bildern tut sich auf. Jeder hat seine Prinzessin vor sich. Auch den Wald, den Brunnen, das Schloss. Ganz individuelle Figuren und Situationen entstehen vor dem inneren Auge. Und jedes Mal wenn das Märchen wieder erzählt wird, tauchen in der eigenen Fantasie die gleichen Bilder auf. Sie sind einzigartig. Und dass sie unnachahmlich sind, das weiß jeder, der ein Märchen erst durch Erzählen kennen gelernt hat. Verfilmt ist das Ganze nur ein Abglanz von dem, was man vorher an inneren Bildern erlebt hatte. Ebenso ist es,

Märchen

wenn wir die Verfilmung eines Romans erst sehen, nachdem wir das Buch gelesen haben.

Das Zauberhafte eines Märchens entfaltet sich besonders beim Zuhören. Wenn erzählt oder vorgelesen wird, können eigene Bilder entstehen. Das Kind kann sich innerlich auf den Weg machen. Es kann teilnehmen an dem Hoffen, Streben und Bangen der Helden und miterleben, wie sie auf der Suche nach dem Guten und Wahren furchtlos allerlei abenteuerliche Hindernisse überwinden. Denn eines ist bei jedem dieser überlieferten Märchen sicher: Was auch kommen mag, die Hauptfigur kann letztendlich alle Gefahren bewältigen! Sie ist Vorbild.

Aber vielleicht gibt es sie auch heute noch, solche Vorbilder? Der Hauch einer Hoffnung tut sich auf, dass sie nicht nur vergangenen Zeiten angehören mögen, denn zum Abschluss eines Märchens heißt es jedes Mal wieder: «Und wenn sie nicht gestorben sind, dann leben sie noch heute.» Es ist wohltuend für Kinder, so viel wie möglich von solchen Vorbildern zu hören, solange sie im Begriff sind, sich ihr eigenes Werte- und Weltbild zu erobern. Auf dem Weg zur eigenen Individualität sind Märchen, wie sie im Original von den Brüdern Grimm weitergegeben wurden, Seelennahrung. Kinder brauchen diese in unserer Zeit ganz besonders. Märchen geben ihnen Kraft und Orientierung gegenüber den gewaltigen Gegenbildern, wie sie zum Beispiel durch die Bildmedien verbreitet werden.

Erzählen und vorlesen

Persönliches Erzählen oder Vorlesen ist jedem technischen Tonträger weit überlegen. Es geht ja nicht nur um den Inhalt einer Geschichte, sondern auch um das «Drumherum». Den Inhalt könnte das Kind tatsächlich von der Kassette hören. Aber es fehlen ihm dabei all die wunderbaren zusätzlichen Elemente der Behaglichkeit, die das Zuhören erst so richtig zu einem Genuss werden lassen. Es fehlt die Nähe und die Wärme des Erwachsenen. Es fehlt das Beisammensitzen in einer gemütlichen Ecke oder eingekuschelt unter einer großen Decke. Es fehlen der Blickkontakt und die kleinen Gebärden persönlicher Zuwendung.

Da heute kaum noch jemand Zeit hat, ein Märchen erst zu lernen und es dann frei zu erzählen, wird meistens vorgelesen. Damit wir nun mit dem Blick nicht ständig dicht am Text hängen müssen, ist es sinnvoll, das Märchen vorher einmal für sich durchzulesen. Wir sind dann schon mit dem Inhalt vertraut und können den Kindern zwischendurch immer wieder kurz in die Augen schauen. So können wir wahrnehmen, ob sie mitkommen oder ob wir vielleicht zu schnell erzählen. Für die Kinder ist es dann auch möglich, den Erzähler zu unterbrechen und noch mal nachzufragen.

Das Vergnügen des Vorlesens oder Erzählens ist auf ganz einfache Weise zu haben. Das Einzige, was man braucht, ist Zeit und Freude am Tun. Zeit zum Beispiel, die man sonst aufwenden würde, um mit dem Kind gemeinsam fernzusehen. Und Freude am Tun? – Ja, die stellt sich von selbst ein, denn wir Erwachsene können bemerken, dass wir den Kindern durch diese Art der Zuwendung, völlig entspannt begegnen und sie wirklich beglücken können. Durch Geschichten und Märchen bringen wir ihnen Inhalte entgegen. Es können sich daraus Gedanken und Gespräche entwickeln, die über das alltäglich Notwendige hinausgehen. Und dies ist für das ganze Familienleben eine Bereicherung. Erzählen und Vorlesen hat auch eine durchaus praktische Begleiterscheinung: Es regt den Sprachsinn an. Kinder, die vorgelesen bekommen, haben später auch Freude daran, selbst zu lesen.

Die fünfjährige Anja übt sich jetzt schon im Lesen. Sie hat ein Bilderbuch nur mit Bildern. Daraus «liest» sie ihrer Puppe vor, das heißt, sie erfindet zu den Bildern im Buch eine kleine Geschichte. Und sie ist sehr vergnügt bei der Sache. Zum Schluss sagt sie: «Und wenn sie nicht gestorben sind, dann leben sie heute noch.» – So kennt sie es vom Vater. Wenn der ein Märchen erzählt, endet das auch jedes Mal mit diesem Satz.

Was tun, damit die Kinder auch zuhören?

Wer erzählt, der will, dass der andere ihm zuhört. Und Zuhören ist nur möglich, wenn man ganz bei der Sache ist. Für viele Kinder ist es heute schwierig, stillzusitzen und einfach nur zuzuhören, wenn ein Märchen erzählt wird. Aber gerade auch die unruhigen Kinder brauchen die Urbilder der Märchen. Ermahnungen wie: «Nun seid doch mal endlich still!» lassen sie unbeeindruckt. Doch wir können Hilfen geben, die es ihnen erleichtern, erst einmal innerlich zur Ruhe zu kommen.

Erzählen ist etwas durchaus Gemüthaftes. Es gelingt daher am besten in einer heimeligen, liebevollen Atmosphäre. Erzählt oder vorgelesen wird am besten dort, wo man möglichst ungestört ist und wo die Blicke der Kinder nicht abgelenkt sind von dem, was draußen vor dem Fenster vor sich geht.

Kleine Rituale zur Einstimmung

Es hat sich bewährt, einen kleinen Märchenplatz herzurichten: eine Mitte, um die sich Erzähler und Zuhörer versammeln können. Diese Mitte kann ein besonderes, vorbereitetes Tischchen oder ein Hocker sein, der mit einem schönen Tuch bedeckt ist. Auf diesem Tisch kann nun etwas Platz finden, was den Augen der Kinder zwischendurch immer wieder mal Halt gibt. Das kann – je nach Jahreszeit – eine Schale mit Frühlingsblumen sein, eine schöne Blüte, eine Ranke, bunte Herbstblätter oder einfach nur ein besonderer Stein. Wenn abends erzählt wird, kann in diese Mitte auch eine Kerze gestellt werden.

Solche kleinen Rituale erfordern wenig Aufwand, aber sie haben große Wirkung. Wichtig ist, dass wir den Kindern die Freude lassen, beim Vorbereiten des Märchentisches

mitzuhelfen. Sie tun es so gerne! Diese kleinen Handreichungen helfen ihnen außerdem, sich innerlich einzustimmen.

Und wenn die Kinder immer noch unruhig sind

Der Märchentisch und die schöne Stimmung genügen nicht immer, um einem Kind zur innerlichen Ruhe zu verhelfen, die nun einmal notwendig ist, damit es überhaupt zuhören kann. Manche Kinder können kaum ein paar Augenblicke ruhig sitzen. Sie machen ständig fahrige Bewegungen mit den Armen oder mit den Beinen. Man merkt, sie tun das nicht absichtlich. Sie können einfach nicht anders. In diesem Zustand ist es für den Erzähler kaum möglich, mit ihnen Blickkontakt aufzunehmen, und er kann sich fragen, ob die Kinder in diesem Zustand überhaupt in der Lage sind, in die Bilderwelt der Märchen einzusteigen. Mit einem munteren Spiel vor dem Erzählen können die Kinder ihre Gliedmaßen noch mal tüchtig in Bewegung bringen. Danach fällt es ihnen viel leichter, für ein Weilchen stillzusitzen.

Muntere Pferdchen

Die Füße sind ja noch ganz munter wie junge Pferde. Also dürfen sie erst einmal ordentlich trappeln, damit sie nachher Ruhe geben, ja? – Ein Blick in die Runde. Diese Aussicht gefällt den Kindern. Da machen sie gerne mit. Nun trappeln die Pferdchen auf der Stelle, genauso kräftig, wie der Erwachsene das vormacht: «Hopp – hopp – hopp – hopp – hopp – hopp –

galopp!» Hui, jetzt dürfen die Pferchen ausruhen. Und die Kinder schaffen es jetzt leichter, sich auf das Zuhören einzulassen.

Zauberkugel

Eine andere Möglichkeit, die sich sehr bewährt hat, Kindern vor dem Erzählen zur Ruhe zu verhelfen, ist die «Zauberkugel». Der Erzähler legt seine beiden Hände aufeinander und schaut vorsichtig hinein. Ja, da drinnen ist es sehr geheimnisvoll, denn da sind die Zauberkugeln verborgen. Für jedes Kind eine. Es sind imaginäre Zauberkugeln. Sie bestehen aus Nichts, das ist ja das Zauberhafte. Kinder verstehen diesen Zauber, wenn wir nun beginnen, diese Kugeln entsprechend behutsam zu verteilen. Wer so eine Zauberkugel in

seinen beiden Händen hat, der kann besonders gut zuhören. Darum ist es wichtig, dass er nun die Kugel ganz gut hütet und Acht gibt, dass sie ihm nicht aus den Händen rollt.

Diese kleine Einführung weckt schon die Bereitschaft der Kinder, aufmerksam zu sein. Und es gelingt ihnen tatsächlich, die Kugel eine Weile zu hüten. Regt sich dann wieder ihr Trieb, mit den Händen herumzufahren, genügt ein liebevoller Blick des Erzählers, die Kinder an ihre Kugel zu erinnern. Überhaupt ist der Blickkontakt eine wesentliche Erzählhilfe. Der ganze Erfolg des Märchens hängt davon ab, ob der Erwachsene den Kindern zwischendurch auch oft genug in die Augen schaut.

Künstlerisches Schaffen

Jedes kleine Kind hat Freude daran, selbst etwas zu gestalten. Es will mit seinen Händen tätig sein, experimentieren und verwandeln. Beim Spielen mit einfachen Gegenständen, beim Zeichnen, Malen, Kneten und Formen oder auch bei leichten kleinen Näharbeiten ist das möglich. Wo schöpferische Tätigkeiten zum ganz normalen Alltag gehören, können Kinder ihre Willenskräfte sinnvoll betätigen. Sie erüben dadurch ganz nebenbei auch die Bewegungskoordination von Händen und Augen.

Zeichnen

Kinder zeichnen gerne und es ist wichtig, dass wir ihnen dies von klein auf ermöglichen, denn Zeichnen ist viel mehr als eine Freizeitbeschäftigung. Es ist für Kinder eine der wichtigsten Möglichkeiten, das freizusetzen, was in ihrem Inneren lebt. Viele Kinder beginnen zu zeichnen, kaum dass sie auf eigenen Beinen stehen.

Peter, gerade vierzehn Monate alt, entdeckt auf dem niedrigen Wohnzimmertisch einen Stift. In Windeseile ergreift er ihn und malt mit großen Schwüngen über die Zeitung, die dort liegt. Der Vater ist nicht eben begeistert davon, dass seine Zeitung voll gekritzelt wird. Trotzdem schimpft er nicht. Er sieht ja, wie der Kleine breitbeinig und voller Schaffensdrang dasteht und ihn fröhlich anstrahlt. Der Vater sagt: «Oh, das ist die Zeitung, die will ich noch lesen.» Doch er bietet gleich eine Alternative an: «Schau, Peter, wir holen dir lieber ein richtiges Papier zum Malen.» Der Vater holt nun ein paar Bögen Papier und legt sie dem Kind hin. «So», sagt er, «hier kannst du draufmalen.» Peter versieht nun noch zwei, drei dieser Blätter mit schnellen, kurzen Schwüngen. Dann ist er fertig.

Peter hatte seine Ideen auf das gekritzelt, was gerade da war: die Zeitung. Es hätte auch der Fußboden sein können oder die Wand. Als er nun ein anderes Papier bekommt, akzeptiert er dieses ohne Frage. So wurde seine Schaffensfreude nicht abgewürgt, wie das der Fall gewesen wäre, wenn der Vater seinen Sohn nur ermahnt hätte, nicht auf die Zeitungen zu malen.

Kinder brauchen keine Zeichenvorgaben

Die schönsten Bilder zeichnen Kinder, wenn ihnen niemand hineinredet. Dann können sie darstellen, was in ihnen lebt. Gibt man ihnen jedoch Malvorlagen mit vorgefertigten Umrissen, die nur noch bunt auszumalen sind, so hat das nichts als Nachteile. Kinder verlieren das Vertrauen in ihre eigenen Fähigkeiten und irgendwann haben wir sie dann so weit, dass sie unsicher werden und kein Bild mehr allein gestalten können. Sie fragen dann: «Was soll ich denn malen?» Oder sie haben ein Blatt Papier vor sich und sagen: «Da soll ein Pferd hin, aber ich kann das nicht. Malst du mir eins?»

Das allerdings ist dann ein Trauerspiel, denn in den ersten Jahren, mindestens bis zum Beginn der Schulzeit und oft weit darüber hinaus, können Kinder alles malen. Solange Erwachsene sich nicht in ihre natürliche Kreativität einmischen, sind sie ihnen eindeutig überlegen, denn sie sind spontan und schöpfen aus sich selbst heraus. «Ein Pferd?» Da müssen wir Großen erst nachdenken: Wie hält es den Kopf? Wie ist das eigentlich mit den Beinen? Vielleicht machen wir es so wie Max' Vater. Wir holen uns «Brehms Tierleben», suchen eine Abbildung von einem Pferd und zeichnen sie möglichst genau ab. Dann können wir uns wichtig und überlegen fühlen und sagen: «Schau, so musst du das machen!» – Und Max? Er bewundert vielleicht das, was nun auf dem Papier ist. Aber Vertrauen zu sich selbst hat er dabei nicht gewonnen.

Dabei hätte ein kleiner Dialog zur Ermutigung genügt: «Mal es so, wie du meinst!» – «Ich kann es aber nicht!» – «Doch, du kannst es. Versuch es einfach.» Und dann? Dann hätte Max ein Pferd gemalt. Vielleicht hätte er nur mit wenigen Strichen das Wesentliche dargestellt, aber es wäre «sein» Pferd gewesen. Er hätte die

Lust behalten, auch später noch Pferde und anderes zu malen. Und er hätte gewusst: Ich kann das!

Beim Zeichnen eigenes schöpferisches Potenzial freisetzen

Die spontanen Zeichnungen, die ein Mensch in den ersten sieben Jahren anfertigt, geben sehr deutlich seine jeweilige Entwicklungsstufe wieder. Es finden sich hier alterstypische Merkmale, wie sie von jedem Kind, überall auf der Erde, in ähnlicher Weise dargestellt werden.[52] Erst bewegen sich die aufgezeichneten Schwünge und Kritzel noch frei im Raum, so wie das Kind selbst. Darauf folgend bildet sich dann immer mehr eine Kreisform heraus. Zwischen dem zweiten und dritten Lebensjahr, mit dem ersten «Ich-Sagen», bekommt die Kreisform einen deutlichen Akzent: Ein Punkt wird in die Kreismitte gesetzt. – Danach sucht das Kind Orientierung im Raum, und das lässt sich auch an seinen Zeichnungen ablesen. Auf das Papier werden nun senkrechte und waagerechte Striche gesetzt. In unzähligen Varianten werden Kreuzformen erprobt und weiterentwickelt, bis sich daraus eines Tages der aufrechte Mensch herausbildet. Nach dem fünften Lebensjahr ist es dann so weit: Der Mensch mit Armen und Beinen wird dargestellt. Dinge aus der Umgebung kommen mit auf das Bild. Nach dem sechsten Lebensjahr bildet das Kind den Menschen so ab, dass er den Boden unter den Füßen und den Himmel um sich oder über sich hat. Kinder mit einem sicheren Lebensgefühl malen jetzt am liebsten Haus, Baum, Wiese, Blumen, Weg, Sonne, Himmel und Mensch – eine Welt, nach der sie sich in ihrem Innersten sehnen.

Kinder brauchen genügend Gelegenheit zum Zeichnen

Es hat sich gezeigt, dass heute viele Kinder diese typischen Merkmale nicht mehr altersgemäß abbilden. Es gibt Vierjährige, die dann, wenn sie einmal Papier in die Hände bekommen, nichts als Schwünge und Kritzel malen, oder Fünf- und Sechsjährige, die nur beziehungslose Fahrer auf das Papier setzen oder senkrechte Striche übereinander malen. Häufig kann man Siebenjährige erleben, die sich geradezu scheuen, einen Menschen zu zeichnen. Auch Eltern sind enttäuscht darüber. Eine Mutter, die bei einem Elterngespräch die Zeichnungen sah, die ihr Sohn in seiner Spielgruppe angefertigt hatte, sagte: «Nicht einmal richtig zeichnen kann er. Wenn ich mir so anschaue, was die anderen Kinder für niedliche Bilder malen, dann ist das ja richtig armselig.»

Das muss nicht so bleiben. Eine Erzieherin, die eine Kindergartengruppe neu übernommen hatte, wunderte sich, dass höchstens zwei oder drei Kinder so zeichneten, wie es ihrer Altersstufe entsprach. Und so entschloss sie sich, ihren Schützlingen fortan regelmäßig Gelegenheit zum Malen zu geben. Sie brauchte das nicht etwa anzuordnen. Sie bereitete einfach jeden Morgen einen großen Maltisch vor. Dafür schob sie einige Kindertische zusammen, legte vor jeden Sitz ein

Malbrett, Papier und Wachskreiden. Und zu jedem Kind, das hereinkam, sagte sie nach der gewohnten Begrüßungszeremonie: «Du darfst jetzt erst mal ein Bild malen!» – Du darfst – das hörte sich ganz bestimmt gut an in den Ohren der Kinder, denn jedes, ohne Ausnahme, setzte sich gerne an den Maltisch. Und jedes malte auch. Manche wollten gleich mehrere Bilder hintereinander malen. Es war erstaunlich zu erleben, wie auch die Kinder, die anfangs noch wenig geübt waren, mehr und mehr Zutrauen zu sich selbst schöpften und immer sicherer und gewandter wurden. Nach mehreren Monaten waren fast alle Kinder so weit, dass sie so zeichnen konnten, wie es ihrem Altersniveau entsprach.

Nicht nur im Kindergarten, auch zu Hause ist es für die Kinder wichtig, dass sie viel Gelegenheit haben zu zeichnen. Fördern kann man das dadurch, dass Stifte, Wachskreiden und Papier ständig zur Verfügung stehen. Sie dürfen natürlich nicht irgendwo in einer Schublade schlummern, sondern sie müssen sichtbar und einladend zurechtgelegt sein. Wo es genug Platz gibt, kann man den Kindern eine ständig verfügbare Zeichenecke einrichten oder man legt die Zeichenmaterialien griffbereit in ein offenes Regal. Es ist wichtig für Kinder, dass sie sich künstlerisch ausdrücken können. Beim Zeichnen haben sie ein Betätigungsfeld, dass völlig ihr eigenes ist. Es gibt ihnen innere Sicherheit, wenn sie darstellen dürfen, was in ihnen lebt. Kinder, die viel zeichnen, sind ausgeglichener. Wenn sie einmal wütend sind, können Papier und Stifte, die nun auf den Tisch kommen, manchmal Wunder wirken. Zeichnen hilft den Kindern, wieder zu sich selbst zu finden. Nicht erst im Kindergartenalter, sondern auch schon vorher, wenn die Kinder die so genannte Trotzphase durchmachen.

Kinderzeichnungen nicht kritisieren

Das, was kleine Kinder in wenigen Augenblicken zu Papier bringen, ist eine besondere Form von Kunst. Dieser Auffassung war die gesamte künstlerische Avantgarde zu Beginn des 20. Jahrhunderts. Die Kunstschaffenden jener Zeit entdeckten, dass die besondere Qualität der Kinderzeichnungen vor allem in der unverbildeten, völlig natürlichen Schöpferkraft liegt. So schrieb zum Beispiel André Derain: «Ich möchte die Zeichnungen von Kindern studieren. Kein Zweifel: dort liegt die Wahrheit.»[53] Gabriele Münter legte, gemeinsam mit Wassily Kandinsky, eine der umfangreichsten Sammlungen von Kinderzeichnungen an. Sie sammelten Kinderbilder im Freundes- und Bekanntenkreis in Deutschland und in Russland. Beide entnahmen daraus viele Motive für ihre eigenen Werke. Wassily Kandinsky beobachtete, dass in jeder Kinderzeichnung «ohne Ausnahme» ein «innerer Klang» lebt. Dies allerdings nur, solange die Erwachsenen nicht an dem, was die Kinder abbilden, herumkritisieren.

Dass dies auch in der heutigen Zeit schwer fällt, lässt sich unter anderem auch in Eltern-Kind-Kursen immer wieder beobachten. Wie oft versuchen Erwachsene, dem

Kind ihre eigene rationelle Weltsicht aufzudrängen. «Dein Mensch hat ja gar keine Hände», heißt es dann, oder: «Der Schneemann muss doch unten auf dem Boden stehen. Der kann doch nicht durch die Luft fliegen!» – «Was soll denn das sein? Eine Kuh? – Aber eine Kuh ist doch nicht blau.» Das Kind lacht dann über sich. Es ist kein fröhliches Lachen, sondern es ist das Lachen des Verunsicherten. Manchmal versucht es auszubessern, was es dargestellt hat. Aber mit der Zeit geht dann auch der Schwung weg. Das Einmischen des Erwachsenen verdirbt dem Kind die Freude, selbst etwas zu schaffen. Spontane Zeichnungen werden seltener. Sie hören irgendwann ganz auf. So geht schöpferisches Potenzial verloren. Es ist dann kein Wunder, wenn das Kind irgendwann einmal sagt: «Mir ist so langweilig! Was soll ich denn machen?»

Malen mit Wasserfarben

Oft ist es den Erwachsenen gar nicht bewusst, wie sie ihre eigenen Vorstellungen über die Ideen der Kinder stülpen. Wer will schon die Talente eines Kindes mit Absicht beeinträchtigen? – Es gibt eine besondere Form des Malens, bei der dies garantiert nicht möglich ist: das Malen mit Wasserfarben in der Technik Nass in Nass. Denn hier steht das Spiel der Farben im Vordergrund.

Es ist sinnvoll, mit dem Wasserfarben-Malen erst dann zu beginnen, wenn sich

die Fingerbeweglichkeit des Kindes so weit entwickelt hat, dass es den Pinsel halten und führen kann. Diese Fähigkeit entwickelt sich erst zwischen dem dritten und vierten Lebensjahr. Für ein Dreijähriges ist die flüssige Farbe im Töpfchen etwas Faszinierendes. Immer wieder stupst es seinen Pinsel kraftvoll in die Farbe und drückt ihn auf das Papier. Dabei bewegt es den Pinsel etwa wie einen Kochlöffel hin und her. Erst wenn die ganze Farbe ausgeschöpft ist, hört es auf zu malen. Für Dreijährige genügt eine Farbe. Für sie wäre es noch viel zu kompliziert, zu beachten, dass der Pinsel immer wieder ausgewaschen werden muss, bevor er in eine andere Farbe getaucht wird.

Ab dem vierten, fünften Lebensjahr ist das möglich. Jetzt können Kinder allmählich schon mit zwei und später dann mit drei Farben malen. Ab dem fünften Lebensjahr sind sie in der Lage, Farbtöne zu unterscheiden und zuverlässig zu benennen. Haben sie nun Gelegenheit, in den Grundfarben Rot, Blau und Gelb zu malen, freuen sie sich am Zusammenspiel der verschiedenen Farben. Nun schaffen sie es auch schon, den Pinsel locker über das Papier zu streichen.

Andrea und Thomas sind beide schon fünf Jahre alt. Heute malen die beiden zum ersten Mal mit Wasserfarben. Sie haben schon bei den Vorbereitungen mitgeholfen. Nun ist alles fertig. Jeder hat ein Gläschen mit Rot, Blau und Gelb vor sich und daneben ein großes Glas mit Wasser zum Pinselauswaschen. Andrea taucht den Pinsel in das Gelb. Sie freut sich daran, wie sich diese Farbe ausbreitet und immer größer wird. Nun taucht sie den ausgewaschenen Pinsel in das Blau und setzt es dicht neben das Gelb. «Ohhh! Schau mal! Bei mir ist jetzt Grün geworden», staunt sie. – Der Bruder schaut neugierig hinüber: «Wie hast du das gemacht?» – «Einfach nur Gelb und Blau zusammen.» Thomas hat mit Blau angefangen. Jetzt hat er Rot auf dem Pinsel. Ein dicker Tropfen fällt in sein Blau hinein und breitet sich aus. «Und schau, bei mir», ruft er ganz beglückt, «bei mir ist jetzt Lila.» – «Lila? Das möchte ich auch.» Die Kinder malen und staunen und schließlich entdecken sie auch noch, wie das geht, wenn man Orange haben möchte.

Dürfen Kinder mit Wasserfarben malen, sind sie völlig bei der Sache. Sie sind innerlich dabei, wenn sie erleben, wie die Farben auf dem Papier lebendig werden und zusammenspielen. Und das Besondere: Jedes fertig gemalte Bild ist einzigartig.

Manchmal sind die Kinder so in ihr Schaffen vertieft, dass sie all das Schöne wieder zumalen. Bevor also alles wieder überdeckt wird, kann man dem Kind sagen, dass nun keine weitere Farbe mehr auf das Bild passt und dass der Pinsel sich jetzt erst mal ausruhen darf.

Vorbereitungen für das Malen

Aquarellfarben, die sich für die Maltechnik Nass in Nass eignen, werden in Tuben oder Töpfchen angeboten. Harmonische Farbstimmungen ergeben sich, wenn man von den Grundfarben Rot, Blau und Gelb jeweils entweder nur die hellen oder nur

die dunklen Töne miteinander kombiniert. Besonders schöne Farbmischungen entstehen auch, wenn man so genannte Farbkreisfarben[54] verwendet.

Jede Farbe muss erst malfertig angemischt werden. Es ist praktisch, gleich eine größere Menge vorzubereiten, so hat man gleich Vorrat für spätere Malstunden: Man gibt einen Teil einer Farbe in jeweils ein kleines Schraubglas. Nun gießt man vorsichtig ein wenig Wasser dazu und rührt das Ganze – zum Beispiel mit einem feinen Haarpinsel – glatt. Sind alle drei Farben angemischt, probiert man noch einmal auf einem einfachen Papier, ob sie die gewünschte Farbtiefe haben. Gegebenenfalls gibt man nun noch etwas Wasser oder Farbe dazu.

Für den jeweiligen Malvorgang wird jeweils eine kleine Portion der angerührten Farbe in kleine Farbschälchen gefüllt. Malen mehrere Kinder nebeneinander, so ist es sinnvoll, vor jeden Malplatz eigene Schälchen zu stellen. Damit vermeidet man unnötige Auseinandersetzungen, wenn einer mal vergessen hat, seinen Pinsel auszuwaschen.

Das Malpapier muss eine raue, wenig geleimte Oberfläche haben, damit die Farben gut verfließen können. Es eignet sich zum Beispiel «Saugpost» oder «Schulaquarell». Als Malunterlage empfiehlt sich eine Sperrholzplatte von mindestens acht Millimeter Stärke. Auf diese wird das Papier aufgezogen: Dafür streicht man mit einem sauberen, gut mit Wasser angefeuchteten Schwamm zuerst gleichmäßig über die eine Seite des Papierbogens, danach dreht man diesen um und behandelt die andere Seite auf die gleiche Weise, bis er glatt auf der Malunterlage liegt.

Formen und kneten

Formen, Kneten und Gestalten ist nach wie vor eine der liebsten Kinderbeschäftigungen. Draußen in der freien Natur geht das am besten. Dort, wo es Sand, Matsch, Erde oder manchmal auch Schnee gibt, kann jeder schöpferisch sein und mit den eigenen Händen etwas schaffen. Doch dies ist meistens nur an besonderen Tagen und am Wochenende möglich, wenn ein Ausflug in die Natur gemacht wird. Kinder brauchen aber auch daheim Möglichkeiten, mit ihren Händen etwas zu formen und zu gestalten.

Teig zubereiten und kneten

Im Haus beteiligen sich die Kinder ausgesprochen gerne an nützlichen Tätigkeiten. Und eine, die sie besonders lieben, ist das Herstellen, Kneten und Formen eines Hefeteigs. – Natürlich können wir Gebäck auch fertig kaufen, wir können uns diese Arbeit sparen. Unter dem wirtschaftlichen Gesichtspunkt betrachtet, ist sie nicht notwendig. Für Kinder jedoch ist das Bearbeiten eines echten Teiges ein sehr beliebtes sinnliches Erlebnis. Einmal in der Woche Backtag, das mögen sie. Das nachfolgende Rezept erfordert nicht viel Zeitaufwand. Auch Erwachsenen, die vorher noch nie in ihrem Leben gebacken haben, gelingt es

ohne weiteres. Der Duft, der sich schon beim Gehen des Hefeteiges und dann erst recht beim Backen entfaltet, ist unwiderstehlich und der Wohlgeschmack von Selbstgebackenem ist unübertroffen.

Gleichzeitig mit dem Backvergnügen kann das Kind noch allerlei Nützliches mitbekommen. Es erfährt, wie ein Arbeitsschritt auf den anderen aufbaut, und lernt so – ganz nebenbei – durchschaubare Zusammenhänge kennen.

Zunächst bedarf es einiger Vorbereitungen: Kleine Rituale, wie Schürze anziehen und Händewaschen, gehören dazu. Nun werden alle benötigten Zutaten hergerichtet. Da können schon Vierjährige sehr gute Helfer sein. Sie übernehmen gerne kleine Aufgaben, wie Hefe glatt rühren, Eier aufschlagen, Nüsse zerkleinern und natürlich auch Teig mischen und kneten.

Hefeteig

25 g Hefe
6 Esslöffel lauwarme Milch
1 Esslöffel Honig

200 g Weizenmehl Type 1050
200 g Weizenvollkornmehl
$^1/_2$ Teelöffel Salz
60 g flüssige, abgekühlte Butter
150 g Naturjogurt
2 Eier:
   - 1 ganzes Ei und 1 Eiweiß für den Teig
   - 1 Eigelb zum Bestreichen

nach Belieben:
   $^1/_2$ Tasse Korinthen oder / und
   $^1/_2$ Tasse Walnüsse

Künstlerisches Schaffen

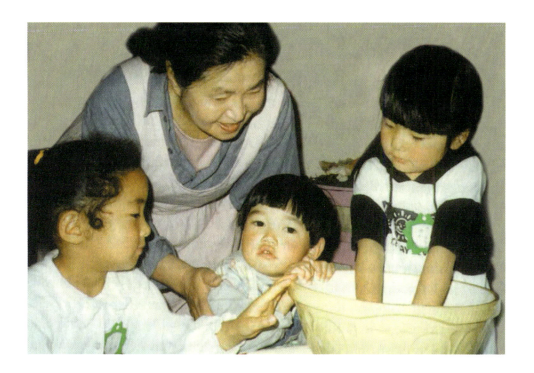

Den Backofen auf 200 Grad – ohne Umluft – vorheizen.

Hefe, Milch und Honig glatt rühren. Die beiden Mehlsorten in eine große Schüssel geben, in die Mitte eine Mulde hineindrücken und Hefemilch dazugießen; zugedeckt etwa 10 Minuten gehen lassen. Salz, Butter, Jogurt, das ganze Ei und das Eiweiß dazugeben, alles vorsichtig mischen und durchkneten, bis ein geschmeidiger Teig entsteht. Nach Belieben Korinthen oder / und Walnüsse dazugeben und unterkneten. Da ist es dann für die Kinder ein Vergnügen, wenn der Erwachsene die Schüssel festhält, damit sie tüchtig kneten können. Ein Reim, der öfter hintereinander wiederholt wird, kann den Takt angeben:

Wer nicht tüchtig kneten kann,
Ist kein rechter Bäckersmann,
Packe zu, spar keine Kraft,
Rund und um den Teig geschafft.

Den Teig abdecken und etwa 20 bis 30 Minuten gehen lassen, noch mal kurz durchkneten, und dann geht's ans Formen: Jeweils ein Teigstück, etwa in Größe einer Kinderfaust, wird auf eine bemehlte Arbeitsfläche gelegt. Nun dürfen die Kinder rollen, drehen und formen. Ein Vers kann ihr Schaffen begleiten:

Lustig fängt der Bäcker an,
Wenn er Brötchen formen kann.
Hörnchen, Wecken, Brezel, Kringel,
Macht er für die kleinen Schlingel.
Vieles hat er ausgeheckt,
Dass es allen Leuten schmeckt.

Meine liebe Kinderwelt

Figuren – von Kindern geknetet

Die Gebäckstücke werden auf ein leicht gefettetes Backblech gesetzt, mit dem glatt gerührten Eigelb bestrichen und auf der unteren Schiene des Backofens etwa 10 bis 15 Minuten goldgelb gebacken. Ausgekühlt schmeckt das fertige Gebäck besonders gut mit Butter und eventuell auch mit Honig.

Mit Wachs kneten

Nicht jeder Tag kann Backtag sein. Also ist es sinnvoll, wenn die Kinder auch andere Materialien haben, mit denen sie formen und gestalten können und die jederzeit verfügbar sind. Besonders gut eignet sich dafür Knetmaterial aus Bienenwachs. Es wird in handlichen kleinen Tafeln angeboten. Sie sind in allen gängigen Farbtönen erhältlich. Allein schon dieses Material in die Hände zu nehmen ist ein ästhetischer Genuss. – Knetbienenwachs ist nicht nur oberflächlich zu handhaben. Man muss es halten, rollen und drücken, bis es formbar wird. Und das ist das Besondere daran. Es kommt dabei ein Durchwärmungsprozess in Gang, der sich von den Händen durch den ganzen Körper ausbreitet. Und der hat eine außerordentlich harmonisierende Wirkung. Kinder, die mit Knetbienenwachs gestalten, kommen innerlich und äußerlich völlig zu sich selbst. Und das ist in unserer Zeit, in der es so viel Ablenkung und Hektik gibt, eine Qualität, die ihnen hilft, ihre Lebenskräfte zu stärken.

Vorbereitungen

Zum Kneten braucht man ein Holzbrett als Unterlage. Das kann zum Beispiel ein Küchenbrett sein, das eigens dafür angeschafft und verwendet wird. Auch eine besonders schön glatt geschliffene Astscheibe eignet sich als Knetunterlage. Vor dem Kneten werden die Wachstafeln in etwa fingerbreite Streifen oder in kleine Quadrate geschnitten und einladend in einem Körbchen bereitgestellt. Sollte das Wachs einmal zu hart sein, so füllt man es in ein Körbchen und stellt es für eine kurze Weile neben die Heizung.

Kneten mit dem Erwachsenen

Kneten ist zunächst einmal ein Vergnügen für Groß und Klein. Die rechte Lust und Freude am Wachskneten stellt sich vor allem dann ein, wenn die Erwachsenen mitmachen. So können die Kinder auch gleich abschauen, dass man erst einmal nur ein Stück von dem Wachs in die Hand nimmt. Sie erfahren, wie man es halten und drücken und bearbeiten muss, damit es formbar wird, und sie sehen, was alles daraus entstehen kann.

Dreijährige nehmen das auch wahr. Aber sie kneten noch nicht. Sie haben eine sehr eigene Art, mit Knetwachs umzugehen. Es macht ihnen Freude, das Wachs abzupflücken und kleine Wachsstückchen nebeneinander und übereinander auf eine Unterlage zu drücken.

Mit vier Jahren beginnen die Kinder schon, erste Formen zu bilden: Wachsstücke werden zu kleinen Würsten ausgerollt und oft auch als Schnecken eingedreht. Vierjährige lieben es auch, Wachsstückchen zwischen beide Handflächen zu nehmen und diese so lange hin und her zu bewegen, bis kleine runde Kugeln entstehen. Die setzen sie dann gerne zu Figuren zusammen.

Die Kinder genießen es, wenn der Erwachsene dabeisitzt und ebenfalls etwas knetet: einen Pilz, einen Baum, einen Zwerg, ein Tier, eine Menschengestalt – was immer er formt, es regt die Kinder zum Nachahmen an. Gerade auch die Älteren nehmen sehr aufmerksam wahr, was sich außer Schnecken und Männlein noch alles machen lässt.

Bei Kindern zwischen dem sechsten und siebenten Lebensjahr, die bisher reichlich Gelegenheit hatten, ihre Hände zu benutzen, ist die Beweglichkeit der Finger und auch die Sensibilität der Fingerspitzen so weit ausgebildet, dass sie feinste Figuren aus Wachs hervorbringen können. Wenn sie zum Beispiel beim Erwachsenen oder auch bei älteren Geschwistern sehen, dass sich das Wachs zwischen den Fingerspitzen ganz dünn ziehen lässt, so dass man fast hindurchschauen kann, werden gerne filigrane Gebilde wie Blüten, Schmetterlinge oder anderes geformt. Die Menschenfiguren, die angefertigt werden, bekommen jetzt oft einen Mantel oder eine Kopfbedeckung.

Gegen das Schulalter hin kneten die Kinder dann schon gerne allein, ohne den Erwachsenen.

Rhythmus und Rituale

Rhythmus im Alltag mit Kindern

Alle lebendigen Vorgänge sind durch Rhythmen geordnet. Der gesamte Kosmos sowie auch die Lebensprozesse von Pflanzen, Tieren und Menschen verlaufen in rhythmischer Abfolge. Mit Rhythmus verbindet sich eine besondere Qualität: Vertrautes kehrt zu bestimmten Zeiten und immer auf die gleiche Weise wieder.

Rhythmus erleben wir zum Beispiel auch im Lauf der Sonne. Wir kennen es nicht anders, als dass sie – von der Erde aus gesehen – in regelmäßiger Bahn von Osten nach Westen zieht. Jeden Tag aufs Neue. Eine höhere Ordnung, die niemand missen will. Sie ist uns so vertraut, dass uns allein die Vorstellung, die Sonne könnte hin und wieder in einer anderen Himmelsrichtung aufgehen, als vollkommen absurd erscheint. Da sind wir uns sicher: Ein Leben, das derartiger Willkür unterworfen wäre, würde uns völlig orientierungslos machen.

Rhythmus und Regelmäßigkeit als Erziehungshilfe

Sich orientieren können und wissen, woran man ist, das ist für unsere Kinder lebensnotwendig. Sie brauchen ihren Kosmos im Kleinen, eine höhere Ordnung, die ihnen die Gewissheit gibt, dass es im Tagesablauf gewisse Handlungen gibt, die

beim nächsten Mal in vertrauter Weise wiederkehren.

Kinder haben von sich aus keinen Rhythmus. So kennen zum Beispiel Neugeborene noch nicht den Unterschied zwischen Tag und Nacht. Einen regelmäßigen Schlaf- und Wach-Rhythmus können sie sich nur erwerben, wenn die Erwachsenen ihnen liebevoll und behutsam dazu verhelfen. Doch das ist leichter gesagt als getan. Oft sind Eltern nach den ersten Wochen mit dem Säugling völlig erschöpft. Sie fühlen sich wie gerädert, weil sie gar nicht wissen, was sie ihm noch alles anbieten sollen, damit er endlich Ruhe gibt und wenigstens nachts mal einige Stunden hintereinander schläft. Einschlägige Bücher haben für solche Situationen übereinstimmend den gleichen Rat bereit, und der heißt: Kinder brauchen Rhythmus und Regelmäßigkeit – von Anfang an.

Dem Familienalltag Struktur geben

Der Gedanke, dem Alltag Struktur zu geben, bedeutet bisweilen eine Umstellung eigener Lebensgewohnheiten. Es besteht bei frisch gebackenen Eltern oft das dringende Bedürfnis, anderen zu zeigen, dass man sich dem Kind nicht unterordnen will. – Doch wenn man die Sache einmal näher betrachtet, zeigt sich, dass ein solches Anliegen dann –

und nur dann – umsetzbar ist, wenn wir als Mütter und Väter bereit sind, Orientierung zu geben: So, wie wie wir uns also dazu durchringen, gewisse Regelmäßigkeiten in den Alltag einzuführen, werden wir die Vorteile, die sich daraus für das Familienleben ergeben, bald zu schätzen wissen.

Verlässliche Vereinbarungen

Regelmäßigkeit verschafft auch den Erwachsenen die Freiräume, die sie brauchen, um sich selbst und ihre eigenen Bedürfnisse nicht aus den Augen zu verlieren. Für den Abend heißt das zum Beispiel: Um eine gewisse Zeit ist es für die Kinder so weit, sich zur Nachtruhe zu begeben. Mutter und Vater können dann den Interessen nachgehen, die sie außer der Erziehung des Kindes auch noch haben. Dieser Gesichtspunkt darf in keiner Familie vernachlässigt werden. Denn wenn Erwachsene zum Beispiel am Abend keinen Schlusspunkt für ihr Kind einfordern, müssen sie sich oft bis weit in die Nacht hinein kindlichen Launen unterordnen. Das nimmt sowohl den Kindern als auch den Eltern auf Dauer die Zufriedenheit.

Antoine de Saint-Exupéry beschreibt in seiner Erzählung «Der kleine Prinz», wie der Prinz, der von einem anderen Planeten gekommen war, den Wunsch hatte, von seinem Freund, dem Fuchs, gezähmt zu werden:

Der kleine Fuchs willigte ein, dies zu tun. Der kleine Prinz kam also am nächsten Tag wieder zu dem Fuchs, doch dieser war unzufrieden: «Es wäre besser gewesen, du wärst zur selben Stunde wiedergekommen», sagte der Fuchs. «Wenn du zum Beispiel um vier Uhr Nachmittag kommst, kann ich um drei anfangen, glücklich zu sein. Je mehr die Zeit vergeht, umso glücklicher werde ich mich fühlen. Um vier werde ich mich schon aufregen und beunruhigen. Ich werde erfahren, wie teuer das Glück ist. Wenn du irgendwann kommst, kann ich nie wissen, wann mein Herz da sein soll ... Es muss feste Bräuche geben.»[55]

Beliebigkeit macht Kinder unsicher

Wo feste Bräuche fehlen und alles mehr oder weniger der Beliebigkeit unterworfen ist, erfährt ein Kind nie, woran es ist und was die Eltern eigentlich für richtig erachten. Es wird unsicher und konfus. Erwachsene sagen dann: «Nerv mich nicht!» In Wirklichkeit jedoch nervt es die Kinder, dass sie keine Orientierung haben, wann was ist und worauf sie sich wirklich verlassen können. Was bleibt ihnen anderes übrig, als es selbst herauszufinden oder auszuhandeln, und das «kostet Nerven». Jedes Mal, so sagt die Entwicklungspsychologin A. Jean Ayres, muss dann neue Nervenenergie aufgewendet werden.[56] Oft sind die Kinder von diesem Hin und Her so verausgabt, dass ihnen die Muße fehlt, um sich wirklich kindgemäßen Tätigkeiten hinzugeben. Die Erwachsenen wundern sich dann, dass ihre Kinder nicht richtig spielen.

Rhythmus und Rituale

Vertraute Abläufe im Alltag

Ein Wochentag hat in jeder Familie äußere Notwendigkeiten, wie zum Beispiel die Zeiten, in denen die Großen zur Arbeit und die Kleinen in den Kindergarten gehen. Daneben gibt es auch noch Freiräume zur eigenen Verfügung. Es sind der Morgen und der Abend, und dort, wo ein Erwachsener tagsüber zu Hause sein kann, gehören dazu auch der Mittag und der Nachmittag. Es gibt viele Möglichkeiten, diese Freiräume individuell zu gestalten. Auch hier brauchen die Kinder Verlässlichkeit. Wenn sie wissen, dass Vertrautes, zum Beispiel das Abendritual, immer auf die gleiche Weise wiederkehrt, gibt ihnen das Sicherheit und Gelassenheit.

Morgens

Mit liebevollen Ritualen können wir Lebensqualität in den Familienalltag bringen. Kinder kommen uns da gleich in der Früh fröhlich entgegen. Sie stehen nie «mit dem linken Fuß» auf. Wenn ein kleines Kind morgens erwacht, ist es immer erfrischt und froher Stimmung. Es freut sich auf den neuen Tag. Und es findet das ganz selbstverständlich, dass wir uns auch freuen. Begleiten wir es also liebevoll hinein. Wecken wir es persönlich, wenn es Zeit ist aufzustehen. Kinder wollen auch spüren, dass sich der neue Tag gut anfühlt. Sie freuen sich über kleine Gebärden der Geborgenheit wie das Guten-Morgen-Bussi und das erste liebevolle In-den-Arm-Nehmen und Knuddeln.

Auch mit einem einfachen Lied kann der Tag fröhlich eingestimmt werden. Es macht nichts, wenn Erwachsene von sich glauben, nicht gut singen zu können. Kinder sind glücklich, wenn wir es ihnen zuliebe einfach versuchen.

Text: Volkstümlich / Weise: Richard Rudolf Klein

Der fünfjährige Peter kann von solchen Ritualen nur träumen. Er wird morgens nicht von den Eltern geweckt. Dafür hat er an seinem fünften Geburtstag einen Wecker bekommen. Der wird abends eingestellt und Peter soll dann morgens allein aufstehen, wenn der Wecker klingelt. Manchmal bleibt er noch liegen. Dann wird er gescholten. Er wird überhaupt viel gescholten, gleich morgens. Am schlimmsten ist es immer dann, wenn alle von ihm erwarten, dass er ganz schnell macht. Dann geht irgendwie gar nichts mehr. Oft muss Peter dann weinen.

Eile mit Weile

Die Aufforderung an die Kinder, sich zu beeilen und «schnell, schnell» zu machen, bewirkt fast immer das Gegenteil. Wer schon versucht hat, sein Kind morgens durch Worte, Ermahnungen oder schlechte Laune zur Eile zu bewegen, konnte selbst feststellen: So funktioniert das nicht. Es bietet sich also an, den Rhythmus, der sich eingespielt hat, zu ändern. Meist ist schon viel geholfen, wenn alle ein paar Minuten früher aufstehen als sonst, dann kann der Tag ohne Hektik beginnen. Das erspart unnötige Aufregungen. Die Stimmung in der Familie ist dann merklich ausgeglichener und alle können in Ruhe frühstücken.

Das Frühstück

Ein gemeinsames Frühstück kann zu einem festen Bezugspunkt im Familienalltag werden, auf den sich alle freuen. Doch das Essen ist nicht das Einzige, was «nährt». Es ist auch das Zusammensein mit der Mutter, dem Vater, den Geschwistern. An einem gewöhnlichen Alltag ist der Frühstückstisch eine der wenigen Möglichkeiten, mit der ganzen Familie zusammen zu sein. Eine berufstätige Mutter bestätigt das: «Ich sehe meine Kinder den ganzen Tag kaum. Aber morgens, bevor wir alle aus dem Haus gehen, möchte ich gerne, dass wir in guter Stimmung zusammen sind und ein wenig Zeit für uns haben. Bis jetzt ist das auch immer gelungen. Man muss es nur wollen. Bei uns hat es sich so eingespielt, dass wir schon abends einiges vorbereiten, was wir für den Frühstückstisch brauchen. Die Kinder helfen dabei auch mit. Und morgens stehen wir eben etwas früher auf.»

Alles nur eine Frage der Zeit? Zeit, die man nicht hat – oder Zeit, die man findet, auch wenn der Tag noch so voll gepackt ist mit Ereignissen und Notwendigkeiten, die erledigt werden müssen. Auf jeden Fall sinnvoll genutzte Zeit.

Pausen machen und Atem holen

Zeit ist ein kostbares Gut – diese gegenwärtige Einstellung zum Begriff «Zeit» geht natürlich auch an den Kindern nicht spurlos vorüber. Zeit muss ausgenutzt werden, das machen die Erwachsenen vor. Es darf nichts versäumt werden. Ständig muss etwas los sein. In einem fort Betrieb: vom Aufwachen bis zum Einschlafen. In unserer Gesellschaft schaffen es nur Säuglinge und

Kleinstkinder, sich diesem System zu entziehen. Sie haben noch ein so überwältigendes Bedürfnis, auch mal Pause zu machen, dass sie das auch einfach tun, sobald ihnen danach ist. Sie ziehen sich zurück aus der Sinnenwelt und schlafen, wo immer sie sich befinden. Etwa bis zum Ende des zweiten Lebensjahres holen sich Kinder fast immer ihre nötigen Ruhepausen.

Mittagsrast

Nach einer Pause sehen die Dinge dann wieder anders aus. Man ist frisch, erholt und entspannt. Die Sinne sind bereit, Neues aufzunehmen. Nicht nur in der ersten Lebenszeit ist es für die Kinder wichtig, Pausen zu machen, sondern auch dann, wenn sie schon etwas älter sind. Sie können ihren Alltag leichter bewältigen, wenn ihre Sinne nicht, wie ein aufgezogenes Uhrwerk, ständig in Aktion sein müssen. Mittags, nach dem Essen, ist die klassische Zeit, eine Pause einzulegen. Kinder brauchen eine Mittagspause, um zu entspannen.

Nicht jedes Kind hat den gleichen Bedarf an Schlaf, das ist bekannt. Um das dritte, vierte Lebensjahr wollen viele mittags nicht mehr schlafen. Wo der Erwachsene weiß, dass ein Kind die Pause ganz notwendig braucht, um wieder zu sich zu kommen, wird er sich hüten, gleich wieder ein Programm anzubieten:

«Ich kann nicht schlafen», sagt Michael. – «Hm, es ist aber jetzt Mittagsrast!», sagt die Mutter. – «Ich bin aber nicht müde!» – Die Mutter lässt sich nicht aus der Ruhe bringen. «Trotzdem ist jetzt Mittagsrast», sagt

sie noch einmal. Ein Glück! Sie ordnet nun nicht an, dass Michael eben jetzt, weil sie das so will, unbedingt probieren soll, doch zu schlafen. Aber dass nun Mittagspause ist, das ist ihr offensichtlich wichtig. Jetzt wird bei Michael die Fantasie rege: «Ich kann ja ein Bilderbuch anschauen», fällt ihm ein. – Warum denn nicht? Eine Verschnaufpause ist auch so möglich.

Pause machen
ist mehr als nur Ruhe geben

Bei der Pause geht es allerdings nicht nur darum, dass das Kind leise ist. Das könnte es auch, wenn man es in der Mittagspause fernsehen oder Kassetten hören ließe. Die Qualität der Pause liegt darin, dass die Sinne für eine Zeit zur Ruhe kommen. Das ist nur möglich, wenn das Kind eine Weile für sich ist. Insbesondere auch der Hörsinn kann dann mal abschalten. Denn er ist der einzige Sinn, der ständig auf Empfang gestellt ist. Er hat von sich aus keine Möglichkeit, sich zurückzuziehen. Gerade in der heutigen Zeit ist es notwendig, dass Erwachsene ihren Kindern die Erfahrung gönnen, Zeiten ohne Geräuschkulissen auszuhalten und ihre Mittagsruhe ohne technische Tonträger zu bewältigen. Kinder, bei denen noch keine ersten Suchtanzeichen auftreten, schaffen das.

Läuft dagegen der ganze Tag ohne Punkt und Komma ab, so fehlt den Kindern die Muße, diese ständig neuen Eindrücke auch zu verarbeiten. Bei vielen Kindern kann man sehr deutlich erleben, wie dies ihre Lebenskräfte beeinträchtigt. Sie werden nervös, unkonzentriert und zappelig.

Vertraute Abläufe im Alltag

Abends

Der Tag neigt sich und für die Kinder ist es so weit, ins Bett zu gehen. Wann es dafür Zeit ist, können nur die Erwachsenen wissen. Sie sind die Vorbilder. Sie können sich kundig machen, dass Kinder in ihrer empfindlichsten Entwicklungsphase ausreichend Schlaf brauchen. Es liegt an ihnen, den Abend so zu gestalten, dass die Kinder in einer entspannten Stimmung zu Bett gehen können. Eines der zuverlässigsten und wirksamsten Mittel, um dies auch zu ermöglichen, ist, das gesamte Abendprogramm, vom Aufräumen über das Abendessen und die Körperpflege bis zum Zubettbringen, jeden Abend auf die gleiche Weise zu gestalten. Es lassen sich unnötige Aufregungen vermeiden, wenn die notwendigen Verrichtungen am Abend nicht irgendwie, beliebig geschehen, sondern wenn vertraute Abläufe wiederkehren. Die Kinder wissen dann, worauf sie sich einrichten können. Wichtig ist vor allem, dass zum Abschluss des Tages noch etwas Schönes kommt, auf das sich alle richtig freuen können.

Und abends ist immer alles gut

Vielleicht hat es auch heute die eine oder andere Auseinandersetzung gegeben. Manchmal drehen die Kinder gerade am Abend noch mal richtig auf. Als Mutter oder Vater ist man oft selbst erschöpft von den verschiedenen Anforderungen des Tages und dann neigt man natürlich leichter dazu, ungeduldig zu werden. Manchmal lässt man sich bereits von einer Kleinigkeit auf die Palme bringen:

Das Abendessen ist beendet. Jan ist nun im Bad. Er soll die Hände waschen. Aber jetzt entdeckt er, wie lustig das ist, mit dem Wasser zu plätschern. «Jan? Was machst du so lange?», ruft die Mutter. Sie kommt herbei und sieht, dass ihr Sohn von oben bis unten nass gespritzt ist. Da kriegt sie zuviel. Sie schimpft und schließlich sagt sie: «So, nun schau, dass du ins Bett kommst. Und eine Geschichte gibt es heute auch keine!» – Jan, der gerade noch so vergnügt mit dem Wasser gespielt hat, weint. Und er weint und schluchzt weiter, als die Mutter ihm trockene Sachen anzieht und ihn ins Bett schickt. Als sie nun, ohne das gewohnte Abendritual, gleich das Licht ausschaltet, ist er erst recht verzweifelt. Er brüllt und weint. Die Mutter verlässt das Kinderzimmer, aber sie fühlt sich auch nicht wohl dabei.

Keine Geschichte? überlegt sie. Ins Bett gehen ohne Abendzeremonie? War das nicht zu schnell dahingesagt? – Jetzt fällt der Mutter eine Begebenheit aus ihrer eigenen Kinderzeit ein, als sie einmal barsch ins Bett geschickt wurde, weil sie irgendetwas angestellt hatte. Sie erinnert sich, wie sie damals lange nicht einschlafen konnte und jedes Mal, wenn sich Schritte ihrem Zimmer näherten, gehofft hatte, dass doch noch jemand von den Eltern die Tür aufmachen und sie in den Arm nehmen würde, wie sonst immer am Abend. Sie weiß es selbst, wie man sich fühlt als Kind, wenn man am Abend unversöhnt ins Bett gehen muss.

Was wäre denn schon dabei, denkt die Mutter, wenn sie nun ihren Sohn in den Arm nähme und sagte: ‹Es tut mir leid, dass ich so sehr geschimpft habe.› – Sie tut es. Und die Wirkung ist umwerfend. Augenblicklich beginnt Jans Gesicht zu strahlen. Und die Geschichte? – Ja, die gibt es jetzt auch noch wie jeden Abend. Jetzt ist die Welt wieder in Ordnung. Auch die Mutter fühlt sich besser, dass es ihr gelungen ist, über ihren eigenen Schatten zu springen.

Kinder brauchen ein schönes Abendritual

Alles ist gut! – Dies ist eine ganz wichtige Grundstimmung, die jedes Kind am Abend braucht. Die Gewissheit, die Mutter und der Vater haben mich lieb! Was immer auch an Äußerlichkeiten gewesen sein mag, es kann der Zuneigung zueinander nichts anhaben. Kinder, die dieses sichere Gefühl der Geborgenheit spüren, können entspannt zu Bett gehen. Sie freuen sich jetzt auf ein vertrautes Abendritual, mit dem der Beginn der Nachtruhe eingestimmt wird. In jeder Familie werden sich eigene Rituale zur guten Nacht einspielen. Kinder brauchen vor allem eine liebevolle Atmosphäre, damit ihre Sinne zur Ruhe kommen können. Sie brauchen aber auch Inhalte, die ihre Gedanken erheben.

Das hat mir besonders gut gefallen

In den Aufregungen des Alltags ist vielleicht manches untergegangen, was wir am Tag an kleinen Besonderheiten erlebt haben. Wir hatten keine Zeit, es zu beachten oder zu würdigen, weil schon das nächste Ereignis wartete. Es lebt aber trotzdem noch in unserem Inneren. Es ist wie bei einem Traum: Kaum fällt im Gespräch mit einem anderen ein Stichwort, entsinnen wir uns: Stimmt, ja, jetzt weiß ich es wieder! So ein Stichwort können wir auch unseren Kindern geben. Es ist ganz einfach: Wir beginnen selbst etwas zu erzählen, was uns am heutigen Tag Freude gemacht hat. Und wer da ein wenig aufmerksam ist, kann eine ganze Menge wieder heraufholen.

«Was mir heute so besonders gut gefallen hat», sagt Luises Mutter, «das war der riesengroße Ameisenhaufen, den wir heute beim Spaziergang entdeckt haben.» Luise freut sich: «Ja, und weißt du noch – die eine Ameise? Was die für ein großes Holzstück geschleppt hat?» Erstaunliches wird da wieder lebendig.

Zur guten Nacht

Kinder hören auch gerne, wer am Abend sonst noch schlafen geht. Diese Gewissheit, dass alles ruht, ist für sie faszinierend: Die Sonne geht schlafen, die Vögel, die Bienen, die Käfer, die Hummeln – ja, auch die Blumen und die Tiere gehen zur Ruhe.

Etwas Besonderes ist es für die Kinder, wenn am Abend zarte Musiktöne angestimmt werden. Ein sehr geeignetes Instrument, das Kinder zum Innehalten und Lauschen anregt, ist zum Beispiel eine Kantele oder eine Kinderharfe (s. Seite 63). Solchen Saitenspielen können auch Erwachsene, die keine weiteren Musikkenntisse haben, schöne, harmonisch klingende Töne entlocken.

Feierliches am Abend

Wo eine echte Bienenwachskerze nicht schon zum Alltagskult geworden ist und immer und zu jeder Gelegenheit einfach brennt, hat sie den Reiz des Außergewöhnlichen, wenn sie am Abend vor dem Schlafengehen leuchtet. Kinder erleben ihr sanftes Licht als etwas Besonderes. Die Größeren fühlen sich geehrt, wenn sie schon selbst versuchen dürfen, ganz vorsichtig – und natürlich im Beisein eines Erwachsenen – ein Streichholz in Gang zu setzen, um die Gute-Nacht-Kerze zu entzünden. Sie können das sehr innig und fast ehrfürchtig. Eine Abendzeremonie, die ein wenig feierlich gestaltet ist, wird ihre wohltuende Wirkung nicht verfehlen. Auch Kinder, die nicht gerade pflegeleicht sind, können für besondere Stimmungen ausgesprochen empfänglich sein: «Es ist doch eine schöne Welt hier auf der Erde», sagte Eva eines Abends ganz unvermittelt, als die Mutter neben ihr am Bett saß und die Kerze anzündete. Die Mutter tat das immer, bevor sie das Abendgebet sprach:

Wenn die kleinen Kinder beten,
Hören alle Sternlein zu.
Und die Engel alle treten
Leis herzu auf goldenem Schuh,
Lauschen auf der Kinder Worte,
Schließen tief ins Herz sie ein.
Tragen durch die Himmelspforte
Sie zum lieben Gott hinein.

L. Rafael

Durch die Woche

Zeit ist für kleine Kinder kein Thema. Für sie ist der Augenblick das Wichtigste und das, was es im Moment gerade zu sehen, anzufassen und zu erleben gibt. Sie haben immer Zeit. Sobald etwas Interessantes in ihr Blickfeld gerät, lassen sie alles, was sie vorher gemacht haben, liegen und stehen, um sich damit zu beschäftigen. Auseinandersetzungen mit der Zeit fangen erst dann an, wenn ein Kind merkt, dass es nicht jederzeit alles haben kann, und wenn es vertröstet wird und hört: «Bald, morgen, in einer Woche, übermorgen.» – Aber wann ist das eigentlich?

Erst um das fünfte Lebensjahr herum beginnt ein Kind, sich für Zeitzusammenhänge zu interessieren. Es kann dann schon über eigene Zeiterfahrungen Auskunft geben. «Und übergestern», so erzählt Tine nach einem Besuch bei den Großeltern, «da sind wir in den Wald gegangen.» – Auch wenn ein Kind mühelos eigene Zeitbegriffe erfinden kann, so will es nun auch die Zeit einordnen und die Tage der Woche kennen lernen. Und weil Kinder dieses Alters vor allem mit ihren Sinnen wahrnehmen, sind sie sehr empfänglich dafür, wenn wir ihnen die Verschiedenheit der Wochentage spielend und singend nahe bringen.

Beim Spiel vom Wochenhäuschen kommen Hände, Füße und der ganze Körper nach Herzenslust in Aktion. Zu jedem Wochentag gehört ein eigener Vers, der zum Beispiel morgens gespielt werden kann. Es macht den Kindern Freude, so die Eigenart der einzelnen Wochentage zu spüren.

Das Wochenhäuschen

Hui, wer tapst denn heut' herein?
Das kann doch nur der Montag sein.
Montag, Montag, schaut ihn an,
Wie er kräftig tapsen kann.

Hui, wer springt denn heut' herein?
Das kann doch nur der Dienstag sein.
Dienstag, Dienstag, schaut ihn an,
Wie er fröhlich springen kann.

Hui, wer trippelt denn heut' herein?
Das kann doch nur der Mittwoch sein.
Mittwoch, Mittwoch, schaut ihn an,
Wie er lustig trippeln kann.

Hui, wer stampft denn heut' herein?
Das kann doch nur der Donnerstag sein.
Donnerstag, ja schaut ihn an,
Wie er tüchtig stampfen kann.

Hui, wer kommt denn heut' herein?
Das kann doch nur der Freitag sein.
Freitag, Freitag, schaut ihn an,
Wie er mit den Händen klatschen kann.

Hui, wer tanzt denn heut' herein?
Das kann doch nur der Samstag sein.
Samstag, Samstag, schaut ihn an,
Wie er ringsum tanzen kann.

Hui, wer schaut denn heut' herein?
Das kann doch nur der Sonntag sein.
Sonntag, Sonntag, schaut ihn an,
Wie er freundlich strahlen kann.

Ch.K.

Der Sonntag

Kinder bemerken bald, dass es Tage gibt, an denen es so ist wie immer: Alle müssen früh aufstehen und zur Arbeit oder in den Kindergarten gehen. Und dann gibt es Tage, an denen wollen die Erwachsenen länger schlafen und spät frühstücken. Manchmal gibt es dann frische Brötchen und es ist alles nicht so eilig wie sonst. – «Was ist heute für ein Tag?», will Marion wissen. Ihr zehnjähriger Bruder gibt Auskunft: «Samstag!» – «Und morgen?» – «Morgen ist Sonntag!» – «Warum ist da Sonntag?» – «Na, weil heute Samstag ist. Nach dem Samstag kommt eben immer Sonntag, ist doch klar!», sagt der große Bruder.

Wenn das alles ist. Was aber unterscheidet die beiden Tage voneinander? Heute ist der Samstag kein allgemeiner Arbeitstag mehr, und für den Sonntag sind Gepflogenheiten wie Kirchgang, Sonntagskleidung oder Sonntagsbraten weitgehend aus der Mode gekommen. Doch es genügt nicht, wenn Mütter und Väter nur ablehnen, was den Menschen früher Halt gegeben hat, ihren Sonntag zu verbringen. Vielmehr stellt sich die Frage, welches Sonntagserlebnis wir unseren Kindern heute noch bieten können. Äußere Notwendigkeiten gibt es keine mehr, also liegt es an uns, den Sonntag individuell zu gestalten. Für die Kinder ist es wichtig, dass wir dies auch tun.

Wir Erwachsene können eigene Rituale finden, damit der Sonntag eine unverwechselbare Qualität bekommt. Vieles, wofür in der Woche die Muße fehlt, bietet

sich an: der ausgiebige Spaziergang, der Ausflug in die Natur, das Vorlesen, die Märchenstunde, eine Geschichte mit Spielfiguren, Musikalisches und Künstlerisches. Belebend ist alles, was die Sinne anregt und aus eigenem Antrieb in Bewegung gesetzt werden kann. Die Kinder genießen es, wenn die Mutter, der Vater sich an diesem Tag richtig für sie Zeit nehmen. Da könnte dann ruhig öfter Sonntag sein, damit die Großen nicht zur Arbeit gehen müssen. – «Wenn ich groß bin», sagte der fünfjährige Benedikt eines Tages unvermittelt, «dann find ich einen Schatz – nein – lieber einen Goldesel. Du weißt schon, so wie in dem Märchen. Dann haben wir immer Geld und Papa muss nie arbeiten gehen.»

Durch das Jahr

Wo kleine Kinder sind, können auf einmal wieder Zusammenhänge ins Blickfeld rücken, die man vielleicht vorher gar nicht mehr so wahrgenommen hat. Allein schon die vielen Spaziergänge, die wir nun unternehmen, können uns anregen, auch innerlich beweglicher zu werden.

Kinder haben noch einen ganz vitalen Sinn für das, was der Augenblick gerade bietet. Sie sind neugierig. Alles interessiert sie. Das gibt auch uns Erwachsenen, wenn wir mit ihnen unterwegs sind, immer wieder Anlass zu verweilen und wahrzunehmen, was es zu den verschiedenen Jahreszeiten draußen zu entdecken gibt.

Doch die Spaziergänge in die Natur reichen nicht aus, um den Kindern einen wirklichen Bezug zu den Besonderheiten des Jahres zu vermitteln. Heute lässt sich ja das Alltagsleben weitgehend unabhängig von den Rhythmen des Jahres gestalten: Im Winter können wir dorthin reisen, wo Sommer ist, und Früchte oder Gemüse, die früher an eine bestimmte Saison gebunden waren, gibt es inzwischen das ganze Jahr über zu kaufen.

Vertraut werden mit dem Jahreslauf

Für kleine Kinder ist es wichtig, dass sie zunächst einmal ihr eigenes Umfeld kennen lernen und mit dem Jahreslauf und all den Besonderheiten, die darin verborgen sind, vertraut werden. Von Lichtmess an, dem Tag, an dem das Licht wieder spürbar heller wird, durch den Frühling über den Sommer und den Herbst bis zum Winter – zu jeder Jahreszeit sind andere Spiele und Erlebnisse möglich. Doch der Jahreslauf hat noch viel mehr zu bieten. Es sind die Feste, die von Jahr zu Jahr, immer im gleichen Rhythmus, wiederkehren. Neben den großen Festen, wie Weihnachten oder Ostern, gibt es noch viele weitere Anlässe zum Feiern.

Eine Fülle von praktischen Anregungen dazu, wie sich der Jahreslauf in der Familie lebendig gestalten lässt, sind im «Jahreszeitenbuch»[57] enthalten. Hier finden sich Geschichten, Lieder, Spiele, Backrezepte und Bastelanleitungen und anderes mehr. Daneben gibt es natürlich auch die ganz persönlichen Feste, wie zum Beispiel Geburtstage. Und es ist wichtig, dass sie gebührend gefeiert werden. Dass dies alles auch ohne großen Aufwand oder Vorkenntnisse möglich sein kann, dass man kein erfahrener Erzieher sein muss, um ein gelungenes Kinderfest zu feiern – dafür gibt es im «Kinderfestebuch»[58] eine Vielfalt von Anregungen. – Kinder feiern so gerne. Es muss nicht immer großartig mit vielen Gästen sein. Oft ist es auch schön, im kleinen Kreis, nur zu Hause in der Familie zu feiern:

Markus ist sechs Jahre alt. Er ist schon völlig darauf eingestellt, dass es immer etwas zu feiern gibt. Und kaum ist ein Fest zu Ende, fragt er schon: «Und welches Fest kommt als Nächstes?» Das nächste Fest, so hört er, wird Fasching sein. Markus überlegt schon wochenlang vorher, als was er sich verkleiden könnte: «Könnte ich ein Bauarbeiter werden, mit Zigarette und Bier? Ja, geht das? – Dann würde ich am Fenster sitzen und Brötchen essen oder Bier trinken. – Oder kann ich Schaffner werden, mit einer roten Mütze und einer Pfeife? – Oder ich werde ein Fabrikarbeiter mit einem grauen Mantel. Aber der Mantel stinkt dann ganz stark. – Oder kann ich auch ein ganz normaler Mensch werden? So, wie ich bin?»

Der Jahreszeitenplatz

Welches Fest kommt als Nächstes? Was ist das Besondere, das zu einer Jahreszeit gehört? – Kleine Kinder fragen danach, aber

Vertraute Abläufe durch den Tag

Jahreszeitentisch

sie können sich die Zeitabläufe noch nicht richtig vorstellen. Wenn wir zum Beispiel sagen: «In einem Monat ist Ostern!», dann wissen sie nicht, ob es bis dahin noch lange dauert oder nicht.

Ein wunderbarer und kindgemäßer Begleiter kann da ein so genannter Jahreszeitenplatz sein, der je nach Jahres- oder Festeszeit verwandelt wird. Er kann die Kinder bildlich durch das Jahr begleiten. Er ist sozusagen ein beweglicher, sinnlich wahrnehmbarer Kalender.

Ein solcher Jahreszeitenplatz lässt sich an einer besonderen Stelle in der Wohnung, zum Beispiel auf einer Kommode, einem Regalbrett oder einem Tischchen, errichten. Die meisten Dinge, die dafür ge-

braucht werden, kann man beim Spaziergang finden: knospende Zweige, erstes frisches Grün, etwas Moos, Herbstfrüchte, bunte Blätter, ein paar Zapfen, kleine Glitzersteine.

Die Kinder freuen sich, wenn darauf auch Dinge Platz finden, die sie selbst entdeckt haben. – Zu den Naturmaterialien können sich dann, je nachdem, welches Ereignis gerade ansteht, einfache kleine Figuren gesellen. In der Vor-Osterzeit können das zum Beispiel einfache selbst gefertige Häschen aus Vlieswolle sein, die sich auch für Ungeübte sehr einfach herstellen lassen.[59] Ein Jahreszeitentisch lässt sich ganz individuell gestalten. Wichtig ist, ihn nicht zu überladen, sondern jeweils nur Akzente zu setzen.

Miterzieher

Die wirkliche und die künstliche Welt

Zu Beginn seines Lebens ist jeder Mensch erfüllt von dem Drang, mit der wirklichen Welt vertraut zu werden. Bei allen kleinen Kindern ist das so. Mit einer ungeheuren Wachheit und dem Willen, eigene Erfahrungen zu machen, beginnen sie ihr Leben. Doch es ist die Frage, ob sie in unserer modernen Zivilisation genügend Gelegenheit haben, diesen inneren Impuls auch auszuleben, denn die technischen Bildmedien gewinnen zunehmend mehr Einfluss auf unseren Alltag. – Als Erwachsene können wir für uns selbst entscheiden, wie wir damit umgehen. Kleine Kinder können das nicht. Sie müssen ihr Lebensumfeld so nehmen, wie wir, als ihre Vorbilder, es ihnen bieten. Es hängt völlig von uns ab, ob und in welchem Maße sie Zugang zu den künstlichen Bildern vor der Mattscheibe bekommen.

Ein kleines Kind käme von sich aus niemals auf die Idee, sich fügsam vor den Fernseher zu platzieren, denn seiner Natur nach hat es viel mehr Freude an Bewegung und Eigenaktivität, als ruhig an einem Fleck zu verharren. Es ist die Umgebung, die ihm diese Art der Beschäftigung interessant erscheinen lässt. Der Fernseher gewinnt für ein Kind erst dann an Bedeutung, wenn es andere davor sitzen sieht. Ob es die Nachbarn sind, die Großeltern, die Eltern oder ältere Geschwister – das, was die Vorbilder tun, will das Kind nachmachen. So können bereits die Kleinsten das Fernsehen als etwas Normales empfinden und auch danach verlangen.

Fernsehen, damit die Eltern entlastet sind?

Für Freunde der Ordnungsliebe scheint es recht bequem zu sein, die Kinder vor den Fernseher zu setzen: Da sind sie aufgeräumt. Sie können nichts weiter anstellen. Sie machen keinen Lärm. Es entsteht kein Schmutz und die Wohnung bleibt ordentlich. Auch Freunde der so genannten «Bonbon-Pädagogik» nützen den Fernseher gerne als Disziplinierungsmittel, denn sie wissen, dass eine Ankündigung wie etwa: «Wenn du deine Spielsachen nicht aufräumst, dann darfst du diese Sendung nicht sehen», fast immer den gewünschten Erfolg bringt. Die Kinder tun dann das, was von ihnen erwartet wird. – Das funktioniert allerdings nur, solange sie klein sind. Die Vorteile, die Eltern zunächst für sich selbst haben, sind also nur von kurzer Dauer. Die Auswirkungen, die häufiges Fernsehen auf kleine Kinder hat, sind umso nachteiliger.

Verführerische bunte Bilder

Wo Kinder daran gewöhnt wurden, ihre Zeit passiv vor dem Fernseher zu verbringen, bekommt dieses Gerät häufig einen so hohen Stellenwert, dass es zu einem der hauptsächlichsten Gesprächsthemen in der Familie werden kann. Dabei geht es meist weniger um Inhalte als vielmehr darum, darüber zu verhandeln, wann und wie lange das Gerät eingeschaltet wird, wer was sehen darf, welche Sendung auf keinen Fall versäumt werden soll.

Werbebotschaften – speziell für Kinder

Nicht nur die Gestaltung des Tages kann beeinflusst werden, sondern auch das, was den Kindern als wertvoll erscheint, denn über das Fernsehen lassen sich die Botschaften der Werbung besonders erfolgreich vermitteln. Für die Konsumgüterindustrie gibt es überhaupt nichts Erstrebenswerteres als kleine Kinder, die häufig fernsehen. Ein Werbefachmann bestätigt, dass die Bemühungen der Werbefachleute vor allem darauf abzielen, bereits die Kleinsten für ihre Botschaften zu gewinnen. Es geht darum, «dem Kind so früh wie möglich Konsumgepflogenheiten und Markenpräferenzen einzuimpfen, die es bis ins hohe Alter beibehalten soll».[60] Damit dies gelingt, muss vor allem eines erreicht werden: «Man muss herausfinden», so ein Experte, «wie man die Gedankenwelt eines Kindes einfangen kann.»[61]

Das kleine Kind weiß natürlich nichts von solchen Überlegungen, und es merkt auch nicht, dass es bei all den bunten Verführungen darum geht, seine Gedankenwelt «einzufangen». Es ist in einer ähnlichen Situation, wie Rotkäppchen, das sich ganz arglos auf den Weg macht. Als der Wolf

ihm begegnet und dieser nun so freundlich mit ihm spricht, ahnt es nicht, dass er die ganze Zeit nur eines im Sinn hat, wie er «listig anfangen» kann, damit es das tut, was er will. Schließlich gelingt es ihm und er kann sein Ziel verfolgen. – Ebenso ergeht es einem kleinen Kind. Je öfter es im Fernsehen vorgeführt bekommt, was es braucht, um «glücklich», «stark» und «gesund» zu sein, umso leichter lässt es sich gewinnen, seinen Willen bereitwillig in das zu fügen, was andere ihm so schmackhaft machen: Es wünscht sich diese Dinge, die so wunderbar angepriesen werden. Der Erwartungsdruck wird dann an die Eltern weitergegeben. Und wie sehr das nerven kann, davon wissen viele ein Lied zu singen.

Käufliche Helden zeigen den Kindern, was sie mögen sollen

Natürlich gibt es Bestimmungen, dass Kindersendungen nicht zu Werbezwecken unterbrochen werden dürfen, doch was bedeutet schon so eine Vorschrift? So genannte Kindersendungen dauern ohnehin nur fünfzehn bis zwanzig Minuten. Davor und danach ist bei den Privatsendern Werbung erlaubt. Außerdem sind die Zeichentrickfilme nichts anderes als Werbung für sich selbst, denn in den Fernsehserien treten jedes Mal die gleichen Figuren auf, die in vielfacher Weise vermarktet werden: Zeichentrickhelden gibt es als Spielfiguren in den verschiedensten Materialien, Größen und Preislagen. Sie prangen auf T-Shirts, Pullis, Trinkbechern, Zeichenblocks und Buntstiftschachteln. Und sie sind sogar «umsonst», das heißt zum Ausschneiden, zu haben, wenn die entsprechenden Verpackungen von Kinder-Nahrungsmitteln gekauft werden.

So lassen sich bereits kleine Kinder an bestimmte Produkte binden. Fachleute haben beobachtet, dass dieser Verbund von Medien und Industrie, das so genannte Merchandising, nirgendwo annähernd so perfektioniert wurde wie auf dem Kindermarkt.[62]

Vereinnahmung der kindlichen Arglosigkeit

Kinder nehmen die Botschaften der Werbung arglos und bereitwillig auf. Das wird zum Beispiel deutlich, wenn die Eltern unsicher vor dem Regal im Supermarkt stehen und überlegen, welche Frühstücksflocken sie denn nun kaufen sollen. Kein Problem: Ein fernsehgewohntes Kind kann da einspringen. Unter den vielen Warenangeboten kennt es ein eingängig beworbenes Produkt sofort heraus und «weiß», dass dieses eine und sonst nichts anderes in Frage kommt. Es kann den Eltern sagen, wo es langgeht. Und das tut es auch und, wenn es sein muss, mit Nachdruck (s. Seite 102).

Über die Werbung lassen sich viele der Jüngsten in ein System völlig unkindgemäßen Verhaltens einbinden: So halten es bereits viele Kinder im Kindergartenalter für erstrebenswert, den persönlichen Wert durch den Besitz bestimmter Waren auszudrücken. Ein Sechsjähriger zu einem Spielkameraden im Kindergarten: «Du bist

ja noch Baby. Du hast ja einen Pullover mit ohne was drauf!»

Überall erleben wir Kinder, die schon im zarten Alter in eine derartige Abhängigkeit von käuflichen Werten gebracht sind, dass sie ihr Selbstwertgefühl auf dem Besitz von Produkten aufbauen. Sie können gar nichts dafür, dass sie sich so verhalten. Sie haben in ihrer empfindlichsten Lebensphase, also im Nachahmungsalter, vorgeführt bekommen, dass solche Äußerlichkeiten das sind, worauf es ankommt. Nun machen sie es nach.

Kinder, die es gewohnt sind fernzusehen, hocken fast andächtig vor der künstlichen Welt, die sich Erwachsene ausgedacht haben, und nehmen die meist abartig gestalteten Comicfiguren der Serien wie eine Offenbarung auf. Kein Wunder, dass die Kinder das, was sie sehen, auch schön finden.

Flächendeckende Geschmacksbildung

Verzerrte Fantasy-Gestalten werden zu Vorbildern für das, was unseren Jüngsten als erstrebenswert erscheint. Hauptdarsteller mit «niedlichen» Glubschaugen oder mit stechendem Blick und einem Mund, der beim Sprechen rasch auf- und zuschnappt wie eine Klappe. «Supergrafik» nennt sich das dann in den Testbesprechungen von Medienexperten. Das Hässliche wird positiv bewertet und hochstilisiert.

In den Industrieländern breitet sich eine flächendeckende Vereinheitlichung aus. Überall gilt den Kindern das Gleiche als erstrebenswert. Natürlich könnte sich keines dieser Geschöpfe auf dem Markt behaupten, wenn die Erwachsenen das nicht unterstützen würden. Sie kaufen ihren Kindern solche Gestalten und schieben gleich die Erklärung hinterher: «Die Kleinen sind ja ganz wild darauf.» Kleine Kinder in den ersten Lebensjahren haben allerdings noch kein sicheres ästhetisches Empfinden (s. Seite 69). Sie können es auch nicht von selbst heranbilden, wenn sie das, was als Massengeschmack verbreitet wird, von ihren Vorbildern geschenkt bekommen.

Die Werteordnung der Medien

Die Gestalten, die in Comicserien unterwegs sind, sind fast immer in Bedrängnis. Getrieben von Furcht und Angst, streben sie danach, sich den eigenen Weg freizukämpfen. – Alles geschieht in rasender Bildfolge. «Action» ist das, worauf es ankommt. Da gibt es keine Zeit, sich an Werten zu orientieren. – Akteure, die moralisch handeln? «Das wäre doch langweilig!», heißt es, «so etwas schaut sich doch keiner an.» Der Held ist also nicht der Tapfere und Aufrechte, der allerlei Aufgaben und Prüfungen zu bestehen hat und schließlich doch zum Ziel kommt. Erfolg hat derjenige, der auf Eigennutz bedacht ist – ohne Rücksicht auf Verluste. Die niedersten Instinkte werden regelrecht kultiviert. Es wird immer wieder vorgeführt, dass Angriff, Gewalt und Rache die erfolgreichsten Methoden sind, um Probleme zu lösen.

In Fernsehsendungen oder auch in den Computerspielen, die bereits für Dreijähri-

ge angeboten werden, gibt es keine herkömmlichen Wertmaßstäbe mehr. Die eindeutige moralische Orientierung, wie sie zum Beispiel in den Volksmärchen zu finden sind, wird auf den Kopf gestellt. Da sind Wolf, Drachen und sonstige Ungeheuer nicht mehr das Sinnbild für das Böse. Derartige Gestalten stehen nicht länger für das, was es mit Mut zu bekämpfen gilt. Oft werden sie als niedliche Wesen vorgeführt. Manchmal müssen sie auch befreit werden.

Nicht nur die Bilder wirken

Geht man einmal der Sache nach, warum das Fernsehen eine solche Faszination ausübt, so kann man bemerken, dass die Bilder allein niemals in der Lage wären, die Aufmerksamkeit des Zuschauers derart zu binden, sondern dass sie ihre Wirkung erst mit Hilfe akustischer Begleitung erreichen. Jeder kann das im Selbstversuch ausprobieren: Wo der Fernseher ohne Ton läuft, lässt die Bereitschaft, den Bildern zu folgen, bald nach. Die Augen wollen sich den rasch aufeinander folgenden Einstellungen eines Films immer wieder entziehen und sich anderen Dingen zuwenden. Die Geräuschkulissen, die einen Film untermalen, bezeichnet der Kinderpsychiater Michael Millner als «hoch effiziente emotionale Botschafter», denn sie beeinflussen in ganz besonderem Maße auch die Gefühlswelt der Zuschauer. Eine besondere Wirkung haben – nach seiner Erfahrung – die künstlich erfundenen Klänge, die sich heute auf dem Rechner erzeugen lassen. Sie «sind geeignet, unsere Emotionen auf ganz direktem Weg zu manipulieren».[63]

Computer für die Kleinsten?

Viele Erwachsene setzen ihre Hoffnung auf den Computer, und sie meinen, es sei gut, wenn ein Kind möglichst früh lernt, damit umzugehen. In einer geradezu gläubigen Verehrung der elektronischen Medien heißt es: «Unsere Zukunft gehört doch der digitalen Welt.» Die Mode greift um sich, bereits Kinder im Kindergartenalter mit dem Computer vertraut zu machen, nach dem Motto: «Je früher, umso besser.» Erzieherinnen formieren sich und fordern: «Computer in die Kindergärten!»

Wer schon seine Drei- bis Vierjährigen in Computerkurse schickt, kann sich weitgehender Zustimmung aus seiner Umgebung sicher sein. Man glaubt, den Kindern auf diese Weise einen guten Start in die Zukunft zu ermöglichen. Meistens haben die Eltern die beste Absicht: Das Kind soll mit der Zeit gehen. Es soll den Anschluss nicht verpassen. «Das wäre doch das Schlimmste, wenn man sich so einen Vorwurf machen müsste», sagt ein Vater, «deswegen schicke ich ja mein Kind extra in einen Computerkurs und ich kaufe auch nicht das billigste Gerät. Nein, es soll schon gleich etwas Gutes sein.» – Man will, dass das Kind mitreden kann. Es soll kein Außenseiter sein.

Kinder werden zur Modernität gedrängt

Das Anliegen, mitzumachen, mitzureden, mit der Zeit zu gehen, geht durchweg von den Eltern aus. Kleine Kinder haben solche Bedürfnisse nicht. Wo immer man Müttern und Vätern begegnet, die ihre Kleinsten mit dem Bildschirm vertraut machen wollen, kann man erleben, dass diese an den Aktionen auf der Mattscheibe nicht besonders viel Interesse haben: Eine Mutter sitzt mit ihrem Dreijährigen in der Elektronikabteilung eines Warenhauses vor einem Computer. Ein Kinderprogramm ist eingelegt. Die Mutter beginnt zu «spielen». Der Kleine, eingeklemmt zwischen ihren Armen, wird unruhig und müht sich, von ihrem Schoß herunterzukommen. «Jetzt darfst du mal!», sagt die Mutter. Doch nicht lange, da greift sie wieder ein: «Schau doch, so musst du das machen!» Nun klickt sie wieder eine Weile selbst. «Also probier es noch mal. Aber pass auf!» Sie selbst ist offensichtlich ziemlich fasziniert von ihrer Tätigkeit. Ihr Kind allerdings macht eher einen gelangweilten Eindruck. – Kein Einzelfall. Wer hier Feldstudien betreiben will, kann – zum Beispiel in Spielwarenläden, in den Medienabteilungen der Kaufhäuser, auf Messen – immer wieder ähnliche Szenen erleben.

Allerdings sieht die Sache nach ein wenig Training schon anders aus. Da sich Kinder im Nachahmungsalter an dem orientieren, was ihre Vorbilder selbst tun, und das auch gut finden, legen sie diese erste Abwehr bald ab. Sind die Kleinen daran gewöhnt worden, mit einem Computer umzugehen, so machen sie, meist sehr rasch, solche erheblichen Fortschritte, dass manche Erwachsene in andächtige Bewunderung verfallen: «Mein Sohn ist schon ein richtiger Freak!», schwärmt ein Vater von seinem Fünfjährigen. «Was der da an seinem Computer alles kann, da schnallst du ab.» – «Ja», meint ein anderer, «die Kinder kommen schon ganz anders auf die Welt. Die sind viel cleverer als wir. Die haben einfach andere Gene.» Auch ein Großvater berichtet stolz von seinem vier-jährigen Enkel: «Was der da alles zuwege bringt! Ich verstehe das jetzt schon nicht mehr. Es sind zwei Welten.»

Umgehen mit den modernen Medien

Die technischen Bildmedien gehören zu unserer Zeit. Der Nutzen, den sie in be-stimmten Zusammenhängen haben, ist unbestritten. Da hört es sich doch gut an, wenn gesagt wird: «Die Kinder sollen fit werden für die Zukunft.» Und es klingt bestechend, wenn behauptet wird: «Mit dem Computer kann das Kind kreativ sein. Er eignet sich zum Spielen und das Kind kann durch ihn etwas lernen.» Aber ist es auch so?

Wie immer, wenn es Zweifel gibt, ob eine Sache kindgerecht ist oder nicht, gibt es eine zuverlässige Möglichkeit, hier Orien-tierung zu finden. Es ist die Frage: Wie geht es dem Kind dabei? Was hat es denn nun wirklich davon, wenn es in den emp-findlichen ersten sieben Lebensjahren sei-ner Entwicklung vor dem Bildschirm sitzt? Kann es mit einem Computer wirklich kreativ sein?

Am Bildschirm kreativ sein, spielen und lernen?

Natürlich ist es möglich, mit einem Com-puter kreativ zu sein. Man kann es zum Beispiel, wenn man damit beschäftigt ist, Programme zu entwickeln und zu variieren. Man kann es auch, indem man das Gerät an diesen oder jenen Ort platziert, es schmückt oder bemalt etc. – Ein Computer ist nichts weiter als eine Maschine, ebenso wie beispielsweise ein Staubsauger oder ein Geschirrspüler. Wer mit seiner Hilfe kreativ sein will, der kann das nur im Sinne des Er-finders. Kein Computerprogramm vermag mehr als das, was Menschen erdacht und einprogrammiert haben. Wenn es genutzt wird, funktioniert es nach eindeutigen Regeln: Ja – Nein; Fortsetzen – Pause; Zurück – Weiter; Richtig – Falsch. Dies gilt auch für die Kinder-Software, in der solche Anweisungen mit «lustigen» Symbolen an-gezeigt sind.

«Aber», sagt der Computerfreund, «es gibt doch auch richtige Mal- und Bastelpro-gramme. Da kann man Schneeflocken aus-schneiden oder Puzzles legen, man kann Origami falten oder Puppenkleider ent-werfen und nachher alles ausdrucken.» – Tatsache ist, dass die Wertung «kreativ» immer gut ankommt, doch hier ist sie ein-fach fehl am Platz: Es ist alles andere als kreativ, wenn Kinder auf einer zweidimen-sionalen Fläche ein virtuelles Handwerks-gerät, zum Beispiel Pinsel oder Schere, an-klicken und damit auf dem Bildschirm etwas in Bewegung bringen. Wo sie die Dinge, die sie herstellen, nicht anfassen, riechen oder fühlen können, sind sie von echter Kreativität weit entfernt.

Als ob Kinder keine Fantasie hätten

Käme jemand von einem anderen Stern und würde diese so genannten Kreativitätsprogramme sehen, so könnte er den Eindruck haben, als ob Fantasie überhaupt das Allerletzte sein müsste, was ein Menschenkind hervorbringen könnte.

Bei aller Begeisterung, die Erwachsene dem Computer entgegenbringen: Alles kann man von diesem Gerät nicht erwarten. Das Nachvollziehen von Programmen fördert nicht die Fantasie. Im Gegenteil. Die Fantasie, diese ursprüngliche Kraft, mit der jedes gesunde Kind begabt ist, wird an die Kette gelegt. Wo bereits kleinen Kindern solche Programme zur Verfügung stehen, ist Kreativität sogar nachteilig, denn wenn die Befehle nicht befolgt werden, gibt es kein Weiterkommen.

Künstliche Bilder überdecken die eigene Kreativität

Bildschirmgewohnte Kinder können ihre eigene Ideenwelt gegenüber den – von den Erwachsenen erfundenen und zubereiteten – Eindrücken nicht behaupten. Sie finden jetzt schön, was Erwachsene an Karikaturen und künstlichen Bildern vorgedacht haben. Sie können davon derart abhängig werden, dass ihnen der Zugang zu ihrer eigenen Kreativität abhanden kommt. Sehr deutlich zeigt sich dies an den Zeich-

nungen der Kinder: Wenn sie auf echtem Papier zeichnen, so ist das, was sie darstellen, meist weit unterhalb der altersgemäßen Entwicklungsstufe. Oft geben sie auch nur Zerrbilder der Figuren wieder, die sie verinnerlicht haben. Die natürliche kindliche Spontaneität, eigene Bilder freizusetzen und unbefangen zu zeichnen oder zu malen, ist nicht mehr da. Die eigene Fantasie geht verloren, und das Schlimme ist: Die Kinder wissen nichts davon. Sie bemerken nicht, was ihnen da an Lebenskraft und Individualität genommen wird.

«Fantasie», so sagt Albert Einstein, «ist wichtiger als Wissen.» Den Worten dieser wegen ihres Wissens so hoch verehrten Persönlichkeit gebührt größte Aufmerksamkeit, denn seiner Natur nach ist jedes Kind fantasiebegabt: Wenn hunderttausend Kinder vor dem gleichen Grundmaterial, wie zum Beispiel echten Farben, Papier, Pappe, Matsch, Sand, sitzen, so werden daraus hunderttausend verschiedene und vollkommen individuelle Dinge entstehen. Kinder brauchen keine Vordenker, die bestimmen, wo es langgeht. Ihre individuelle Ausdruckskraft können sie nur dann entfalten, wenn sie die Möglichkeit haben, ohne irgendwelche Vorgaben etwas zu erfinden, und wenn ihnen niemand hineinredet (s. auch Seite 128).

Spielen am Computer?

Ebenso ist es mit dem Spielen. Zum echten Spielen gehören Kreativität und eigene Ideen. Spiel ist ein enger Verwandter der Fantasie. Spielen – wirkliches, echtes Spielen – ist frei von äußeren Zwängen. Ob ein Kind nun mit seinen Puppen oder mit dem Kaufladen oder im Sandkasten spielt, niemals wird es aus gesundheitlichen Gründen nötig sein, die Spielzeit zu begrenzen. – Anders ist das, wenn sich ein Kind im Vorschulalter mit einem Computerspiel beschäftigt. Hier haben die Hersteller die Auflage, die Verpackung mit der Empfehlung zu versehen, dass es dies nicht länger als zwanzig Minuten am Tag tun sollte. Spielen unter Beobachtung eines Aufpassers?

Lernen am Bildschirm?

Lernen ist alles in den ersten sieben Lebensjahren. Die Kinder lernen stehen, gehen, sprechen, riechen, fühlen, greifen, tasten, schmecken, hören und sehen, so weit das Auge reicht. Sie lernen es einfach so, ohne Knöpfe zu drücken. Sie schauen, wie es die Großen machen, und dann versuchen sie, es ihnen nachzutun. Dabei sind sie mit ihrem eigenen Körper, mit ihren Gliedmaßen, Händen und Füßen und allen Sinnen in Aktion. – Das ist für Kinder im Nachahmungsalter die einzige Art und Weise zu lernen.

Nun aber wird immer wieder verkündet, bereits die Kleinsten könnten mit Hilfe des Computers etwas lernen. Da gibt es jetzt das so genannte «Edutainment». Damit – so heißt es – kann das Kind spielen und gleichzeitig etwas lernen. Zunächst klingt dies ja einigermaßen überzeugend. Doch wie sieht das aus? «Ich spiele am liebsten das XY-Spiel», sagt ein Fünfjähriger. Und altklug fügt er hinzu: «Dann erfährt man

ganz interessante Sachen.» Er erzählt, dass er nun meistens schon alles richtig anklickt. «Und dann», sagt er, «wenn ich etwas richtig gemacht habe, gibt's solche Sternchen als Belohnung». – Folgsame Kinder im Computerbann trainieren Unterordnung.

Das Prinzip ist Unterordnung

Unterwerfung unter die Anordnungen eines anderen, das gilt ja in der Erziehung längst als überholt. Im alltäglichen Umgang hüten sich Erwachsene eher davor, ihrem Kind ständig Vorschriften zu machen. Viele scheuen sich, es zu führen und ihm Grenzen zu setzen, weil sie fürchten, seine Freiheit zu verletzen. Schließlich will man ja das Kind nicht unterdrücken. Fordert jedoch der Computer durch seine Befehle zur Folgsamkeit auf, sind alle Bedenken plötzlich hinfällig. Da wollen Erwachsene oft nicht sehen, dass ihre Kinder durch solche Art der Beschäftigung eine mechanische Denkweise regelrecht einüben.

Kinder, die vor dem Bildschirm sitzen, lernen auch etwas: Sie lernen zu funktionieren. Wer im Programm vorankommen will, muss die Anordnungen befolgen. Wird nicht das richtige Symbol angeklickt, so erscheint gleich die Aufforderung: «Versuch es noch einmal!» – «Nein, mach es anders.» Alles muss nach Plan verlaufen. Sowie der Anwender nicht den Anweisungen folgt, läuft nichts mehr. Belohnungen – und seien sie auch nur virtuell – sollen Anreiz geben zum Weitermachen. Methoden aus der Mottenkiste schlechter Pädagogik werden hier wiederbelebt.

Die neuen Technologien fordern ihren Preis

Das Sitzen vor dem Computer hat heute eine so große gesellschaftliche Akzeptanz, dass viele Erwachsene es richtig gut finden, wenn bereits die Kleinsten davor sitzen. «Die Kinder müssen sich doch auf die zukünftige Wissensgesellschaft vorbereiten», heißt es dann. Immer noch glauben einige Erwachsene, dass Chancen verpasst werden, wenn die außerordentliche Lernfähigkeit, mit welcher Kinder in den ersten Lebensjahren begabt sind, nicht auch in Bezug auf die neuen Medien genutzt wird. Solches Wunschdenken lässt jedoch die Entwicklungsgesetze außer Acht, denen Kinder in der entscheidenden Aufbauphase von Null bis Sieben unterliegen.

Natürlich kann man beobachten, dass bereits die Jüngsten mittels eines Computers einiges an Wissen aufnehmen können. Eltern sind oft mächtig stolz darauf. Doch dieses Wissen ist antrainiert und es geht auf Kosten der Entwicklung grundlegender Fähigkeiten, die nur in den ersten sieben Lebensjahren erworben werden können. So weist unter anderen A. Jean Ayres darauf hin, dass sich «höhere intellektuelle Funktionen erst nach dem Alter von sieben Jahren» entwickeln können. Sie betont immer wieder, dass sich die Intelligenz bei einem Schulkind leichter und besser entfalten kann, wenn es in den ersten sieben Lebensjahren erst einmal reichlich Gelegenheit hatte, mit seinem Körper und mit seinen Sinnen aktiv zu sein, also wenn es spielt, rennt, springt, hüpft, seil-

springt, rollt, klettert und schaukelt oder auch an alltäglichen Handreichungen im Haushalt mitwirkt.[64]

Das Sitzen vor dem Bildschirm bringt kleinen Kindern keinen Nutzen

Bei aller Euphorie über die modernen Errungenschaften: Nicht alles, was sie möglich machen, ist für jeden und für jedes Alter das Beste. Wer schon in der empfindlichen ersten Lebensphase vor dem Bildschirm sitzt, dem fehlt ganz einfach die Erfahrung, wie das geht, individuelle Ideen in die Tat umzusetzen und aus eigener Fantasie etwas zu gestalten. Ein Computer funktioniert nur nach genauen Regeln. Man muss sich ihm unterordnen, wenn man weiterkommen will. Doch genau darin sieht Joseph Weizenbaum, ein ehemaliger Professor für Computerwissenschaft, eine der größten Gefahren: «Das noch unreife Kind dazu zu erziehen, bedingungslos abstrakten Regeln zu gehorchen ... bedeutet, diese Vorstellungskraft zu zerstören ... Es ist ein Angriff auf den Geist des Kindes zur denkbar ungünstigsten Zeit in seinem Leben, ein Angriff, der einen fantasievollen Geist zur Rigidität verdammt.»[65]

Außer dem Hinweis, dass es als modern gilt, mit dem Computer umzugehen, sind keine klaren Vorteile zu erkennen, warum bereits kleine Kinder lernen sollten, sich mit einem solchen Gerät auseinander zu setzen. Die Nachteile jedoch, die damit verbunden sind, gehen noch weit darüber hinaus, dass den kleinen Kindern die in ihnen veranlagte Kreativität regelrecht ausgetrieben wird. Diese neuen Technologien fordern ihren Preis auch im Blick auf die geistigen, emotionalen und körperlichen Entwicklungsmöglichkeiten, denn diese befinden sich in den ersten sieben Jahren in ihrer entscheidenden Ausbildungsphase.

Auffallend ist, dass Fachleute, die sich durch ihren Beruf sehr eingehend mit einer frühkindlichen Computerisierung auseinander gesetzt haben, dringend davon abraten, Kinder in den ersten Lebensjahren vor den Bildschirm zu setzen. So kamen namhafte Wissenschaftler während eines internationalen Symposiums[66] zu dem Schluss, dass Computer im Leben kleiner Kinder überhaupt nichts zu suchen haben.

Körperliche Beeinträchtigungen

Bei allem, was das Kind aus eigenem Antrieb unternimmt, ob es sich bewegt, spielt, singt, nachahmt – immer ist es mit seinem Körper in Aktion, Gliedmaßen, Hände und Füße sind auf völlig selbstverständliche Weise rege. Das Kind bringt sich selbst und auch Gegenstände in Bewegung. Es erwirbt sich nach und nach eine sichere räumliche Orientierung. Diese eigenen Erfahrungen sind durch nichts und niemanden zu ersetzen. Für Kinder in

den wichtigen Lebensjahren von Null bis Sieben sind sie lebensnotwendig. – Im Gegensatz dazu ist Ruhestellung vor der Mattscheibe völlig unkindgemäß, denn die vielfältigen körperlichen Bewegungsmöglichkeiten bleiben ungenutzt: Eine passive Körperhaltung beeinträchtigt die Entwicklung der gesamten Bewegungskoordination – eine Tatsache, die nicht verharmlost werden darf, denn sie hat zur Folge, dass Kinder, die häufig vor dem Bildschirm sitzen, keine sichere dreidimensionale Raumwahrnehmung entwickeln können. Sie sind dadurch in ihrer gesamten Entwicklung benachteiligt.

Diese Benachteiligung ist den Kindern natürlich nicht bewusst. Und sie müssen sie auch noch selbst ausbaden.

Michael Millner stellte fest, dass das, was bildschirm-gewohnte Kinder von der wirklichen Welt wahrnehmen, dermaßen reduziert ist, dass es der Wahrnehmungsfähigkeit körperbehinderter Kinder immer ähnlicher wird.[67] So nähern sich die Gesunden, die sich regelmäßig durch den Bildschirm in Ruheposition bannen lassen, denjenigen an, die sich, bedingt durch ihr Schicksal, kaum oder nur mühsam von der Stelle bewegen können.

Eingeschränkter Blickwinkel

Während das Kind vor der Mattscheibe sitzt, wird auch die Sehfähigkeit nur zum Teil angesprochen. So ist zum Beispiel eine gesunde Ausbildung des Sehsinnes nur möglich, wenn sich das Kind in seinen jungen Jahren aktiv in der wirklichen Welt bewegt. Sitzt es dagegen vor dem Bildschirm, so nutzt es etwa nur ein Drittel der eigenen Sehmöglichkeit: Statt des normalen Sehwinkels von 200 Grad, wie er beim Sehen in der wirklichen Welt zur Verfügung steht, wird nur einen Sehwinkel von 70 – 90 Grad benutzt.

Aber nicht nur das Gesichtsfeld ist eingeengt. Auch die Augenmuskeln sind vollkommen ruhig gestellt. Während sie beim gewöhnlichen Sehen im dreidimensionalen Raum unablässig damit beschäftigt sind, Höhen und Tiefen wahrzunehmen und die Augenlinse entsprechend einzustellen, sind sie beim Blick auf den Bildschirm lahm gelegt. Dies ist der Grund dafür, dass sich bei Kindern, die viel vor dem Bildschirm sitzen, häufig ein seltsam glotzender Blick einstellt.

Gebärden und Mimik verlieren ihre individuelle Ausdruckskraft. Die Körperhaltung wird schlaff, der Unterkiefer klappt leicht nach unten, die Zunge ist sichtbar. Die Gesichtszüge sind nicht von innen heraus belebt, die natürliche kindliche Wachheit fehlt. – So erlebt man heute schon drei- bis vierjährige Kinder, von denen man sagen kann: Die sehen irgendwie alt aus. Da lebt nichts mehr in ihrem Gesicht.

Geistige Entwicklungsmöglichkeiten

Viele Menschen, die anfangs noch begeistert waren von der Idee, Kindern möglichst frühzeitig den Umgang mit Computern beizubringen, ließen sich durch ihre Erfahrungen in der Praxis eines anderen belehren. Zu ihnen gehört Jane M. Healy. Den Anstoß dafür, dass sie ihre Meinung grundlegend änderte, gaben die Kinder, die sie in ihrer Zeit als Lehrerin unterrichtete. Sie stellte fest, dass Kinder, die regelmäßig vor Bildschirmen sitzen, in ihrer geistigen Entwicklung eindeutig benachteiligt sind.

Sie beobachtete unter anderem, dass es von Jahr zu Jahr mehr Schüler gab, die Mühe hatten mitzubekommen, was in der Wirklichkeit geschieht. So waren während des Unterrichts viele Kinder kaum noch in der Lage, einfachste Anforderungen, wie etwa: «Nehmt Stift, Papier und Lineal», auf Anhieb zu verstehen und umzusetzen. Gleich hieß es: «Was brauchen wir?» – «Was sollen wir machen?» Erst nach mehrmaligem, geduldigem Wiederholen und Zeigen gelang es ihnen mitzubekommen, was gemeint war. Eines Tages, als Jane Healy wieder einmal eine derart frustrierende Schulstunde hinter sich gebracht hatte, drückte sie im Gespräch mit ihren Kollegen ihren Unmut aus: «Die Kinder müssen heute andere Gehirne haben», sagte sie. Die anderen Pädagogen, die sich ebenfalls mit den zunehmenden Aufmerksamkeitsproblemen der Schüler auseinander setzen mussten, stimmten zu: Ja, man müsste es glauben, «wenn das nicht so abwegig wäre».

Jane Healy ging der Sache nach. Sie stellte umfangreiche und fundierte Recherchen an. Sie ging sowohl in die exklusiven Vororte wie in die Innenstädte und besuchte dort Kindergärten, Privathaushalte, Vorschulen und Schulen. Sie saß mit Kindern vom Kleinkind- bis zum Vorschul- und Schulalter vor dem Computer und führte Gespräche mit den verschiedensten Fachleuten und Wissenschaftlern und sie kam zu dem eindeutigen Schluss: «Keine Bildschirmmedien unter sieben Jahren!» Ihre Erfahrungen und Beobachtungen sind in zwei aussagekräftigen Büchern nachzulesen.[68]/[69]

Rückzug aus der Wirklichkeit

Kinder, die viel Zeit vor dem Bildschirm verbringen, wirken häufig so, als wären sie von der echten Welt abgeschlossen. Viele machen auch dann, wenn sie nicht vor der Mattscheibe sitzen, den Eindruck, als wären sie gar nicht ganz da. Die Amerikanerin Faith Popcorn[70] fand für diesen Zustand die treffende Bezeichnung «Cocooning», was so viel heißt wie «eingesponnen sein in einen Kokon». Erziehende können dieses Cocooning bereits bei Kindern im Kindergartenalter beobachten: Beim Spaziergang, beim Essen, beim Märchenerzählen und bei anderen Gelegenheiten bekommen bildschirmgewohnte Kinder – einfach so – zwischendurch einen glasigen Blick und beginnen mit ihren Armen fahrige, zackige Bewegungen in die Luft zu «zeichnen». Sie wirken nicht nur abwesend, sie sind es auch. Ruft man sie beim Namen oder richtet man eine Frage an sie, so verstehen sie meist erst nach ein- oder mehrmaliger Wiederholung. Sobald sie bemerken, dass sie angesprochen

wurden, kommen sie zu sich. Dann wird ihr Blick auch wieder wach.

Diese Verschlafenheit in der wirklichen Welt steht in einem merkwürdigen Widerspruch zu der Aufmerksamkeit, die ein Kind aufbringt, sobald es vor einem Computerspiel sitzt. Wenn es in dieser künstlichen Welt darum geht, der Schnellste zu sein, Vergeltung zu üben oder sonst ein Ziel zu verfolgen, kann es angespannt und völlig aufmerksam und reaktionsschnell bei der Sache sein.

Unterdrückung der aktiven Sprache

Ein Kind, das vor dem Bildschirm sitzt, übernimmt vollkommen unkindliche Verhaltensmuster: Es sieht den Aktionen anderer zu. Der natürliche kindliche Impuls, Gesehenes nachzumachen und dazu zu sprechen, ist unterdrückt. Nur wenn es spannend wird, gibt es Sprachlaute von sich. Meist sind das nur Wortfetzen oder Urlaute wie etwa: «Woah!»– «Cool!» – «Ey!» Für seine eigene Sprachentwicklung hat das Kind damit nichts gewonnen, denn der aktive Umgang mit der Sprache fehlt.

Wo also das Sprechen und Zuhören, das Fragen und Antworten in den ersten sieben Lebensjahren nicht gepflegt werden, hat das Kind keine Chance, sprachgewandt zu werden. Für die heute so viel gepriesene rechtzeitige Vorbereitung der Kinder auf die zukünftige Wissensgesellschaft ist dies allerdings keine gute Voraussetzung, denn auch in der modernen

Medienwelt, wie zum Beispiel im Internet, wird Wissen über Texte verbreitet. Und dafür muss man Sprache beherrschen.

Spielen und Sprachgewandtheit

Nach wie vor die beste Möglichkeit, die wir Erwachsene bieten können, damit ein Kind eine sichere Sprachgewandtheit erwerben kann, ist es, dafür zu sorgen, dass es so reichlich wie möglich Gelegenheit hat, zu spielen und seine Spiele selbst aufzubauen und zu organisieren. Warum das so ist, das kann jeder beobachten, der ein Kind beim Spielen erlebt: Sprechen und Tun gehören ganz selbstverständlich zusammen. Was immer ein Kind aufbaut, gestaltet oder verwandelt, egal ob allein oder mit Spielkameraden, immer spricht es oder kommentiert, ruft einen von den Erwachsenen herbei, um zu erzählen, was es gerade vorbereitet. Dieser aktive Umgang mit der Sprache ist gerade in den ersten sieben Lebensjahren von höchster Bedeutung, denn Sprachschatz, Grammatik und Sprachgewandtheit können nur in dieser Zeit erworben werden (s. auch Seite 51 ff.). Nach dieser kritischen Zeitspanne ist die Sprachbildung so gut wie abgeschlossen. – Wer also sein Kind wirklich auf die neue Wissensgesellschaft vorbereiten will, der kann gar nichts Besseres tun, als darauf zu achten, dass es in der Zeit, die nach den Entwicklungsgesetzen dafür vorgesehen ist, nicht durch technische Medien davon abgehalten wird, eine gute Sprachfähigkeit heranzubilden.

Emotionale Entwicklung

Kein Mensch weiß von Natur aus, wie das ist, mit den eigenen Gefühlen umzugehen. Erfahren lässt sich das nur in den Begegnungen von Mensch zu Mensch. Der ganze echt gelebte Alltag bietet hier das beste Übungsfeld. Werden dagegen Gefühle und Emotionen über den Bildschirm aufgenommen, so ist die echte Welt der Gefühle abgeschirmt. Es ist innerlich nichts da, was Liebe und Wärme geben könnte. Das Kind ist emotional allein gelassen, auch dann, wenn ein Erwachsener neben ihm sitzt und den gleichen Film anschaut und nachher mit ihm darüber spricht.

Dieses Hinterher-darüber-Sprechen wird so gerne als «pädagogisch wertvoll» hingestellt. Für die emotionale Entwicklung des Kindes hat es jedoch überhaupt keinen Nutzen. Gefühle werden nun mal nicht über den Kopf gelernt. Gefühle muss man spüren, empfinden. Man muss sie ganz einfach leben. Und das geht nur, wenn man miteinander lachen, sich freuen oder auch weinen kann und wenn man auch einmal seinen Ärger und seine Wut herauslassen kann.

Eigenes Empfinden und die Reaktionen der anderen auf die verschiedensten Gefühlsregungen – das müssen Kinder «live» erfahren. Über das Fernsehen ist das niemals möglich. Im Gegenteil. Hier gibt es Gefühle nur im Superpack: Selbst bei den Kindersendungen jagt eine emotionsgeladene Situation die andere. Da bleibt kaum Zeit, Atem zu holen. Schnitt folgt auf Schnitt. Keine Gelegenheit innezuhalten oder nachzufragen. Mitgefühlt wird mit der Figur, die als Held präsentiert wird, auch dann, wenn die Ziele, die sie verfolgt, nicht gerade moralisch wertvoll sind.

Die Bilder, die auf der Mattscheibe vorbeiziehen, halten die Kinder davon ab, eine eigene Gefühlswelt aufzubauen. Das Denken und auch das Fühlen werden von außen aufgesetzt und gesteuert. Die Kinder verlernen, mit echten Menschen zu fühlen oder mitzuempfinden. Oft kennen sie die Sorgen und Nöte der Helden aus den Fernsehserien besser als die der Familienmitglieder oder der Spielkameraden. So suchen sie wenigstens Nähe zu ihren künstlichen Bekannten. Und viele wissen, dass sie diesen an Samstagen und Sonntagen, wenn der Kindergarten geschlossen hat, sogar schon in den frühesten Morgenstunden begegnen können, denn an diesen Tagen laufen die Kinderprogramme besonders zeitig. Ob die Erwachsenen das merken oder wissen? Auf jeden Fall können sie dann in Ruhe ausschlafen und die Kleinen sind leise.

Action und Ängste

Ob Fernsehen oder Computerspiele, das Grundmotiv ist Action: kurze Schnitte, immer wieder neue Einstellungen. Mehr als 1200 Bildwechsel in der Stunde. Da bleibt keine Zeit innezuhalten, nachzufragen, nachzudenken. Äußerliche Hektik, doch der Körper ist in Ruheposition ge-

bannt. Kleine Kinder erfahren, dass ihre eigene Aktivität völlig überflüssig ist. Geschieht auf dem Bildschirm etwas Dramatisches, so können sie ruhig sitzen bleiben. Es gibt ja sowieso keine Möglichkeit einzugreifen.

Wie ist das für kleine Kinder in der Aufbauphase ihres Lebens, wenn sie sitzen und zuschauen? Sie werden zugeschüttet mit Eindrücken, die sie selbst nicht verkraften können und denen sie nicht gewachsen sind. Erschütterndes, Schreckliches versinkt in ihrem Unterbewusstsein wie in einem unterirdischen Verlies. Doch es ist keineswegs verschwunden. Es sammelt sich an und es wirkt nach. Die Gefühle von Verunsicherung, Bedrohung und Verängstigung bleiben.

Untersuchungen in Kindergärten haben ergeben, dass die Dinge, vor denen sich kleine Kinder am meisten ängstigen, in direktem Zusammenhang stehen mit den Bildern, die sie in den Medien erlebt hatten: Ängste vor Monstern, Schießereien, Tod und Mord wurden doppelt so oft geäußert wie Ängste zu Problemen in der Familie wie Scheidung oder Verlassenwerden.[71]

Der Kinderpsychiater Michael Millner hat die Erfahrung gemacht, dass Erwachsene die Ängste der Kinder nur selten registrieren und richtig deuten. Er hat festgestellt, dass jeder Kopfschmerz, jede Müdigkeit, Antriebslosigkeit, Freudlosigkeit des eigenen Kindes lieber mit irgendeinem kleinen Ereignis in Zusammenhang gebracht wird als mit der Bilderflut aus der Medienwelt.[72]

Kinder und Erzieher in der modernen Welt

Moderne Miterzieher, wie Fernsehen, Werbung, Spielfiguren aus Kindersendungen, sind heute allseits präsent. Immer wieder stöhnen Eltern, dass sie sich von der Vielfalt und den Verlockungen und Angeboten unserer modernen Welt völlig überrollt fühlen. Eine Mutter: «Manchmal möchte ich mich am liebsten verstecken.» – Vielen Erwachsenen geht es so. Doch bei näherem Hinsehen zeigt sich, dass Erwachsene so ohnmächtig gar nicht sind. Im Gegenteil: Solange Kinder noch im Nachahmungsalter sind, also etwa bis zum siebenten Lebensjahr und auch darüber hinaus, ist für sie vor allem das maßgeblich, was die Erwachsenen vormachen.

Was das Vorbild entscheidet, ist maßgeblich

Die Macht der Miterzieher ist, zumindest solange die Kinder klein sind, nur so groß, wie die Mutter, der Vater das zulassen. Wenn die Erwachsenen selbst der Überzeugung sind, dass es für ein Kind in den ersten sieben Lebensjahren Wichtigeres gibt als das, was einige Jugendliche bei einer Umfrage als Hauptinhalt ihres Lebens bezeichnet haben, nämlich «Fernsehen, Computer spielen und Sachen kaufen»,[73] dann haben sie jetzt, solange das Kind noch im Nachahmungsalter ist, die

besten Chancen, ihm dieses Wichtigere auch zu vermitteln.

Das, was die Erziehenden entscheiden und wie sie sich verhalten, gibt kleinen Kindern Orientierung. Es steht für sie weit über jeder Fernsehsendung. Es steht über den Spielfiguren, die gerade angesagt sind. Es steht über Turnschuhen oder Pullovern mit Firmenlogo und auch über jedem bunt verpackten Müsli, Jogurt und über allem, was sonst noch geboten wird.

Kinder haben kein Problem damit zu akzeptieren, dass die Erwachsenen nicht ihre Erfüllungsgehilfen sind, die allen Wünschen nachkommen. Da reicht es oft zu sagen: «Wünschen kannst du es dir. Aber ich möchte es nicht kaufen. Es ist mir zu teuer, ich finde es hässlich ...» oder was immer der Grund sein mag, einem Wunsch nicht stattzugeben. Wichtig ist allerdings, dass sich das Vorbild selbst in der Zone der Glaubwürdigkeit bewegt und konsequent bleibt – auch dann, wenn die Kinder im Moment Unmut äußern. Kinder brauchen die Beständigkeit des Erwachsenen. An ihr lernen sie, dass man nicht alles und jedes mitmachen muss.

Die kindliche Individualität schützen

Es fehlt den Kindern überhaupt nichts, wenn sie nicht alles und jedes bekommen, was möglich ist. Wer angesichts des heutigen Konsumangebotes eine solche Einstellung hat wie jene Mutter, die bei einer Elternversammlung sagte: «Es ist alles zu viel! Man muss sich regelrecht wehren gegen die vielen Verführungen und Einflüsse», der hat die beste Ausgangsposition dafür, sein Kind selbstbewusst und individuell zu erziehen. Wo wir selbst erkannt haben, dass das Wichtigste, was unsere Kinder von uns brauchen, darin liegt, sie in der Entwicklung und Entfaltung ihrer persönlichen Fähigkeiten zu unterstützen, werden wir auch die notwendige Kraft und Stabilität haben, unsere Kinder, so gut es eben geht, vor Dingen zu bewahren, die ihre individuellen Fähigkeiten beeinträchtigen.

Mütter und Väter müssen ihre Erziehungsverantwortung wahrnehmen. Heute genügt es eben nicht mehr, mit den Kindern zu Vorsorgeuntersuchungen zu gehen, sie zu impfen oder sie davor zu bewahren, dass sie bei Rot über die Ampel laufen. In unserer Zeit ist besonders auch das Innenleben der Kinder schutzbedürftig, damit sie nicht vorzeitig aus ihrer Kinderwelt herausgerissen werden.

Kinder unter der Glasglocke?

Wir können die Kinder nicht unter einer künstlichen Glasglocke halten und jahrelang alles von ihnen abschirmen. Das ist klar. Aber die Kinder können von uns Erwachsenen lernen, dass es auch möglich ist, moderne Medien wie das Fernsehen unabhängig und selbstbestimmt zu nutzen.

Wer – zum Beispiel aufgrund beengter Wohnverhältnisse – keine Möglichkeit sieht, das Fernsehen völlig vom Kind fern-

zuhalten, kann trotzdem etwas dafür tun, diesem Gerät seine Macht und Dominanz zu nehmen. Wo also eines der älteren Geschwister oder ein Erwachsener in der Familie während des Tages unbedingt eine Sendung sehen muss, kann er das, dem Kind zuliebe, mit Kopfhörer tun, denn der Drang zum Hingucken kommt vor allem durch die Töne und Geräusche in Gang (s. Seite 195). Wo nur die Bilder laufen, ist das Hinschauen für die Kleinen noch kaum interessant.

Und wer seinem Kind die eine Sendung, die «alle» sehen, nicht vorenthalten will, kann zeigen, dass sich ein großes Stück Unabhängigkeit bewahren lässt, wenn man diese eine bestimmte Sendung auf Video aufnimmt. Das hat mehrere Vorteile: Das Kind sieht dann wirklich nur das, was man erlauben will. Werbung oder auch die blitzschnell nachgeschalteten Vorschauen, die auf spätere Programme neugierig machen sollen, bleiben außen vor. Außerdem ist es möglich, das Gewählte zu einem Zeitpunkt zu sehen, der in den Tagesrhythmus der Familie passt. Das Kind kann in Ruhe auf dem Spielplatz oder bei anderen Aktivitäten bleiben und ist nicht immer genötigt zu quengeln, wann denn nun das Programm endlich anfängt. Zudem kann der Ablauf der Bilder gesteuert werden: Man kann sie anhalten und langsamer ablaufen lassen oder auch den gleichen Film erneut sehen.

Es ist für die Entwicklung der Kinder von großer Bedeutung, am Vorbild der Erwachsenen zu erleben, wie man mit dem Fernsehen bewusst umgehen kann, denn nach der Erkenntnis eines Experten für

Miterzieher

Suchtfragen kann Fernsehen zu einer Gewohnheit werden, die sich bis in die Abhängigkeit steigern kann. Man kann es «als Suchtmittel betrachten, mit allen Folgen, die damit verbunden sind».[74]

Gegengewichte im Medienzeitalter

Kleine Kinder brauchen eine Welt, in der sie selbst die Akteure sein können, damit sie die Möglichkeit haben, eigene Fähigkeiten zu entfalten. Wer von klein auf erfahren hat, wie spannend es sein kann, selbst für Unterhaltung zu sorgen, der wird auch später auf diesen Erfahrungsschatz zurückgreifen können. Er ist nicht abhängig von den Ideen anderer.

Ein aktives Kind sein dürfen

Das Wichtigste, was wir unseren Kindern mitgeben können, ist, ihnen so viel Zugang zur wirklichen Welt zu verschaffen wie nur möglich und vorzuleben, wie man Zeit selbst gestalten kann. Anregend dafür sind verschiedene Haushaltstätigkeiten, das Vorlesen und Erzählen oder das gemeinsame Spielen. Die Kinder blühen auf, wenn wir mit ihnen zusammen Schönes vorbereiten. Können sie in den ersten Lebensjahren ihrer Umwelt tätig begegnen, so wird ihre Fantasie geweckt und zum Nachahmen und Nachspielen angeregt.

Die Erfahrung, selbst etwas schaffen zu können, ist die beste Grundlage, sich von den modernen Miterziehern nicht vereinnahmen zu lassen. Der Medienexperte Barry Sanders meint: «Eine produktive Fantasie ist vielleicht der beste, wenn nicht sogar der einzige Schutz gegen den Ansturm der technisch übermittelten Bilder.»[75] Wo Fantasie und Eigenaktivität sich entfalten dürfen, ist dies nicht nur wohltuend für die Kinder, sondern für die ganze Familie.

Besonders belebend ist natürlich alles Musikalische: die Kinderverse, Reime, Lieder und selbst vorgetragene Musik. Etwa ab dem fünften Lebensjahr kann das Kind schon selbst beginnen, Musik zu machen. Als ein erstes Instrument wird hier gerne ein Saiteninstrument wie die Kantele oder die Kinderharfe empfohlen (s. Seite 63). Es hat sich gezeigt, dass wirklich jedes Kind hier rasch zu einem Erfolgserlebnis kommen kann, wenn es durch einen spielkundigen Erwachsenen dazu hingeführt wird. Ebenso ist das natürlich bei anderen Instrumenten. Auch hier ist Anleitung notwendig. Es lohnt sich, ein wenig Sorgfalt darauf zu verwenden, um einen einfühlsamen, guten Musikpädagogen zu finden. Denn es geht ja am Anfang vor allem darum, in den Kindern die Freude an der Musik zu wecken und ihnen damit eine Welt zu eröffnen, die sie zur Stärkung ihrer Innenwelt besonders brauchen. Isaac Stern, der große Geiger, sagte dazu: «Wer Musik macht, lernt zu denken. Ich glaube an Denken – deshalb halte ich es für wichtig, ja notwendig, dass jedes Kind ab einem Alter von fünf Jahren ein Instrument erlernt. – Musik macht wachsam; Musik weckt die Fantasie. – Wer Musik macht, lernt zu sehen und zuzuhören.»[76]

Schluss

Ein Kind auf dem Weg ins Leben

Ein Kind ist da. Dieses eine Kind – unser Kind. Eine eigene Individualität, begabt mit verschiedenen Fähigkeiten und Talenten. Noch sind sie verborgen, doch sie warten darauf, geweckt zu werden. Was wird sein? Was wird kommen? Alles ist offen. Doch eines ist bei jedem Kind von allem Anfang an ganz deutlich vorhanden: Es ist das bedingungslose Vertrauen zu den Menschen, die ihm nun den Weg ins Leben zeigen werden.

In den ersten Lebensjahren, also solange das Kind im Nachahmungsalter ist, wird es alles aufnehmen, was wir als Mütter, Väter und Erzieher in seinem Beisein tun. Unser Verhalten und unsere Entscheidungen werden einen großen Teil seiner Persönlichkeit dauerhaft prägen. Wir sind Vorbilder – unabhängig davon, ob wir uns nun besonders vorbildlich verhalten oder nicht. Es liegt in der Natur des kleinen Kindes, sich an dem zu orientieren, was wir Erwachsene vorleben. Wie mit feinen Antennen nimmt es unsere Handlungen, Gesten und Gebärden und selbst unsere Stimmungen wahr und versucht, sie nachzumachen. Auf besonders beglückende Weise zeigt sich das zum Beispiel mit dem ersten Lächeln eines Säuglings. Unbeschreiblich, dieses Aufblitzen in seinen Augen, wenn es ihm zum ersten Mal gelingt, das Lächeln zu erwidern, das ihm entgegengebracht wird. Es kann so herzerfrischend und beglückend sein. Ein Augenblick vollkommener Glückseligkeit tut sich da auf.

Kinder brauchen Herzlichkeit und Liebe

Solange das Kind noch sehr klein ist, haben fast alle Erwachsenen die natürliche Gabe, ihm das entgegenzubringen, was es – neben aller Pflege – so notwendig braucht: herzliche Zuwendung, Umarmung, Lächeln und liebevolle, gütige Blicke in die Augen. Das ist Liebe, wie sie für seine gesunde Entwicklung nicht fehlen darf: Liebe, die es spüren kann. Sie ist es, die in ihm die Fähigkeit weckt, Herzlichkeit zu erwidern und auch selbst zu lächeln und sich zu freuen.

Kinder dagegen, die niemals angelächelt werden, können nicht zurücklächeln. Sie können keine Freude zeigen. Ihnen fehlt das Vorbild, das sie nachahmen könnten.

Herzlichkeit und Liebe sind wie ein Lebenselexier. In den ersten Kinderjahren sind sie unentbehrlich! Sie vermitteln ein Grundgefühl von Geborgenheit. Die Kinder brauchen dies nicht nur im Babyalter, sondern durch die ganze Kinderzeit hindurch – eben auch dann, wenn für die Erwachsenen der Reiz des Neuen vorbei ist und der ganz normale Alltag mit seinen Höhen und Tiefen eingekehrt ist. Kinder haben es so gerne, wenn wir mit ihnen fröhlich sind. Sie lachen so gerne. «Lachen und Lächeln», sagt Christian Morgenstern, «sind Tor und Pforte, durch die viel Gutes in die Menschen hineinhuschen kann.»

Alles, was wir an Verantwortung, Bemühungen und Sorgen mit unseren Kindern haben, ist so viel leichter zu bewältigen, wenn wir selbst immer wieder liebevolle Augenblicke der Begegnung suchen. Und auch die Kinder werden die in ihnen veranlagten Fähigkeiten am besten dort entfalten können, wo ihnen solches Wohlwollen begegnet.

Der Erzieher als Lernender

Kinder brauchen eine liebevolle Grundstimmung, die zuverlässig immer vorhanden ist, auch dann, wenn sich an einem Tag nicht nur Erfreuliches abgespielt hat, wenn es Ärger gegeben hat. Für die Entwicklung ihrer eigenen Lebenssicherheit ist es unverzichtbar zu spüren, dass die Liebe des Erwachsenen über allem steht und dass keine dieser – mehr oder weniger kleinen – kindlichen Untaten diese jemals wirklich beeinträchtigen könnte. Mutter und Vater müssen für ein Kind der sichere Hafen sein, der bereit ist, immer Schutz zu gewähren, was auch kommt.

Doch was ist, wenn uns nach einer Missstimmung nun wirklich nicht danach zumute ist, das Kind auch noch anzulächeln? Wenn wir also wieder mal einen dieser ganz gewöhnlichen Tage hinter uns gebracht haben, an denen das Kind dieses und jenes nicht so gemacht hat, wie wir uns das vorgestellt hatten? – Alltag eben.

Nirgends gibt es ständig nur «Friede, Freude, Eierkuchen». Auch in Familien nicht. Und doch darf eine Auseinander-

setzung kein Grund sein, dass wir die eigene Gefühlswelt gegen unseren Schützling richten. Es ist ja nicht seine Persönlichkeit, sondern nur sein Verhalten, das uns geärgert hat. – Und ob wirklich immer nur das Kind der Auslöser war, wenn die Stimmungslage in der Familie beeinträchtigt ist? Vielleicht hätte sich sogar der eine oder andere Konflikt vermeiden lassen, wenn wir selbst anders gehandelt hätten?

Meistens spürt man es ja selbst, wenn man in einer Situation nicht so optimal reagiert hat. Wer solche Gedanken nicht gleich beiseite schieben will, der ist für neue Erfahrungen offen. Wo man sich als Erwachsener die Muße nimmt, Gewesenes anzuschauen, kann Erziehung lebendig bleiben. – Mit einem kurzen Rückblick auf den Tag – wenige Minuten genügen – können wir wach dafür werden, was hier mehr oder weniger gelungen war. Besonders hilfreich ist das vor allem dann, wenn wir die Entwicklungen eines Tages von den Folgen her anschauen. Eine Rückschau – vom Abend bis zum Morgen, also in umgekehrter Reihenfolge betrachtet – kann so manches klarer erscheinen lassen und den Impuls wecken, in dieser oder jener Situation beim nächsten Mal anders zu handeln.

Das ist die eine Seite. Doch auch einer anderen Seite gebührt hier größte Aufmerksamkeit. Es ist das, was im Zusammensein mit dem Kind besonders schön und erfreulich war. Es gibt viele solcher Situationen. Jeden Tag. Auch wenn es manchmal, auf den ersten Blick, gar nicht so danach aussieht.

Schluss

Jeder Tag hat seinen Lichtblick

Jeder Tag kann sich in einem besonderen Licht zeigen, wenn wir ihn rückblickend unter dem Gesichtspunkt anschauen: Was war das Bemerkenswerte daran? Was war heute in der Begegnung mit dem Kind schön, erfreulich, erheiternd?

Gelegentlich ist es noch ein wenig verborgen, doch bei näherem Hinsehen zeigt sich: Jeder Tag hat seinen Lichtblick. Es sind oft gar nicht die großartigen Dinge, die sich auftun, sondern Kleinigkeiten, oft nur Augenblicke: die erste Begegnung am Morgen, Kinderaugen voller Vertrauen, eine Gebärde oder etwas, was das Kind heute zum ersten Mal allein geschafft oder ganz besonders gut gekonnt hat.

Vielleicht war es auch eine bemerkenswerte Frage des Kindes, die wir uns selbst noch nie so gestellt hatten, oder einer dieser weisheitsvollen Geistesblitze, die Kinder manchmal so unvermittelt von sich geben? – Wichtig ist, dass wir solche Begebenheiten nicht übersehen. Wenn wir auf sie Acht geben, dann kann Schönes, Erbauliches, Erheiterndes nicht einfach untergehen.

Eigene Kraftquellen erschließen

Jeder kann selbst die Erfahrung machen: So, wie wir uns mit Gedanken beschäftigen, die ins Positive gerichtet sind, kommen belebende Kräfte in Bewegung. Für den Erziehungsalltag sind sie unverzichtbar.

Im Alltag gibt es immer wieder Möglichkeiten, sich ganz bewusst für diese zu öffnen. So kann man zum Beispiel abends, wenn Ruhe eingekehrt ist und das Kind friedlich schläft, noch einmal an sein Bett treten. Es hat etwas Ergreifendes und Bezauberndes, dem Kind, das uns anvertraut ist, auf diese Weise zu begegnen und wahrzunehmen, wie es da liegt: die kleinen Arme friedlich nach oben, bereit für das, was kommen wird. – Augenblicke, in denen man das Kind so erleben kann, verdienen wahrgenommen zu werden. Es sind kleine Kraftquellen, zu denen wir uns Zugang verschaffen können, wenn wir es nur wollen. Genauso, wie wenn wir etwas Erfreuliches vor Augen haben, erhellt sich sofort unsere Mimik. Unwillkürlich steigt ein Lächeln auf und man kann tatsächlich spüren, dass da, wie Christian Morgenstern es ausdrückt, «Gutes» in uns «hineinhuschen» will.

Sobald wir den Blick auf das richten, was das Zusammenleben mit dem Kind schön und reich macht, beleben sich unsere Gedanken. Das ist besonders dann hilfreich, wenn wir durch die verschiedenen Anforderungen des Tages so beansprucht worden sind, dass wir uns wie ausgelaugt fühlen.

Wichtig ist, dass wir uns innerlich dafür bereit machen, die schönen Augenblicke mit dem Kind auch wirklich wahrzunehmen und zu genießen. Dann bemerken wir, dass Erziehung tatsächlich alles andere als Mühsal und Plage ist, sondern eine der vielfältigsten und anregendsten Aufgaben, die ein Mensch überhaupt haben kann.

Literatur

1 A. Jean Ayres: «Bausteine der kindlichen Entwicklung. Die Bedeutung der Integration der Sinne für die Entwicklung des Kindes», Berlin [2]1992; S. 109.

2 A. Jean Ayres, a.a.O., S. 56.

3 Daniel N. Stern: «Tagebuch eines Babys. Was ein Kind sieht, spürt, fühlt und denkt», München [5]1997; S. 51.

4 Daniel N. Stern, a.a.O., S. 105.

5 Peter Lutzker: «Der Sprachsinn», Stuttgart 1996; S. 214.

6 Barbara Bronnen: «Die Diebin», München 1982.

7 Renate Zimmer (Hrsg.): «Bewegte Kindheit», Schorndorf 1997; S. 49.

8 A. Jean Ayres, a.a.O., S. 35.

9 Alfred A. Tomatis: «Der Klang des Lebens. Vorgeburtliche Kommunikation – die Anfänge der seelischen Entwicklung», Reinbek 1998.

10 A. Jean Ayres, a.a.O., S. 58.

11 Ylva Ellneby: «Die Entwicklung der Sinne. Wahrnehmungsförderung im Kindergarten», Freiburg [2]1998; S. 86.

12 Mehr Zeit für Kinder e.V. (Hrsg.): «Spracherwerb unter heutigen Sozialisationsbedingungen». Interdisziplinäres Symposion in Leipzig, 30./31.5.1997 – Dokumentation.

13 Barry Sanders: «Der Verlust der Sprachkultur – Gewalt ist die Sprache der Analphabeten», Frankfurt / Main 1998.

14 Mordicai Gerstein: «Victor. Der Wolfsjunge aus dem Aveyron», Stuttgart 1999.

15 Barry Sanders, a.a.O.

16 Catherine Snow, in Peter Lutzker, a.a.O., S. 110.

17 Peter Lutzker, a.a.O., S. 214.

18 A. Jean Ayres, a.a.O., S. 43.

19 Mariela Kolzowa, in Peter Lutzker, a.a.O., S. 140.

20 Tomi Ungerer, in: «Spiegel Spezial: Kinder, Kinder – Erziehung in der Krise», 9/1995.

21 Dorothee Kreusch-Jacob: «Musik macht klug. Wie Kinder die Welt der Musik entdecken», München 1999; S. 14.

22 Alfred A. Tomatis, a.a.O., S. 18 ff.

23 Alfred A. Tomatis, a.a.O., S. 18.

24 Melissa Müller: «Die kleinen Könige der Warenwelt: Kinder im Visier der Werbung», Frankfurt / Main & New York 1997.

25 Ylva Ellneby, a.a.O., Seite 86.

26 Johannes Dichgans, in Peter Lutzker, a.a.O., S. 178.

27 A. Jean Ayres, a.a.O., S. 47.

28 René Spitz: «Vom Dialog – Studien über den Ursprung der menschlichen Kommunikation und ihre Rolle in der Persönlichkeitsbildung», Stuttgart 1976; S. 104 f.

29 «Die Weltwoche», Nr. 18/6.5.1999.

30 Gabriele von Arnim: «Kleine Philosophie der Passionen: Essen», München 1998.

31 Hans-Ulrich Grimm: «Die Suppe lügt. Die schöne neue Welt des Essens», Stuttgart 1997.

32 Joseph Amrit Singh: «Die Wolfskinder von Midnapoore», o.O. 1964.

33 Jacques Lusseyran: «Das wiedergefundene Licht», Stuttgart 1994.

Literatur

34 Franz Kafka: «Brief an den Vater», Frankfurt / Main 1975.

35 Jirina Prekop: «Der kleine Tyrann», München 1995; S. 50.

36 A. Jean Ayres, a.a.O., S. 33.

37 Pablo Casals: Licht und Schatten auf einem langen Weg. Erinnerungen. Frankfurt / Main o.J.

38 Rudolf Steiner: «Der pädagogische Wert der Menschenerkenntnis und der Kulturwert der Pädagogik», 6. Vortrag, Dornach 1965.

39 Daniel N. Stern, a.a.O., S. 22 ff.

40 Alfred Schütze: «Von der dreifachen Ehrfurcht – Goethes Gedanken zur Erziehung», Stuttgart o.J.

41 Erwin Chargaff: «Das Feuer des Heraklit», Stuttgart 1995, S. 226.

42 «Süddeutsche Zeitung», Nr. 237/V1/7.

43 Rudolf Steiner: «Menschheits-entwickelung und Christuserkenntnis», 3. Vortrag, Dornach 1967.

44 Christiane Kutik: «Das Kinderfestebuch» Stuttgart ²1998.

45 Alexander Mitscherlich: «Die Unwirtlich-keit der Städte», Frankfurt / Main 1965.

46 Paul Frischauer, in: «Knaurs Kinderlieder der Welt», München 1979.

47 Kardierte Wolle gibt es im Naturwaren-Fachhandel zu kaufen.

48 Axel Munthe: «Das Buch von San Michele», München 1991.

49 Antoine de Saint-Exupéry: «Der kleine Prinz», Düsseldorf 1999.

50 Elisabeth Kübler-Ross: «Über den Tod und das Leben danach», Güllesheim ²⁵1998.

51 Pablo Casals, a.a.O.

52 Inger Brochmann: «Die Geheimnisse der Kinderzeichnungen», Stuttgart 1997.

53 Jonathan Fineberg: «Mit dem Auge des Kindes – Kinderzeichnung und moderne Kunst!», Stuttgart 1995; S. 10 ff.

54 Farbkreisfarben: Firma Stockmar, Kaltenkirchen.

55 Antoine de Saint-Exupéry, a.a.O.

56 A. Jean Ayres, a.a.O., S. 65.

57 Christiane Kutik: «Das Jahreszeitenbuch», Stuttgart ⁷1996.

58 Christiane Kutik, a.a.O.

59 Christiane Kutik: «Das Puppenspielbuch», Stuttgart ²1995.

60 Melissa Müller, a.a.O.

61 Eric Clark: «Weltmacht Werbung», Bergisch Gladbach 1991.

62 Verbraucher Rundschau 9/97, AgV Bonn.

63 Michael Millner: «Das Beta-Kind – Fernsehen und kindliche Entwicklung aus kinderpsychatrischer Sicht», Bern, Göttingen, Toronto, Seattle 1996.

64 A. Jean Ayres, a.a.O., S. 33 f.

65 Joseph Weizenbaum, in: «ZEITPunkte», Nr. 1/2000.

66 Computers in Education: A critical Look. University of California, Berkley 1995, in Jane Healy (Anm. 68).

67 In: «Pädagogik» 6/1996, S. 8.

68 Jane M. Healy: «Failure to connect. How computers affect our children's minds – for better and worse», New York 1998.

69 Jane M. Healy: «Endangered Minds. Why children don't think and what we can do about it», New York 1990.

70 Michael Millner, a.a.O., S. 43.

71 X. Geretschläger, in Michael Millner, a.a.O., S. 53.

72 Michael Millner, a.a.O., S. 66.

73 Deutschlandradio Berlin, 22.1.2000.

74 Georg Hopfengärtner (Suchtbeauftragter der Stadt Nürnberg) in: «Das Tages-gespräch», BR II, 2.3.1999.

75 Barry Sanders, a.a.O., S. 319.

76 Isaac Stern in: «Süddeutsche Zeitung», Nr. 227/1998.

Nachweis der Fotos

Ursula Markus, Zürich:
10, 13, 17, 19, 21, 23, 25, 40, 43, 45,
48, 50, 58, 78, 80, 88, 89, 114, 120, 129,
131, 133, 135, 157, 159, 160,
183, 210, 214.
Barbara Krüggeler-Mohr, Nürnberg:
55, 74.
Claudia Rehm, München: 117, 163.
Werbeagentur Eberle GmbH,
Schwäbisch Gmünd: 15.
Michiel Wijnbergh / Uitgeverij
Christofoor: 148.
Wolpert & Strehle, Stuttgart:
124, 125, 138, 141, 151, 174, 189.
Gaia Books Ltd., Stroud: 100.
Christoph Engel / Visum, Hamburg:
38, 123, 132, 134.
Bob Jacobson / ZEFA, Düsseldorf: 72.
Norman / ZEFA, Düsseldorf: 208.
The Stock Market, Düsseldorf: 190.

Nachweis der Lieder

Flieg' Kugel, fliege ...
Text: Heinz Ritter
Weise: Alois Künstler
Edition Bingenheim, Stuttgart.

Kein Tierlein ist auf Erden ...
Text: Clemens Brentano
Weise: Alois Künstler
Edition Bingenheim, Stuttgart.

Püppchen komm ...
Text: nach Adelheid Wette
Weise: Volkstümlich
Verlag Moritz Diesterweg, Frankfurt / M.

Steht auf, ihr lieben Kinderlein ...
Text: Volkstümlich
Weise: Richard Rudolf Klein
nach Nikolaus Herman
Verlag Moritz Diesterweg, Frankfurt / M.

Alphabetisches Inhaltsverzeichnis

Abendritual 183, 185

Abschmecken weckt die
  Sinne 78

Action und Ängste 205

Aktive Sprache,
  Unterdrückung 203

Aktives Kind sein dürfen 88,
  209

Alltägliches froh gestimmt
  tun 91

Alltägliches wird zum
  Spielzeug 25

Alltagsaufgaben 37

Alltagserlebnisse als
  Erzählstoff 29

Angefangenes beenden 36

Antworten, Kinder
  suchen 101, 154

Ästhetisches Empfinden 70

Begabungen, individuelle 87

Begegnungen, besondere 112

Belohnungen 90

Bewegen – sprechen –
  denken 56

Bewegungslust 46

Bezugsperson 17

Bilder, aufbauende 109

–, künstliche 192, 198

Bilder zum Nachspielen 124

Bildschirm, Sitzen vor
  dem 200

Blickkontakt, erster 16

Computer für die
  Kleinsten? 196

Dankbarkeit, Gebärden 94

Duft und Geschmack 76

Dürfen – das Zauberwort 89

Echo des Erwachsenen 110

Ehrfurcht 98, 110

Eigenaktivität 21, 22, 36, 43

Eile mit Weile 181

Emotionale Entwicklung 204

Entwicklungsschritte 11

Erforschen und Spielen 24

Erinnerung, Gedächtnis 30

Erlebtes wird nachgespielt 37

Erstaunliches entdecken 156

Erwachsene

– sind Vorbilder 82

– brauchen sich nicht immer
  einzumischen 38

Erzählen u. vorlesen 32, 164

Erzieher als Lernender 213

Essen u. Lebenskultur 77, 96

Experimentieren lassen 23

Familienalltag, Struktur 178

Fantasie, fantasievoll spielen
  31, 32, 121, 122

Fernsehen 51, 192

Fingergeschichten 27

Fingerspiele 57, 58

Formen und kneten 172

Fratzen, Tiermenschen 137,
  138

Freunde mit einbeziehen 124

Frühstück 181

Fuß- u. Zehenspiele 47, 74

Gebärden der Zuwendung 12

Gebärden sind wichtiger als
  Worte 14, 99

Geborgenheit 14, 69, 72

Gehör ausbilden 60

Gehspiele 134

Geistige Entwicklungs-
  möglichkeiten 202, 203

Geschichten 28

– Erste G. 32

– Im Unhöfel-Land 113

– Madamchen 34

– Rhythmische G. 33

– Sinnige G. 112

– Wochenhäuschen 186

– Das Zauberwörtchen 95

Geselligkeitsspiele 126

Gewohnheiten, gute 91, 92

Gleichgewichtsspiele 46, 47

Grenzen setzen 101, 102

Grüßen – bitten – danken 93

Halten u. wiegen 12

Hand- u. Schoßspiele 73

Handspiele, einfache 27

Handwerkstätigkeiten 36

Haus u. Küche 77

Hefeteig 172

Helden, käufliche 193

Herzensbildung 93

Herzenssprache 53

Herzlichkeit u. Liebe 212

Himmel u. Erde 153

Hören u. Aufmerksamkeit 59,
  62

– u. Gleichgewichtssinn 44

– u. verinnerlichen 60, 64

Hörsinn anregen 61

Hülle u. Grenze 14

Individualität schützen 206

Inhalte, Kinder brauchen 107

Instrumente 63

Intelligenz, emotionale 16

Jahr, Jahreslauf 187, 188

Jahreszeitenplatz 188

Kinder u. Erzieher 206

Kinderlieder 65

Kinderwelt 149

Kinderzeichnungen 169

Kindheit, frühe 12

Klarheit, Kinder brauchen 102

Kleinkindzeit u.
   Kindergartenalter 29
Kneten 174, 175
Konsumpuppen 145
Kosespiele 19
Kreativität entsteht durch
   Mangel 128
Künstlerisches Schaffen 166
Langeweile 117
Launen 92, 104
Lebensjahre, die ersten
   sieben 83
Lebensraum, anfänglicher 16
Lernen am Bildschirm? 199
Liebe des Erwachsenen 103
Malen mit Wasserfarben 170
Märchen 162
Medien, moderne 197, 209
– Beeinträchtigungen 67,
   182, 201
– Gegengewichte 209
– Werteordnung der 194, 195
Mienenspiele 55
Mimiksprache 54
Mitempfinden der Kinder 107
Miterzieher 191, 193
Mitfühlen 111
Mittagsrast 182
Moderne Welt, Kinder u.
   Erzieher 206
Moral u. Werte 106
Moralisches im Alltag 106
Morgens 180
Musikalität 63
Nachahmen 88
Nachsprechen 52
Naturspielzeug 129
Pausen machen 181, 182
Persönlichkeit, kindliche 87
Puppe 130, 139, 140, 142
– erste 140
– Freundschaft mit der 143
Reime, Wohlklang 61, 62
Rhythmische Spiele 130

Rhythmus u. Rituale 177, 180
Riechen, schmecken 75, 79
Rituale 165, 177, 180
Rückzug aus der
   Wirklichkeit 203
Schaukelspiele 50
Schmecken u. riechen 76
Schönes, Blick für 70, 156
Schoßreiter 47
Schulreife,
   die Jahre vor der 35
Sehen u. Gleichgewichts-
   sinn 44
– u. fühlen 69
– u. wahrnehmen 66
Sehsinn anregen 67
Singen 64, 65
Sinne, Sinnes-
   erziehung 41, 44
Sonntag 187
Soziales Lernen 98
Spielalter 30
Spielatmosphäre 119
Spiele für die Kleinsten 27
– planen u. fantasievoll
   gestalten 37
– vorbereiten 123
– zum Hingucken 68
Spielen 115, 116, 118
– am Computer? 198
– im Freien 131
– u. aufräumen 130
– u. selbst
   experimentieren 116
Spielfiguren 136
Spielgesellen, unsichtbare 152
Spielideen wecken u.
   unterstützen 119, 122
Spielmaterial für draußen 130
– zum Verwandeln 129
Spieltiere 138, 139
Spielzeug 130
– für Mädchen u. Buben? 146
Spielzeugauswahl 127, 128

Spielzeugflut –
   Alternativen 118
Sprachentwicklung 52
Sprachgewandtheit 51, 204
Sprachsinn 53
Sprechen mit dem
   Säugling 18
– u. Gleichgewichtssinn 44
– u. Sprachkultur 51
Staunen 154, 155, 156, 158
Strafen 103
Tasten – greifen – Grenzen
   erleben 71
Tätigkeit, sinnvolle 105
Technologie, neue 192, 200
Tiere 158, 160
Tischkultur 96, 97
Tonlage, kindgerechte 53
Trotzen 26, 102
Unruhe 105, 165
Urworte 54
Vereinbarungen,
   verlässliche 179
Vereinnahmung der
   kindlichen Arglosigkeit 194
Vernunftsprache 53
Versprechen 106
Verstehen u. sprechen 23
– drei goldene Regeln 99
Vorbild 81, 83, 84, 87, 206
Wahrnehmen mit Händen
   u. Füßen 73
Wahrnehmen 150
Werbebotschaften speziell
   für Kinder 193
Werkzeuge für Puppenküche
   oder Kaufladen 130
Werte 108, 109, 111
Woche 186
Zeichnen 166, 167, 168, 169
Zuhören, Lauschen 164, 185
Zuwendung 12, 71, 72
Zwerge und andere
   Gefährten 150

Christiane Kutik ist Erzieherin, Designerin, Mutter zweier Kinder und Autorin weithin bekannter Bücher (Gesamtauflage über 150.000 Exemplare).

Christiane Kutik hält Vorträge und Seminare zu lebenspraktischen Themen rund um den Erziehungsalltag mit Kindern. Näheres unter Internet: www.kreativ-erziehen.de
e-mail: info@kreativ-erziehen.de

Christiane Kutik

kreativ erziehen

Die Bücher von Christiane Kutik

Anregungen zum Spielen, Basteln und Erzählen – Gedichte, Lieder und Rezepte zum Jahreslauf. 320 Seiten, durchgehend illustriert von Eva-Maria Ott-Heidmann, gebunden.

Anregungen, Spiele, Lieder und Rezepte zur Gestaltung von Kinder- und Geburtstagsfesten. 280 Seiten, durchgehend farbig illustriert von Stephanie Wagner, gebunden.

Praktische Anleitungen und Geschichten. 109 Seiten, durchgehend illustriert, gebunden.

199 Seiten, mit zahlreichen Illustrationen, kartoniert.

Verlag Freies Geistesleben